LEVEL UP
TOPEL
Intermediate

2

북앤로드 book&road

Level Up TOPEL Intermediate 2

초판 발행 2017년 10월 2일
초판 인쇄 2017년 9월 27일

글 쓴 이 (사) 한국역량개발평가원
기   획 (사) 한국역량개발평가원
감   수 (사) 한국역량개발평가원

펴 낸 이 최 영 민
펴 낸 곳 북앤로드
인 쇄 처 미래피앤피

주   소 경기도 파주시 신촌2로 24
전   화 031-8071-0088
팩   스 031-942-8688
이 메 일 pnpbook@naver.com

출판 등록 2015년 3월 27일
등록 번호 제406-2015-31호

I S B N 979-11-872-44-19-6 (53740)

01 TOPEL Basic(Kids)

2006년부터 시행해온 PELT Kids의 노하우와 경험을 토대로 개발된 영어 입문 단계로 보다 전문화, 특성화된 공신력 있는
영어시험입니다. PBT 시험 및 Tablet PC로 시험을 보는 TBT 두가지 형태로 시험을 제공합니다. TBT 시험은 안드로이드
앱 스토어에서 데모버전을 다운로드하여 테스트 하실 수 있습니다.

급수	영역	문항	총점	시간	합격기준	응시료
1급	듣기	30	200점	35분	120점	25,000원
	읽기	6				
2급	듣기	30	200점	30분	120점	

02 TOPEL Jr.

TOPEL Jr.의 1~3급은 개인,가정,학교,사회생활 등에서 흔히 접할 수 있는 소재나 주제, 사람등 다양한 영역에 관한 재미있는
그림으로 제시되어 영어공부의 흥미를 돋구어 줍니다. 기본적인 영어 실력을 갖추고 있으면 어렵지 않게 합격할 수 있어
영어에 대한 자신감을 키워줍니다.

급수	영역	문항	총점	시간	합격기준	응시료
1급	듣기	33	200점	55분	120점	27,000원
	읽기	22				
	쓰기	5				
2급	듣기	32	200점	50분		
	읽기	18				
	쓰기	5				
3급	듣기	33	200점	45분		
	읽기	12				
	쓰기	5				

03 TOPEL Intermediate

교육부 기준의 중고등학교 교과과정의 어휘에 맞추어 출제되어 내신을 대비할 수 있습니다

급수	영역	문항	총점	시간	합격기준	응시료
1급,2급(3급)	듣기	30(30)	200점(200점)	70분(60분)	120점	29,000원
	어법	10(5)				
	어휘	10(5)				
	독해	15(15)				
	쓰기	5(5)				

04 TOPEL Intermediate Speaking & Writing

원어민 교수님과 1:1 말하기 평가를 실시하는 인터뷰 방식을 채택하고 있습니다. 영어 말하기, 쓰기 능력의 평가를 통해
각종 입시시 원어민과의 면접대비가 가능합니다.

구분	문제유형	내용	시간	총점	합격기준	응시료
Speaking	Step 1	Warm-up Conversation	30초	200점	1~8급	70,000원
	Step 2	Picture Description	2분			
	Step 3	Read & Talk	1분30초			
	Step 4	Impromptu Speech	2분			
Writing		문장완성하기/ 문장쓰기/ e-mail 답장쓰기/ 짧은작문	40분	200점		

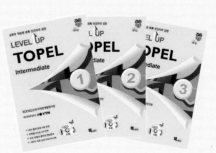

TOPEL 시험종류

TOPEL PBT

TOPEL은 1990년부터 전국단위 시험(구 PELT)을 시행해 온 유아 및 초·중·고등학교 대상의 시험으로서, 학생들 자신의 실력 평가가 가능한 체계화 된 시험입니다. 전국에 시험장을 운영하여 검정을 시행하며, 성적에 따라 전국, 지역별, 동연령별 순위분포 등을 알 수 있어 학습 성취 평가와 목표설정에 효과적입니다.

TOPEL IBT

현재 시행 중인 오프라인 TOPEL 자격 검정의 시간적·공간적 제약으로 인해 응시에 어려움을 겪고 있는 수요자의 고민을 해소하고자 IBT(Internet Based Test) 시스템을 적용해 응시자에게 편의성과 효율성을 제공합니다.

영어강사 자격증

실생활 및 교육과정에서 영어교육의 가치가 높아지면서 요구하는 강사의 수준 또한 함께 상승하고 있습니다. 이에 양질의 영어강사를 배출하고, 학습자로 하여금 보다 체계적인 교육을 제공하기 위해 영아강사 자격 검정을 시행합니다.

CAT-Scratch

Scratch는 주로 8~16세의 어린이·청소년을 대상으로 한 코딩 도구로 사용자에게 논리적이고 창의적인 사고 능력과 체계적 추론 능력을 향상 시키는데 큰 도움이 됩니다. CAT-Scratch 자격 검정을 통해 학습의지를 재고하고, 사고능력 향상에 기여하고자 합니다.

응시자 유의사항

1.원서접수 방법
소정양식의 응시원서를 작성하여 증명사진과 함께 전국지역본부 및 지정 접수처에 신청하거나 www.topel.or.kr 에서 인터넷 접수 하실 수 있습니다.

2. 합격자 발표
전국 지역본부 및 지정 접수처에서 발표하고, www.topel.or.kr 에서 인터넷 발표가 이루어집니다.

| CAT-Scratch | 영어강사 자격증 | TOPEL 성적표 | TOPEL 합격증 |

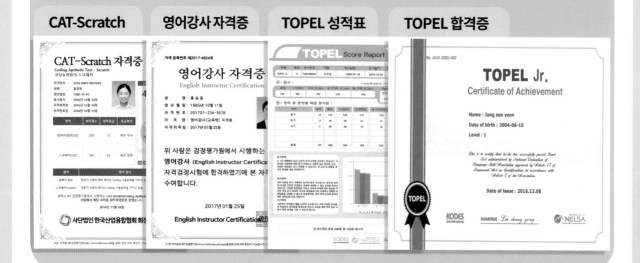

CONTENTS

1   한눈에 파악되는 유형 분석 PART

샘플 문제의 분석을 통해 출제의도를 파악하고 모든 유형의 문제를 대비할 수 있습니다.

STUDY POINT

Study Point 코너에서는 최적의 학습 방법과 놓치지 말아야 할 학습 포인트를 확실하게 짚어 드립니다.

TIP

TIP 코너에서는 각 유형 문제마다 숨어있는 문제 해결의 핵심 비법을 알려 드립니다.

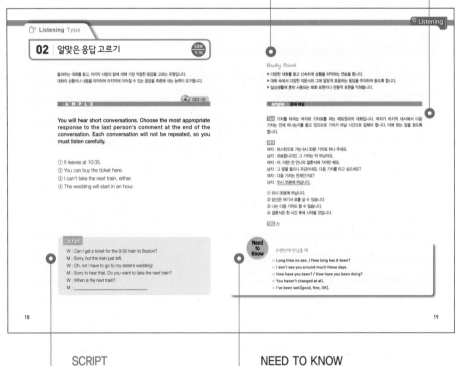

SCRIPT

오디오 음성을 듣고 스크립트의 빈칸을 채워 보세요. 듣기 능력이 나도 모르게 향상됩니다.

NEED TO KNOW

Need to Know 코너에서는 각 유형에서 자주 출제되는 단어나 표현들을 총 정리하여 알려 드립니다.

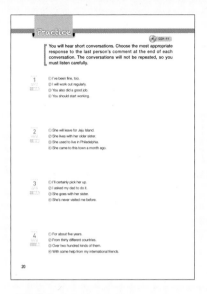

2

풍부한 문제를 제공하는 Practice Part

유형마다 출제되는 문제의 수가 다른 만큼, 많이 출제 되는 유형의 문제는 더 많은 연습문제를 제공하였습니다. 또한 쉬운 문제에서 어려운 문제 순서로, 문항마다 문제의 난이도를 블록 형태로 알아보기 쉽게 표시하였습니다.

3

적중 확률 높은 실전 모의고사 Part

좋은 점수를 받기 위해 반복된 실전 같은 연습만큼 확실한 준비 방법은 없습니다. 철저한 시험 분석을 통해, 가장 출제 확률 높은 문제들로 총 4회의 실전 모의고사를 구성하였습니다. 모의고사의 모든 문제는 TOPEL 출제진의 검수를 통해 최신 출제 경향을 반영하였습니다.

4

숨은 고득점의 비법 정답 및 해설 Part

고득점의 비밀은 오답노트에 있습니다. 내가 자주 하는 실수나 부족한 부분을 중심으로 하는 학습만큼 효과적인 학습 방법은 없습니다. LEVEL UP의 정답및해설은 단순히 답만 제공하는 것이 아니라 자주 출제되는 단어나 표현들을 풍부하게 제공합니다.

5

> 주관 및
> 시행 기관,
> 협력 단체
> 소개

KODES(한국역량개발평가원)

국비 지원 해외 취업과 해외 인턴십 사업을 지원하여 전문적 인재 양성에 기여하고 있으며, 미래를 준비하는 학생들을 위한 올바른 교육 컨텐츠 및 평가에 대한 연구 및 개발을 하고 있는 서울교육청 산하 비영리 사단법인입니다. TOPEL의 모든 평가 문제는 한국역량개발평가원의 검수를 통해 한층 완성도를 높이고 있습니다.

NELSA

국가공인 실용영어 검정 시행 및 한국직업능력개발원에 정식 등록된 민간자격 시험인 TOPEL의 전 종목의 시험을 시행합니다. 전국 다수의 지방자치단체와의 협약으로 국내 우수한 어린 인재들의 양성 및 소외 가정의 학생 지원을 위한 사업을 진행하고 있습니다.

tvM

tvM, 다문화 TV는 다양한 해외 문화와 한국문화의 융합 방송이라는 비전을 지향하고 있습니다. 다양한 국내외 관련 정보, 외국어, 현장 소개와 한국과 각 나라들의 문화적 괴리를 최소화 시키고 네트워크를 직접 연결하여 모두가 만족하고, 활용할 수 있는 정보 전달을 지향하고 있습니다. tvM은 TOPEL과 전략적인 협업을 통해 국제화 시대에 살고 있는 국내 젊은 일꾼 및 학생들의 외국어 능력 증진에 기여하고 있습니다.

국가공인 실용영어

1990년도에 개발되어, 2002년도에 국내 최초로 제1호 국가공인을 획득한 검증된 평가시험입니다. 영어의 4 Skill(Reading, Listening, Writing, Speaking) 영역에 대하여 단계적, 체계적으로 평가할 뿐 아니라 Speaking 능력을 평가하는데 있어 국내에서 유일하게 원어민과의 직접대면평가방식(FBT)을 채택하고 있는 종합영어 평가시험입니다.

민간자격 TOPEL

유아 및 초, 중, 고등학생 대상의 시험으로서, 학생들이 국가공인 시험 수준으로 자연스럽게 도달할 수 있도록 자신의 실력에 따라 수준별 평가가 가능한 체계화된 시험입니다. 국내 최고 많은 수의 초·중·고 학생들이 채택, 응시하고 있는 시험으로서 직업능력개발원에 정식으로 등록된 민간자격 영어 시험입니다.

국가공인 실용영어 및 TOPEL 평가 LINE UP

	민간자격 등록			국가공인 민간자격 시험	
단계 :	기초단계	초급단계	중급단계	고급단계	
대상 :	유치부~초등2년	초등3년~초등6년	중·고생	대학생·성인	
종목 :	TOPEL kids (1~2급)	TOPEL Jr. (1~3급)	TOPEL Int. (1~3급)	실용영어1차 RC/LC	실용영어2차 S/W
영역 :	RC/LC	RC/LC/W	RC/LC/W	RC/LC	S/W

원어민 면접관 대면 방식 말하기 시험

Intermediate Speaking Test	Plus Speaking Test

TOPEL Intermediate 레벨 구성

구분	TOPEL Intermediate 1급	TOPEL Intermediate 2급	TOPEL Intermediate 3급
문항 수	총 70문항	총 70문항	총 00문항
문항 구성	듣기 30문항 읽기 35문항 쓰기 5문항	듣기 30문항 읽기 35문항 쓰기 5문항	듣기 30문항 읽기 25문항 쓰기 5문항
문항 형태	객관식 및 주관식	객관식 및 주관식	객관식 및 주관식
단일 문장	1문장 15단어 내외	1문장 12단어 내외	1문장 10단어 내외
지문의 길이	90단어 내외	80단어 내외	70단어 내외
시험 시간	70분	70분	60분
총점	200점	200점	200점
합격 점수	120점	120점	120점

TOPEL Intermediate 평가 기준

· TOPEL Intermediate는 현 교육 제도의 학제를 반영하고 있으며 중, 고등학생들 대상으로 듣기, 읽기, 쓰기의 영역을 측정합니다. 듣기 시험의 경우 녹음 내용은 한번만 들려줍니다.

· TOPEL Intermediate 1~3급 등급에 따라 난이도가 다른 듣기, 읽기, 쓰기 능력을 측정합니다. 4지 선다형의 객관식 및 주관식(절충형) 출제이며, 듣기 45%, 필기 55% 내외로 구성됩니다.

· 전체 취득 점수인 200점의 60%인 120점 이상을 취득한 경우, 합격으로 인정되어 합격증이 발급됩니다. 듣기시험이나 필기시험에서 30% 미만을 득점하였을 경우 과락으로 실격 처리 됩니다.

TOPEL Intermediate 구성

TOPEL Intermediate 시험은 설정된 난이도 기준에 따라 학생들이 활동하는 범위인 개인생활, 학교생활, 사회생활은 물론, 인문, 사회, 자연, 과학 등에 관련된 보다 폭넓은 주제에 따른 영어의 자연스러운 발음, 표현, 구문의 인지능력 및 적절 응답, 내용파악, 논리적 추론 등의 능력을 듣기, 읽기, 쓰기를 통해 종합적으로 평가 합니다.

1. Listening Part

문제유형	1급			2급			3급		
	문항수	문항번호	배점	문항수	문항번호	배점	문항수	문항번호	배점
1. 사진 묘사 문제	5	1~5	2	5	1~5	2	5	1~5	4
2. 적절한 응답 고르기	5	6~10	2	5	6~10	2	5	6~10	4
3. 대화 듣고 문제 풀기	14	11~24	3.5	14	11~24	3.5	14	11~24	4
4. 담화듣고 문제 풀기	6	25~30	3.5	6	25~30	3.5	6	25~30	4
계	30	30	90	30	30	90	30	30	120

2. Reading Part

문제유형	1급			2급			3급		
	문항수	문항번호	배점	문항수	문항번호	배점	문항수	문항번호	배점
1. 어법성 판단하기	10	1~10	2	10	1~10	2	5	1~5	2
2. 적절한 어휘 고르기	10	11~20	3	10	11~20	3	5	6~10	2
3. 시각자료 이해하기	5	21~25	3	5	21~25	3	5	11~15	3
4. 독해문 이해하기	10	26~35	3	10	26~35	3	10	16~25	3
계	35	35	95	35	35	95	25	25	65

3. Writing Part

문제유형	1급			2급			3급		
	문항수	문항번호	배점	문항수	문항번호	배점	문항수	문항번호	배점
1. 지문 빈칸 완성하기	3	1~3	3	3	1~3	3	3	1~3	3
2. 대화 완성하기	1	4	3	1	4	3	1	4	3
3. 사진 묘사 영작하기	1	5	3	1	5	3	1	5	3
계	5	5	15	5	5	15	5	5	15

Intermediate 총구성	-	70	200	-	70	200	-	60	200

성적표

TOPEL Score Report

종목	등급	응시번호	이름	생년월일	응시일자	연령	응시지역
TOPEL Intermediate	1	10001	박민수	2001.07.07	2014-10-25	12	서울

(점수)
※ Percentile Rank (%) : 수치가 낮을수록 좋은 성적을 나타냅니다.

총점	나의점수	전국 최고점수	응시지역 최고점수	동 연령 최고점수	Percentile Rank (%)		
					전국	지역	동 연령
200	109	196	196	196	92.5	92.3	89.8

(영역 및 문항별 득점 분석표)

영역	문항	총점	나의점수	전국평균	응시지역평균	동 연령평균
듣기	33	103	100	88	89	86
읽기	22	77	75	50	53	49
쓰기	5	20	15	11	11	11
총계	60	200	190	149	153	147

듣기 영역
영어 대화를 듣고, 대화의 내용을 이해하고 이를 바탕으로 추론하는 능력이 우수합니다. 다양한 영어 표현의 습득과 사용을 생활화하여, 영어 청취 능력을 한층 더 향상시키길 권합니다.

읽기 영역
영어 지문을 읽고 이해할 수 있습니다. 영어 지문의 전반적인 흐름을 파악하는 독해 능력이나 특정 상황에 쓰이는 영어 표현을 읽어내는 능력을 향상시키기 위해, 영어 대화문 독해 연습을 꾸준히 할 것을 권합니다.

쓰기 영역
단어의 스펠링이 미숙하며, 문장구조를 정확히 구사하는 데 어려움이 있습니다. 스펠링까지 정확히 습득하여 문장구조에 맞게 사용하는 연습을 권장합니다.

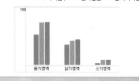
■ : 나의점수 ■ : 전국평균 ■ : 응시지역평균

위 응시생은 총점 200 점 중 190 점입니다.

NELSA
National Evaluation of Language skill Association

Lee chang yong
President of NELSA

자격증

TOPEL Intermediate
Certificate of Achievement

Name : HONG, GIL DONG
Date of birth : 1988.03.18
Date of issue : 2015.05.12

This is to certify that he/she has successfully passed Level 1 Test administered by National Evaluation of Language Skill Association approved by Article 17 of Framework Act on Qualifications in accordance with Article 2 of the Association.

SIGNATRUE *Lee chang yong*

NELSA

TOPEL

TOPEL Intermediate에 관한 Q & A

Q 어떤 급수를 응시하면 좋을까요?

A TOPEL Intermediate는 중·고등학생 수준의 시험으로서 1급은 고등학교 2~3학년, 2급은 중학교 3학년 ~고등학교 1학년, 3급은 중학교1~2학년이 가장 많이 응시하고 있습니다. 그렇지만 TOPEL 의 모든 시험은 성취도 시험과는 달리 자신의 실력대로 선택해서 응시할 수 있는 능숙도 시험으로서 자신의 영어 실력에 맞는 단계를 선택하는 것이 영어에 대한 자신감과 학습 동기를 올릴 수 있는 바 람직한 선택입니다.

Q 시험 신청은 어떻게 하나요?

A 시험 신청은 인터넷 신청과 방문 신청 두 가지 방법으로 하실 수 있습니다. 인터넷 신청은 TOPEL 홈페이지(www.topel.or.kr)에서 가능합니다. 방문 접수의 경우 시험장 기준 해당 지역본부로 방문 하여 신청 하시면 됩니다. 인터넷 신청은 접수 기간에만 가능하며, TOPEL 지역 본부의 주소와 연락 처는 홈페이지 (www.topel.or.kr) 에서 확인할 수 있습니다.

Q 시험 준비물은 무엇이 있나요?

A 시험 신청 후 시험장에 갈 때 필요한 준비물은 신분증과 응시표, 그리고 필기구입니다. 신분증은 학생증, 여권, 주민등록증, 운전면허증 등 본인 확인이 가능한 증명서 입니다. 단, 초등학생 이하 응시생일 경우는 응시표만 지참하시면 됩니다.

Q 합격 확인은 어떻게 하나요?

A 시험 합격 확인은 TOPEL 홈페이지(www.topel.or.kr)에서 조회 가능합니다. 사전 공지된 시험 발 표일 오전 9시 30분 이후에 확인 가능합니다. 또한 시험 신청하신 해당 지역 본부로 연락하시면 합 격 여부와 각종 정보를 얻으실 수 있습니다.

Q 자격증은 어디에 활용할 수 있나요?

A 국제중학교, 특목고, 외고 등 중·고등학교 및 대학 입시 때 적용되는 입학사정에 필요한 개인포트 폴리오를 작성하여 중요한 참고 자료로 활용할 수 있습니다.

TOPEL Intermediate

Level

유형 분석 & 연습문제

LevelUp

Listening Part

Reading Part

Writing Part

01 : 적절한 사진 묘사 고르기

제시된 사진을 보고, 들려주는 네 개의 문장 중 사진을 가장 잘 묘사한 것을 고르는 유형입니다.
묘사된 내용에서 등장 인물의 행동이나 사물의 위치와 개수 등을 정확히 파악하는 능력이 요구됩니다.

S A M P L E   CD1-02

You will see a picture and hear four statements describing each picture. Choose the statement that best describes what you see in the picture. Then, mark the correct answer on your answer sheet. The statements will not be repeated, so you must listen carefully.

Script

① One woman is brushing her hair.
② The women are lying on the floor.
③ One woman is buying a magazine.
④ The women are looking at each other.

Study Point

▶ 인물의 동작이나 상태 묘사가 정확한지 파악하기 위해서 다양한 동사를 익혀둡니다.

▶ 사물의 개수나 위치를 표현하는 단어와 어구를 익혀둡니다.

▶ 사진의 상황과 일치하지 않는 단어를 사용한 오답 선택지를 주의하여 듣도록 합니다.

Sample | 문제 해설

Tips 그림에 등장한 두 여자의 동작을 정확히 묘사한 것을 찾을 수 있어야 합니다. 탁자에 앉아 있는 두 여자 중 왼쪽 여자는 손으로 턱을 괴고 있고, 오른쪽 여자는 컵을 들고 서로 마주보고 있습니다. 탁자 위에는 잡지와 음료수가 있습니다. 그림 속 두 사람의 행위를 정확히 묘사한 문장을 찾도록 합니다.

해석

① 한 여자는 자신의 머리를 빗고 있다.

② 여자들은 바닥에 누워 있다.

③ 한 여자는 잡지를 사고 있다.

④ 여자들은 서로를 바라보고 있다.

정답 ④

위치를 나타내는 전치사

□ **on** ~위에 (지면에 붙어)

□ **in** ~안에

□ **below, under** ~보다 아래에

□ **above** ~보다 위에 (지면에서 떨어져)

□ **next to, beside, by** ~옆에

□ **behind** ~의 뒤에

□ **near, close to** ~의 가까이에

□ **around** ~주위에

□ **between A and B** A와 B 사이에

□ **in front of** ~의 앞에

□ **in the middle of** ~의 중간에

□ **on the left[right] side of** ~의 왼쪽에[오른쪽에]

Practice

You will see a picture and hear four statements describing each picture. Choose the statement that best describes what you see in the picture. Then, mark the correct answer on your answer sheet. The statements will not be repeated, so you must listen carefully.

1
CD1-04

2
CD1-05

3
CD1-06

4
CD1-07

5
CD1-08

6
CD1-09

17

02 : 알맞은 응답 고르기

들려주는 대화를 듣고, 마지막 사람의 말에 대해 가장 적절한 응답을 고르는 유형입니다.
대화의 상황이나 내용을 파악하여 마지막에 이어질 수 있는 응답을 추론해 내는 능력이 요구됩니다.

CD1-10

SAMPLE

You will hear short conversations. Choose the most appropriate response to the last person's comment at the end of the conversation. Each conversation will not be repeated, so you must listen carefully.

① I don't eat meat.
② She's ready now.
③ Cold water would be nice.
④ Orange juice is not available.

Script

W: Excuse me, waiter. We're ready to order.

M: Okay. What do you want to have?

W: We'll both have the chicken cutlet.

M: Would you like something to drink, too?

W: _____

Study Point

▶ 다양한 대화를 듣고 신속하게 상황을 파악하는 연습을 합니다.

▶ 대화 속에서 다양한 의문사와 그에 적절하게 호응하는 응답을 주의하여 듣도록 합니다.

▶ 일상생활에 흔히 사용되는 회화 표현이나 관용적 표현을 익혀둡니다.

Sample | 문제 해설

Tips 식당에서 음식을 주문하는 손님과 웨이터 사이의 대화입니다. 여자는 치킨 커틀릿을 시켰고, 이어서 웨이터는 마실 음료수에 대해 묻고 있습니다. 그러므로 어떤 음료수를 마실지에 대한 여자의 응답을 찾도록 합니다.

해석

여자: 여기요, 웨이터. 주문할게요.

남자: 네. 무엇을 드시고 싶은가요?

여자: 우리 둘 모두 치킨 커틀릿을 먹을게요.

남자: 음료수는 어떤 것으로 하시겠습니까?

여자: 차가운 물이 좋을 거 같아요.

① 나는 고기를 먹지 않아요.

② 그녀는 이제 준비가 되었어요.

③ 차가운 물이 좋을 거 같아요.

④ 오렌지 주스는 (지금) 없습니다.

정답 ③

Need to Know

식당에서 유용한 표현

☐ **May I have a menu, please?** 메뉴판 좀 볼 수 있을까요?

☐ **Are you ready to order? / May I take your order?** 주문하시겠어요?

☐ **I'd like to order, please.** 주문할게요.

☐ **What is today's special?** 오늘의 요리는 무엇인가요?

☐ **I'd like a steak and salad.** 스테이크와 샐러드로 할게요.

☐ **How would you like your steak?** 스테이크는 어떻게 익혀드릴까요?

☐ **Is it possible to change my order?** 저의 주문을 바꿔도 되나요?

CD1-11

You will hear short conversations. Choose the most appropriate response to the last person's comment at the end of the conversation. Each conversation will not be repeated, so you must listen carefully.

1
CD1-12
① For her birthday.
② With a credit card.
③ This coming Sunday.
④ Ten dollars and fifty cents.

2
CD1-13
① It's heavy.
② I miss you.
③ No, thanks.
④ Sure, here it is.

3
CD1-14
① He's on a diet.
② It's on the floor.
③ He wears size 9.
④ You look great, too.

4
CD1-15
① Not at all.
② Help yourself.
③ After you, please.
④ As soon as possible.

5
CD1-16

① It was really great.
② Oh, no! Are you sure?
③ Why don't you join us?
④ Yes! I'll definitely be there.

6
CD1-17

① That's a shame.
② Borrowing books is free.
③ I don't like science books.
④ It's right across the street.

7
CD1-18

① It's three dollars.
② You can borrow five.
③ I didn't borrow anything.
④ I like watching wild animals.

8
CD1-19

① Yes, we can.
② Yes, you can.
③ No, we haven't.
④ No, you haven't.

03 · 대화를 듣고 물음에 답하기

14문항
각 3.5점

들려주는 대화를 듣고, 대화와 관련된 질문에 대한 답을 고르는 유형입니다. 대화의 전반적인 주제나 특정한 세부 정보를 파악하여 주어진 질문에 정확히 답할 수 있는 능력이 요구됩니다.

CD1-20

SAMPLE

You will hear some conversations. Choose the best response to each question and mark the correct answer on your answer sheet. The questions are printed out in your test booklet.

Where is the conversation most likely taking place?

① At a bank
② At a hotel
③ At an airport
④ At a restaurant

Script

W: How can I help you, Sir?

M: I'm here to open a new account and deposit some money.

W: Okay. Can you show me your ID card?

M: Here is my passport. Is this acceptable?

W: Of course. Please fill out this form.

Study Point

▶ 장소나 직업을 추론하는 문제에 대비하여 상황이나 직업과 관련된 단어를 익혀둡니다.

▶ 날짜, 시간, 금액, 개수 등과 같은 숫자 정보는 숫자를 메모하며 듣도록 합니다.

▶ 인물의 감정이나 심리 상태를 나타내는 단어나 취미 활동 등의 다양한 표현을 익혀둡니다.

Sample | 문제 해설

Tips 남자는 신규 계좌(a new account)를 개설하여 돈을 예치(deposit some money)시키려고 합니다. 신분증을 요구하고, 양식을 작성하라는 등의 표현으로 여자의 직업을 추측하여, 두 사람이 현재 어느 장소에 있는지 파악하도록 합니다.

해석

여자: 무엇을 도와 드릴까요, 선생님?

남자: 여기서 신규 계좌를 개설하고 돈을 예치시키려고 합니다.

여자: 네. 당신의 신분증을 볼 수 있을까요?

남자: 여기 제 여권입니다. 이것도 가능하죠?

여자: 물론입니다. 이 양식을 작성해 주세요.

Q. 대화가 일어나고 있는 장소는 어디인가?

① 은행   ② 호텔   ③ 공항   ④ 식당

정답 ①

은행에서 자주 쓰이는 표현들

☐ **I'd like to open an account.** 계좌를 개설하고 싶습니다.

☐ **Please fill out this form for a new account.** 새 계좌를 위해 이 양식을 작성해 주세요.

☐ **I need to see your ID card.** 신분증이 필요합니다.

☐ **How do I withdraw money?** 돈을 어떻게 인출합니까?

☐ **Insert your card here.** 여기에 카드를 넣어주세요.

☐ **Enter your passcode now.** 지금 비밀 번호를 입력하세요.

CD1-21

You will hear some conversations. Choose the best response to each question and mark the correct answer on your answer sheet. The questions are printed out in your test booklet.

1

CD1-22

What is the relationship between the man and the woman?

① Clerk — Shopper

② Landlord — Renter

③ Receptionist — Guest

④ Housekeeper — Client

2

CD1-23

Who has a different opinion regarding the field trip?

① The man

② The woman

③ The class president

④ Both the man and the woman

3

CD1-24

What time is it now?

① 4:00

② 4:50

③ 5:00

④ 5:10

4

CD1-25

How does the man feel about the movie?

① Curious

② Satisfied

③ Indifferent

④ Disappointed

5
CD1-26

What will the speakers most likely do this Sunday?

① Hunting

② Shopping

③ Bike-riding

④ Wind-surfing

6
CD1-27

How many toothbrushes will the woman get?

① One

② Two

③ Three

④ Four

7
CD1-28

What is the woman's current job?

① Banker

② Firefighter

③ Travel agent

④ Real estate agent

8
CD1-29

Why did the woman cancel the newspaper subscription?

① She barely reads newspapers.

② She cannot afford the subscription fee.

③ The newspaper arrives late every morning.

④ The man has another option to read the news.

04 : 담화를 듣고 물음에 답하기

6문항
각 3.5점

들려주는 담화를 듣고, 담화와 관련된 질문에 대한 답을 고르는 유형입니다. 담화의 목적을 파악하거나 광고나 안내 방송이 나오는 장소를 유추하거나 특정한 세부 정보를 파악하여 주어진 질문에 정확히 답할 수 있는 능력이 요구됩니다.

 CD1-30

S A M P L E

You will hear some monologues. Choose the best response to each question and mark the correct answer on your answer sheet. The questions are printed out in your test booklet.

Why did the speaker leave the message?

① To ask a question
② To make a complaint
③ To express thankfulness
④ To make an appointment

Script

(Beep)

(M) Hi, Olivia. This is Shaun. I've just received the present you sent me for my birthday. You really shouldn't have! I have no idea how you found the exact size and the favorite color of mine. The jacket is simply gorgeous! Where on earth did you find it? I owe you a big one for this. I'll call you again.

Study Point

▶ 담화를 듣기 전에 질문과 선택지의 내용을 먼저 파악하도록 합니다.

▶ 담화의 내용 전체에 대한 주제나 대의를 파악하는 문제는 세부적인 내용보다는 어떤 주제와 화제에 대해 말하고 있는지에 집중하여 듣습니다.

▶ 담화에 나오는 구체적인 정보는 선택지와 비교하면서 숫자나 단어들을 메모하면서 듣도록 합니다.

Sample | 문제 해설

Tips Shaun이 자신의 생일에 선물을 보내준 Olivia에게 전화 음성을 남긴 내용입니다. 자신의 정확한 사이즈와 좋아하는 색깔까지 맞춰 선물한 친구에게 말할 수 있는 내용으로, 어떤 감정을 전하려고 하는지 파악해 내도록 합니다.

해석

(삐~)

안녕, Olivia. 나는 Shaun이야. 내 생일에 네가 보낸 선물을 지금 막 받았어. 정말 이러지 않아도 됐는데. 네가 나의 정확한 사이즈와 좋아하는 색깔을 알고 있으리라고는 생각지도 못했어. 재킷은 정말 멋져! 세상에 어디에서 이걸 찾았니? 이것으로 정말 크게 신세를 졌어. 다시 네게 전화할게.

Q. 화자가 메시지를 남긴 이유는 무엇인가?

① 질문을 하려고   ② 불평을 하려고

③ 감사함을 표현하려고   ④ 약속을 잡으려고

정답 ③

Need to Know

날씨를 나타내는 주요 어휘

□ clear 맑게 갠	□ sunny 화창한	□ cloudy 구름이 많은, 흐린
□ hot 더운	□ warm 따뜻한	□ cool 서늘한
□ cold 추운	□ chilly 쌀쌀한	□ freezing 몹시 추운
□ dry 건조한	□ humid 습한	□ windy 바람이 부는
□ foggy 안개가 낀	□ rainy 비가 오는	□ snowy 눈이 오는
□ shower 소나기	□ storm 폭풍우	□ flood 홍수

CD1-31

You will hear some monologues. Choose the best response to each question and mark the correct answer on your answer sheet. The questions are printed out in your test booklet.

1
CD1-32

If you want to check out the schedule, what should you do?

① Press 0
② Press 1
③ Press 2
④ Press 9

2
CD1-33

What can NOT be known about Bastian Muller?

① His job
② His interest
③ His office hours
④ His home country

3
CD1-34

What will the weather be like tomorrow morning?

① Cool and rainy
② Hot and sunny
③ Hot and cloudy
④ Cool and cloudy

4
CD1-35

What can NOT be known from the announcement?

① The arrival time
② The gate number
③ The flight number
④ The final destination

5
CD1-36

When should the listeners come back to the bus?

① By 1:30
② By 2:00
③ By 2:30
④ By 3:00

6
CD1-37

How much discount can a group of six people get?

① 5%
② 10%
③ 12%
④ 15%

7
CD1-38

What is Ms. Annie Scott's position in her company?

① The president
② The vice-president
③ The senior advisor
④ The manager of the Customer Service Department

8
CD1-39

What can be known about the store?

① It has more than 10 employees.
② It has at least 100 kinds of pillows.
③ It holds this kind of sale every year.
④ Its owner majored in medical science.

01-A : 어법상 어색한 것 고르기

5문항
각 2점

문법 능력을 판단하기 위한 유형으로 주어진 문장의 밑줄 친 부분 중 어법상 어색하게 쓰인 단어나 어구를 고르는 유형으로 정확한 문법 사용 능력을 요구합니다.

Study Point

▶ 평소에 다양한 형태의 문장을 학습해야 합니다.
▶ 주어, 동사의 수 일치, 시제 일치, 단수, 복수 명사의 쓰임, 형용사나 부사의 쓰임, 관계대명사의 역할 등에 대한 문법 지식을 습득해야 합니다.
▶ 문장의 5형식을 익히고, 보어나 목적어로 쓰이는 형태의 특징을 알아둡니다.

S|A|M|P|L|E

Choose the underlined one that is grammatically incorrect.

Rain <u>pours</u> down last night, <u>so</u> my <u>co-workers</u> could not <u>cross</u> the river.
　　　① 　　　　　　　　　　② 　　　③ 　　　　　　　　　④

Tips　① 동사의 시제 일치에 대한 문제입니다. '지난밤(last night)'이라는 과거를 나타내는 부사구가 있으므로 동사는 과거형으로 표현되어야 합니다. ④의 동사는 과거로 쓰여야 하지만 앞에 과거를 나타내는 조동사(could)가 있으므로 동사원형이 쓰였습니다.

해석　어젯밤에 비가 쏟아져서 나의 동료들은 강을 건널 수 없었다.

정답　①

C Choose the underlined one that is grammatically incorrect.

1

We <u>all</u> know the <u>fact</u> that a year <u>has</u> twelve <u>month</u>.
   ①   ②   ③   ④

2

I listened <u>to</u> the <u>traditional</u> song and <u>it</u> sounded <u>sadly</u>.
       ①   ②   ③   ④

3

<u>Neither</u> your father <u>or</u> my father <u>knows</u> the <u>secret</u>.
    ①   ②   ③   ④

4

Anyone <u>whose</u> enters the building <u>should</u> present some <u>type</u> of
     ①   ②   ③

<u>identification</u>.
  ④

01-B ┊ 어법상 바른 것 고르기

5문항
각 2점

빈칸에 들어갈 알맞은 형태의 단어나 어구를 고르는 유형입니다. 문장 전체의 의미를 파악하면서 이에 맞는 정확한 문법 지식을 사용할 수 있는 능력이 요구됩니다.

Study Point

▶ 평소에 다양한 형태의 문장을 학습해야 합니다.
▶ 주어, 동사의 수나 시제의 일치, 전치사의 의미, 접속사, 관계대명사의 쓰임 등에 대한 문법 지식을 습득해야 합니다.
▶ 주어, 보어, 목적어 등의 문장의 구성 성분으로 어떤 형태가 쓰이는지, 문맥의 흐름상 어떤 접속사가 필요한지 여러 형태의 문장을 학습해야 합니다.

S A M P L E

Choose the one that best completes the sentence.

Both Jack and Jill _____ 18 years old next year.

① turned
② will turn
③ had turned
④ have turned

Tips 문장에서 미래를 나타내는 next year가 있으므로 시제는 미래입니다. will은 미래를 나타내는 조동사입니다.

해석 Jack과 Jill은 내년이면 둘 다 18세가 <u>된다</u>.

정답 ②

[Choose the one that best completes the sentence.

1

I loved playing with a white teddy bear _____ I was young.

① who

② how

③ when

④ where

2

All of a sudden, George went upstairs _____ he kept his treasure chest.

① whom

② what

③ which

④ where

3

They sat on the bench _____ at the fountain.

① look

② looks

③ looked

④ looking

4

To be successful, never give up on your dream _____ the hardships.

① while

② despite

③ though

④ however

02 문맥상 알맞은 단어나 숙어 고르기

10문항
각 3점

주어진 문장의 빈칸에 의미상 가장 적절한 단어나 구를 고르는 유형입니다. 문장 전체의 의미를 파악하고 문맥상 논리적으로 빈칸에 들어갈 단어나 구를 유추해 내는 능력이 요구됩니다.

S A M P L E

You will have to find the most appropriate one to complete the sentence.

You don't need to download the newest files. The program will be _____ updated.

① reasonably

② commercially

③ automatically

④ unfortunately

Study Point

▶ 평소 많은 단어와 숙어의 뜻을 정확하게 익혀두도록 합니다.
▶ 제시된 문장을 정확히 해석하여 빈칸에 들어갈 단어나 구의 힌트를 얻도록 합니다.
▶ 선택지의 제시된 단어를 각각 빈칸에 넣어 문장이 자연스러운지 판단해 봅니다.

Tips	문맥상 알맞은 부사를 찾는 문제입니다. 첫번째 문장이 새로운 파일을 다운받을 필요가 없다는 내용이므로 빈칸이 있는 두번째 문장에서는 왜 그래도 되는지 이유가 나올 수 있습니다. 프로그램 스스로 업데이트 된다는 말이 나올 수 있습니다. 거기에 적합한 단어를 찾으면 됩니다.
해석	당신은 가장 최신의 파일들을 다운받을 필요가 없습니다. 프로그램이 자동으로 업데이트될 것입니다. ① 합리적으로 ② 상업적으로 ③ 자동적으로 ④ 불행하게도
정답	③

Need to Know

주의해야 할 숙어 표현

□ **get in** ~에 들어가다
□ **get on** ~에 올라타다
□ **take off** (옷 등을) 벗다
□ **turn on** ~을 켜다
□ **carry out** ~을 수행하다
□ **look down on** 얕보다, 경시하다
□ **roll up** (손잡이를 돌려서) 올리다
□ **within** ~안에
□ **up to date** 최신 유행의

□ **get off** ~에서 내리다; 떠나다
□ **get out** ~에서 나가다; 떠나다
□ **put on** ~을 입다, 신다
□ **turn off** ~을 끄다, 잠그다
□ **carry on** ~을 계속하다
□ **look up to** ~을 존경하다, 우러러보다
□ **roll down** (손잡이를 돌려서) 내리다
□ **without** ~없이
□ **out of date** 구식의, 유행이 지난

> You will have to find the most appropriate one to complete the sentence.

1

You should always remember to _____ your hands after you play outside.

① wash   ② repair
③ polish   ④ absorb

2

If you want to get a good _____, you must study hard.

① grass   ② graph
③ grade   ④ growth

3

Please _____ your shoes before you enter the house.

① get in   ② take off
③ carry out   ④ depend on

4

My favorite vase was broken _____ pieces.

① into   ② after
③ beside   ④ between

5   I should have the test results back _____ 24 hours.

     ① on   ② out

     ③ within   ④ beyond

6   She is so _____. No one can change her mind.

     ① mild   ② kind

     ③ flexible   ④ stubborn

7   Can we _____ the heater? It's really hot in here.

     ① turn off   ② take off

     ③ roll down   ④ look down

8   All telephones in this room were _____ so I couldn't call you.

     ① up to date   ② out of order

     ③ by all means   ④ taken in charge

03-A 시각 자료 이해하기

5문항
각 3점

주어진 시각 자료는 주로 도표나 안내문, 메모, 편지 등의 실용문으로 이러한 시각 자료를 보고, 질문에 대한 답을 고르는 유형입니다. 시각 자료를 정확히 분석할 수 있는 능력이 요구됩니다.

Study Point

▶ 평소에 다양한 형태의 도표, 안내문, 보고서, 이메일, 초대장 등의 실용문을 자주 접하도록 합니다.

▶ 각 자료에 제시된 숫자나 세부 사항을 꼼꼼히 확인해야 합니다.

S A M P L E

You will read a variety of reading materials such as advertisements, notices, newspaper articles, and letters. Choose the best answer for each question.

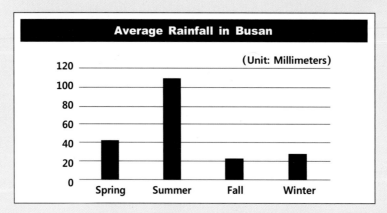

According to the graph, which of the following is true?

① Busan gets the least amount of rain in winter.
② Busan gets the same amount of rain in spring and fall.
③ In winter, Busan gets less than twenty millimeters of rain.
④ In summer, Busan gets more than twice the amount of rain as it gets in spring.

Tips
도표에 제시된 부산의 계절별 강우량을 정확히 파악해야 합니다. 계절별 강우량이 어떻게 되는지, 언제 가장 적게 내리고 각 계절별로 어떤 차이가 있는지 꼼꼼히 확인합니다.

해석
그래프에 따르면 다음 중 사실인 것은 어느 것인가?
① 부산은 겨울에 가장 적은 양의 비가 내린다.
② 부산은 봄과 가을에 같은 양의 비가 내린다.
③ 겨울에 부산은 20 밀리미터 미만의 비가 내린다.
④ 여름에 부산은 봄에 내리는 비의 양보다 두 배 이상의 비가 내린다.

정답
④

Practice

You will read a variety of reading materials such as advertisements, notices, newspaper articles, and letters. Choose the best answer for each question.

1

Hi Tina,

I just want to make sure whether we are going to the science museum this weekend. We haven't discussed that for a while, so I was wondering if you still remember our plans. Please let me know if anything has come up and you cannot go.

See you soon!

Lily

What is the purpose of the note?

① To make plans   ② To cancel plans

③ To confirm plans   ④ To postpone plans

2

THE 12TH ANNUAL
DRIVE-IN / BIKE-IN
MOVIE
FESTIVAL

FRIDAY
JULY 7TH

SATURDAY
JULY 8TH

9:00 PM
$8 (EACH NIGHT)

What can NOT be inferred from the poster?

① The festival has been held 11 times so far.

② No one can enter the festival area after 9 pm.

③ Cars and bicycles are allowed in the festival area.

④ An equal admission fee is charged to every attendee.

03-B 독해 지문 이해하기 (1지문 1문항)

4문항
각 3점

주어진 독해 지문을 읽고 관련된 질문에 대한 답을 고르는 유형입니다. 독해 지문을 이해하여 지문의 주제나 세부적인 정보를 파악하고 논리적인 관계를 추론할 수 있는 능력이 요구됩니다.

Study Point

▶ 평소에 다양한 주제를 가진 독해 지문을 자주 접하도록 합니다.
▶ 독해 지문에 모르는 단어가 나와도 당황하지 말고 전체 내용을 이해하도록 노력합니다.
▶ 세부 사항을 물을 때는 선택지에 제시된 내용을 지문에서 찾아 밑줄을 그어가면서 확인합니다.

S A M P L E

You will read a variety of reading materials such as advertisements, notices, newspaper articles, and letters. Choose the best answer for each question.

> Backpacking overseas can be an inexpensive way to travel if you stay at youth hostels. Staying at youth hostels can also provide great language and cultural experiences. Rather than learning about a culture and language in the classroom, you can meet a lot of people from around the world and improve your language skills as well.

What is the best title for the passage?
① The Benefits of Backpacking
② The Benefits of Staying at Youth Hostels
③ The Importance of Improving Language Skills
④ The Importance of Learning about Foreign Cultures

Tips 외국 여행에서 유스호스텔에 묵을 때 얻을 수 있는 다양한 이점에 대해 이야기하고 있습니다. 따라서 이 글의 목적에 맞는 선택지를 골라야 합니다.

해석 해외에서의 배낭여행은 당신이 유스호스텔에서 머무른다면 여행하는 데 저렴한 방식이 될 수 있다. 유스호스텔에 묵는 것은 다양한 언어와 문화적인 경험 또한 제공할 수 있다. 교실에서 문화와 언어에 대해 학습하는 것보다 세계 여러 나라에서 온 많은 사람들을 만날 수 있어서 당신의 언어 실력 또한 높일 수 있다.

이 글의 제목으로 가장 알맞은 것은 무엇인가?
① 배낭여행의 장점　　② 유스호스텔에 묵는 것의 장점
③ 언어 능력 향상의 중요성　　④ 외국 문화에 대한 학습의 중요성

정답 ②

Practice

You will read a variety of reading materials such as advertisements, notices, newspaper articles, and letters. Choose the best answer for each question.

1

Before I returned from my annual two-week vacation, I was quite worried that the office would be in bad condition. However, I was very surprised as my co-worker, Jack, took the time to organize my mail and all other materials that came into the office during my absence. The first day back from a trip is usually very busy and difficult. With Jack's help, however, my first day back was very calm this time.

How would the writer feel toward Jack?

① Angry   ② Grateful

③ Indifferent   ④ Disappointed

2

Children like May very much because Children's Day is in May. A survey showed that children like Children's Day for various reasons. First, they can take a day off from school. Also, their parents usually try to be nicer to them, giving them presents and taking them to exciting places. According to the survey, most children hope to get a new toy on Children's Day, and their favorite places to go are the amusement park and the zoo.

What is NOT mentioned as a reason that children like Children's Day?

① They might receive presents.

② They can get some allowance.

③ They can go to exciting places.

④ They don't have to go to school.

03-C : 독해 지문 이해하기 (1지문 2문항)

6문항
각 3점

주어진 독해 지문을 읽고 지문의 내용과 관련된 두 개의 질문에 대한 답을 고르는 유형입니다. 글의 제목이나 주제 등을 파악하는 추론 능력과 세부적인 내용 확인 등의 정확한 내용 이해 능력이 요구됩니다.

S A M P L E

You will read a variety of reading materials such as advertisements, notices, newspaper articles, and letters. Choose the best answer for each question.

The Pacific Ocean is the largest ocean in the world. It's where half of all the water on Earth is. It takes a whole day for an ordinary plane to fly across the Pacific Ocean. A boat ride from one side to the other can take a few weeks. Ferdinand Magellan was the first to sail across the Pacific Ocean. He also gave the ocean its name. He watched the small, calm waves in the sea and named the ocean Mar Pacifico, which means 'peaceful sea' in English.

Q1.

How long does it take for an ordinary plane to fly across the Pacific Ocean?

① A half day
② A whole day
③ A whole week
④ A few weeks

Q2.

What is NOT true about the Pacific Ocean?

① The name means 'peaceful sea.'
② It is the largest ocean in the world.
③ It contains half of all the water on Earth.
④ Magellan named it after watching calm clouds.

Study Point

▶ 다양한 주제의 긴 지문을 읽고 글의 주제나 제목, 목적 등 글의 전체적인 대의를 파악하는 연습을 합니다.

▶ 독해 지문의 구제적인 정보를 묻는지, 글의 내용과 일치하거나 일치하지 않는 문장을 골라야 하는지 등의 주어진 질문의 내용을 정확하게 이해해야 합니다.

▶ 지문에 나온 구체적인 정보와 선택지의 정보를 비교하며 확인하도록 합니다.

Tips

태평양에 대해 설명하는 글입니다. 그 크기가 어느 정도인지 비행기와 배의 항해를 예로 들고 있고, 물의 양은 어느 정도인지, 이 바다를 처음 건넌 사람이 누구인지, 또 왜 태평양이라는 이름을 얻게 되었는지를 설명하고 있습니다. 주어진 질문을 보고, 각 질문과 선택지에 제시된 정보를 비교해 보면서 올바른 정보와 그릇된 정보를 파악하는 것이 중요합니다.

해석

태평양은 세계에서 가장 큰 바다이다. 지구상의 물의 절반이 이곳에 있다. 일반 비행기로 태평양을 횡단하는 데 하루 종일이 걸린다. 보트를 타고 한쪽 끝에서 다른 쪽 끝으로 가는 데는 몇 주가 걸릴 수 있다. Ferdinand Magellan은 처음으로 태평양을 가로질러 항해했다. 그는 또한 그 바다에 이름을 부여한 사람이기도 하다. 그는 바다에서 잔잔하고 고요한 파도들을 보고는 그 바다의 이름을 Mar Pacifico, 영어로 '평화로운 바다'라는 의미의 이름을 지어줬다.

Q1. 태평양을 일반 비행기로 횡단하는 데 걸리는 시간은 얼마인가?
① 반나절　　　　　② 하루 종일
③ 일주일　　　　　④ 몇 주일

Q2. 태평양과 관련해서 사실이 아닌 것은 무엇인가?
① 이름은 '평화로운 바다'를 의미한다.
② 세계에서 가장 큰 해양이다.
③ 지구상의 절반의 물을 포함하고 있다.
④ Magellan은 조용한 구름들을 보고 나서 그 이름을 지었다.

정답

1. ②　2. ④

You will read a variety of reading materials such as advertisements, notices, newspaper articles, and letters. Choose the best answer for each question.

1

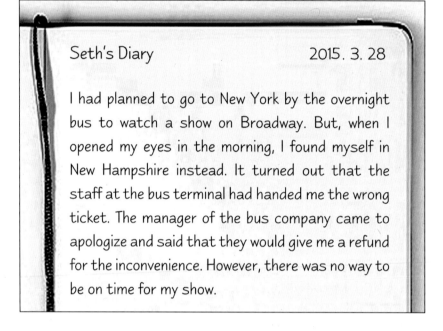

Seth's Diary   2015. 3. 28

I had planned to go to New York by the overnight bus to watch a show on Broadway. But, when I opened my eyes in the morning, I found myself in New Hampshire instead. It turned out that the staff at the bus terminal had handed me the wrong ticket. The manager of the bus company came to apologize and said that they would give me a refund for the inconvenience. However, there was no way to be on time for my show.

Q1.

How did Seth most likely feel when arriving in New Hampshire?

① Bored   ② Confused

③ Delighted   ④ Indifferent

Q2.

What is NOT true about Seth according to the diary?

① He took an overnight bus.

② He arrived in New York on time.

③ He planned to watch a Broadway show.

④ He met the manager of the bus company.

2

Space Camp is located in Alabama, the United States of America. It's a place where kids can go and learn all about space travel. Every year, kids from all over the world can visit Space Camp. They spend five days learning everything about being an astronaut. At the end, they spend some time on a machine that looks like a real space shuttle. Not everyone that attends Space Camp will become an astronaut. However, every child that goes to Space Camp understands and appreciates space much more.

Q1.

What is the main purpose of the passage?

① To praise astronauts

② To introduce Space Camp

③ To announce the opening of a new space camp

④ To report an accident that happened at Space Camp

Q2.

According to the passage, which of the following is true?

① Only American children can join Space Camp.

② Every Space Camp attendee becomes an astronaut.

③ Children get on a real space shuttle at Space Camp.

④ Every Space Camp attendee understands space better.

Writing Type

01 빈칸에 알맞은 단어 쓰기

3문항
각 3점

주어진 독해 지문의 빈칸에 어법에 맞는 표현이나 글의 흐름에 적절한 단어를 골라 쓰는 유형입니다. 문법 지식을 바탕으로 문맥상 필요한 단어를 파악하여 쓸 수 있는 능력이 요구됩니다.

S A M P L E

Read the following passage and fill in each blank with one of the words given below.

My favorite teacher is Mr. Brown. He was my math teacher last year. I was not very good _____1_____ math, so I always hated going to his classes. But Mr. Brown _____2_____ me that math really isn't so difficult. He understood that math was hard for me, and he was very patient. He gave me lots of encouragement when I was right _____3_____ kindly corrected me when I was wrong.

and, at, tell, of, because, told

46

Study Point

▶문맥의 흐름을 정확히 이해하고 빈칸에 들어갈 단어를 유추합니다.

▶문장에서 요구되는 적절한 시제와 단어의 형태를 고려해야 합니다.

▶함께 자주 쓰이는 표현이나 앞뒤 흐름에 맞는 적절한 단어를 찾아내기 위해서 평소에 어휘력을 기르는 것이 중요합니다.

Tips 문맥의 흐름에 맞게 빈칸에 알맞은 단어를 쓰는 문제입니다. 글의 내용이나 문장의 형식상 빠진 부분이 무엇인지 주의하여 읽어나갑니다. (1)은 be good at이라는 표현의 의미를 파악하고 있는지를 묻고 있으며, (2)는 4형식의 문장으로 간접목적어(me)와 직접목적어(that 이하절)를 이끄는 동사가 필요한데, 이때 시제가 어떻게 되는지도 파악해야 합니다. (3)은 문장에 when절이 두 번 나오고, 동사가 두 개 나오므로 He를 주어로 하는 두 절을 동등하게 연결해 주는 접속사를 찾는 문제입니다.

해석 내가 가장 좋아하는 선생님은 Brown 선생님이다. 그는 지난 해 내 수학 선생님이셨다. 나는 수학을 아주 잘 하지는 못했고, 그래서 항상 그의 수업에 들어가는 것이 싫었다. 그런데, Brown 선생님께서 수학은 그렇게 어려운 것이 아니라고 말씀해 주셨다. 그는 내가 수학을 어려워 한다는 것을 이해하였고, 인내심이 매우 강하셨다. 그는 내가 맞았을 때는 많은 격려의 말씀을 해 주셨고, 틀렸을 때는 친절히 고쳐주셨다.

정답 (1) at (2) told (3) and

Need to Know

for와 during의 차이

□ **He will stay at the hotel for five days.**
그는 5일 동안 그 호텔에 머무를 것이다. (for + 숫자 기간)

□ **She will stay with her grandparents during the summer vacation.**
그녀는 여름 방학동안 조부모님과 함께 있을 것이다. (during + 일반 명사)

most와 most of의 차이

□ **most students** 대부분의 학생 (일반적인 학생들 중 대부분)

□ **most of the students in my class** 우리 반 대부분의 학생 (특정한 집단의 학생 들 중 대부분)

□ **most of them** 그들 중 대부분 (*most 다음에 대명사가 나올 때는 반드시 of를 써야 합니다.)

Read the following passage and fill in each blank with one of the words given below.

1

I have owned my restaurant ____1____ the past five years. And it has become more and more successful. I know what my customers want. They want high quality food. So I only use the freshest ingredients available. And I make sure that the food is as tasty ____2____ possible. Of course, the tables and dishes ____3____ always clean.

as, from, for, is, if, are

2

Beans are an excellent source of high quality protein. Most ____1____ them are yellow, but there are brown and black varieties. People eat beans after boiling or roasting them. Also, several dressings and sauces ____2____ made from beans. In some countries, people transform beans into a great variety of foods ____3____ as Tofu, Miso, etc. for cooking their dishes.

so, of, for, are, is, such

3

On July 31, 2010, the UNESCO chose two Korean villages as World Heritage Sites. Andong city's Hahoe Village ____1____ Gyeongju city's Yangdong Village made it to the UNESCO list thanks ____2____ their traditional beauty. The Korean traditional lifestyle from over 600 years ago has been kept alive in the two villages. Many people from all over the world ____3____ visit these sites from now on.

to, must, and, or, by, will

48

4

Purple symbolizes imagination and fantasy as well ___1___ elegance. The color ___2___ also associated with power, wealth, nobility, luxury, and ambition. It is said that purple was a favorite color of Cleopatra. If you love the color purple, you are an imaginative, creative, ___3___ romantic person. Sometimes, people may think you are an unrealistic dreamer.

for, and, should, is, however, as

5

Tim speaks both French and Italian. He works as a tour guide. He likes his job so ___1___. He brings tourists to famous sites in France ___2___ Italy, explaining interesting facts about the sites. He is very proud ___3___ his job. Nowadays, he is learning how to speak German. He wants to work in Germany as well.

but, much, of, and, for, many

6

Our science teacher is really nice. She doesn't mind explaining things more ___1___ once if we don't understand the first time. Last week she taught us about DNA. It ___2___ very difficult at first, so most of us had trouble following her. But she patiently repeated the explanation ___3___ we all understood. Now, thanks to her, everyone in my class knows well about DNA.

until, than, as, by, is, was

02 | 대화에 알맞은 문장 쓰기

A와 B의 대화문을 읽고 대화가 자연스럽게 완성되도록 주어진 단어들을 이용하여 빈칸에 알맞은 의문문의 문장을 쓰는 유형입니다. 대화의 문맥을 파악하여 완전한 형태의 한 문장으로 쓰는 능력이 요구됩니다.

S A M P L E

Read the following dialogue and fill in the blank with one complete sentence by putting the given words in the correct order.

A: Jack, what's up?

B: Hi, Mark. Do you know a new zoo opened last week?

A: Yes. I went there yesterday.

B: _____?

A: I had a lot of fun. I'd like to go there again.

> like, did, it, how, you

Study Point

▶평소 의문문의 어순을 정확히 알아두도록 합니다.

▶다양한 의문사의 의미를 정확히 파악하고, 각 의문사의 용법을 익혀둡니다.

▶be동사, 조동사, 의문사를 이용한 의문문 만드는 연습을 합니다.

Tips
대화의 흐름상 적절한 문장을 쓰는 문제입니다. 이 대화를 보면 지난주에 개장한 동물원에 대해 이야기하고 있습니다. Mark가 그 동물원에 가봤다고 하고, 마지막에 아주 재미있었고, 또 가고 싶다고 말하고 있습니다. 따라서 빈칸에는 그곳에 대한 상대방의 느낌을 물어보는 질문이 오는 것이 적절합니다.

해석
A: Jack, 안녕?
B: 안녕, Mark. 지난주에 새로운 동물원이 개장했다는 것을 알고 있니?
A: 응. 나 어제 거기 갔었어.
B: 어땠어?
A: 아주 재미있었어. 거기 다시 가고 싶어.

정답
How did you like it

Need to Know

의문사를 이용한 다양한 의문문

□ **What did you do yesterday?** 어제 무엇을 했니?

□ **What is your favorite color?** 네가 가장 좋아하는 색깔은 무엇이니?

□ **Where is she now?** 그녀는 지금 어디에 있니?

□ **Who answered the question?** 누가 그 질문에 대답했니?

□ **How do you like your new shoes?** 너의 새 신발이 마음에 드니?

Read the following dialogue and fill in the blank with one complete sentence by putting the given words in the correct order.

1

A: When are you going to invite me to your new place?

B: Why don't you come today?

A: Great. _____?

B: You can come at 3 o'clock.

A: Okay. See you then.

I, when, go, can

2

A: Hi, Susie.

B: Hi, Max. What's up?

A: I left my MP3 player at your house. Have you seen it?

B: No. _____?

A: I put it near the computer.

put, did, you, it, where

3

A: Hi, Ruth. Good to see you!

B: Hi, Sophie. What are you doing here?

A: I'm waiting for my brother.

B: _____?

A: He is at a bookstore.

is, now, he, where

4

A: Where were you yesterday evening? You weren't home, right?

B: That's right. I was at the movies.

A: _____?

B: I saw "Dancing in the Park."

A: I wish I had been there, too. It seems really fun.

> movie, you, what, watch, did

5

A: What are you reading?

B: I am reading a science fiction. It's interesting.

A: _____?

B: An author named Stephen King.

A: I see. Can you lend it to me when you are done?

> the, who, book, wrote

6

A: How many classes are you taking this semester?

B: Let's see. Mmm… eight classes.

A: Wow. That's quite a lot. _____?

B: I like Economics most. I just can't get enough of it.

A: Really? How interesting! I find Economics quite difficult, so it's definitely not one of my favorites.

> favorite, is, subject, your, what

03 제시어를 이용하여 사진의 상황을 한 문장으로 묘사하기

주어진 사진을 보고 제시된 단어들을 이용하여 완전한 문장으로 사진을 올바르게 묘사하는 유형입니다. 문장 성분에 맞게 단어들의 순서를 바르게 배열하여 완전한 문장을 만들 수 있는 능력이 요구됩니다.

S A M P L E

Describe the picture with one complete sentence by putting the given words in the correct order.

his, with, man, teeth, short, brushing, the, is, hair

Study Point

▶ 주어, 동사, 목적어 등 문장의 성분으로 쓰일 수 있는 형태에 대해 정확하게 익혀둡니다.

▶ 명사를 수식하는 형용사, 형용사구의 형태나 위치에 대해 파악하여 완전한 문장을 만드는 연습을 합니다.

▶ 제시된 단어를 사용하지 않거나 변형하지 않도록 주의합니다.

Tips
사진을 보고 제시된 단어를 이용하여 사진의 상황을 바르게 묘사하는 문제입니다. 짧은 머리의 남자가 이를 닦고 있습니다. 이를 묘사하기 위해서는 주어진 단어에서 주어가 될 수 있는 The man으로 시작할 수 있습니다. 동사는 brushing이 있으므로 「be동사+현재분사」로 지금 '~을 하고 있다'라는 현재진행형을 표현할 수 있고, with는 전치사로 '~을 가지고 있는'이라는 의미가 있으므로 짧은 머리의 형태는 with와 함께 쓸 수 있습니다.

해석
짧은 머리를 한 남자가 이를 닦고 있다.

정답
The man with short hair is brushing his teeth.

전치사구의 수식

□ **The girl with a big hat is my sister.**
큰 모자를 쓰고 있는 소녀가 내 여동생이야.

□ **The man is watering the tree in his garden.**
그는 그의 정원에 있는 나무에 물을 주고 있다.

Describe the picture with one complete sentence by putting the given words in the correct order.

1

woman, hand, broomstick, the, is, her, a, holding, in

2

woman, cup, juice, into, is, a, pouring, the

3

plant, woman, in, is, a, the, watering, garden, the

4

hat, some, girl, balloons, the, holding, is, a, with

TOPEL Intermediate

Level **2**

1

실 전 모 의 고 사

Listening Part

Reading Part

Writing Part

Listening Part

In the Listening Test, you will be asked to demonstrate how well you understand spoken English.

Part I

Directions: In questions 1-5, you will see a picture and hear four statements describing each picture. Choose the statement that best describes what you see in the picture. Then, mark the correct answer on your answer sheet. The statements will not be repeated, so you must listen carefully.

1
CD1-41

2
CD1-41

3
CD1-41

4
CD1-41

5
CD1-41

Part II

Directions: In questions 6-10, you will hear short conversations. Choose the most appropriate response to the last person's comment at the end of the conversation. Each conversation will not be repeated, so you must listen carefully.

6
CD1-43
① Okay. I will.
② Sure, you can.
③ Fine. I give up.
④ Well, I hope so.

7
CD1-43
① Yes, I'd love to.
② No, you are too busy.
③ No, I don't like to cook.
④ Yes, she joined the club.

8
CD1-43
① Is dinner ready yet?
② Let's have dinner at 7:30.
③ How many tables are there?
④ All tables are booked for that time.

9
CD1-43
① It'll be my pleasure.
② Your new house looks nice.
③ I'm not sure where to move.
④ Tell me if you have any questions.

10
CD1-43
① Be careful. The place is very dangerous.
② Don't worry. I believe you'll do really well.
③ Good luck. The test won't be too difficult.
④ Well done. I knew you would win the match.

CD1-44

Part Ⅲ

Directions: In questions 11-24, you will hear some conversations. Choose the best response to each question and mark the correct answer on your answer sheet. The questions are printed out in your test booklet.

11
CD1-45

Where is the conversation most likely taking place?

① At a library   ② In a museum
③ At a bookstore   ④ In a company office

12
CD1-46

What time is Mark's barbecue party?

① At 11:30 am   ② At 12:00 pm
③ At 12:30 pm   ④ At 1:00 pm

13
CD1-47

What will the man NOT order for dinner?

① Soup   ② Salad
③ Steak   ④ Fruit juice

14
CD1-48

How will the man go to the terminal?

① He will take a taxi.   ② He will take a bus.
③ His father will give him a ride.   ④ His mother will give him a ride.

15
CD1-49

What does 'Tour A' NOT include?

① Lunch   ② Dinner
③ Fishing   ④ A boat-ride

16
CD1-50

What are the man and the woman mainly talking about?

① Their ways of studying   ② Their ways of exercising
③ Their after-school activities ④ Their favorite musical instrument

17
CD1-51

How much will the man pay?

① $36   ② $40
③ $72   ④ $80

18

CD1-52

What can be known from the conversation?

① The man was typing an essay.   ② The man was listening to music.

③ The woman has a laptop computer.   ④ The woman is a computer technician.

19

CD1-53

What will the woman do for Sam's birthday?

① Buy a cake   ② Book a restaurant

③ Shop for a present   ④ Call Sam's best friend

20

CD1-54

Why does the man want the woman to keep his dog?

① He won't be home.   ② His sister doesn't like dogs.

③ He is moving to another place.   ④ His guest is allergic to dog hair.

21

CD1-55

What will the woman do right after the conversation?

① Go to the bank   ② See the doctor

③ Wait at the hospital   ④ Make an appointment for another time

22

CD1-56

How long did the man stay in Florence?

① For 3 days   ② For 5 days

③ For 7 days   ④ For 14 days

23

CD1-57

What is the job of the woman's mother?

① Novelist   ② Tour guide

③ Travel journalist   ④ Flight attendant

24

CD1-58

Why did the woman have to do the homework again?

① She couldn't print out her homework.

② She had written about the wrong topic.

③ Her homework file was not saved properly.

④ Her teacher changed the subject of the homework.

CD1-59

Part IV

Directions: In questions 25-30, you will hear some monologues. Choose the best response to each question and mark the correct answer on your answer sheet. The questions are printed out in your test booklet.

25
CD1-60

Why did the speaker leave the message to Jake?

① To thank him
② To apologize to him
③ To borrow something from him
④ To ask him for some information

26
CD1-61

What best describes the requirements for application?

① Creativity
② Experience
③ Acting skills
④ Responsibility

27
CD1-62

What should you do to check how many accounts you have?

① Press 1
② Press 2
③ Press 3
④ Call during business hours

28
CD1-63

What will the weather be like this afternoon?

① Rainy
② Sunny
③ Foggy
④ Stormy

29
CD1-64

Where will the listeners gather after entering the museum?

① In front of the gate
② At the Asia exhibition room
③ At the America exhibition room
④ In front of the audio tour booth

30
CD1-65

How can the listeners participate in the advertised charity?

① By sending food
② By sending clothes
③ By building shelters
④ By donating some money

Reading Part

In the Reading Test, you will read a variety of texts and answer several different types of reading comprehension questions.

Part V

Directions: In questions 1-10, you will have to either find the grammatical error or choose the best word to complete the sentence.

1~5

Choose the underlined one that is grammatically incorrect.

1 Try to read as much books as possible during the vacation.
① to read ② much ③ as ④ during

2 Sid's mother have made some sweaters and hats for her grandson.
① have made ② some ③ for ④ her

3 A long time ago, people think that the Earth was flat.
① time ② think ③ that ④ flat

4 Most soldiers are expected to do why their boss tells them to do.
① expected ② why ③ tells ④ to

5 Either you or I are going to be chosen as class president.
① are ② be ③ as ④ president

6~10

Choose the one that best completes the sentence.

6 _____ finishing dinner, please wash the dishes.

① After   ② Thus

③ Although   ④ Therefore

7 If you don't read _____ in public places, people will get annoyed.

① silent   ② silence

③ silently   ④ silenced

8 The boy and the girl walked down the road _____ about their tests.

① talk   ② talked

③ talking   ④ to be talking

9 She didn't want to answer the phone because it was too _____.

① late   ② later

③ lately   ④ latest

10 I regret _____ time when I was in high school.

① waste   ② wasted

③ wasting   ④ to waste

Directions: In questions 11-20, you will have to find the most appropriate one to complete the sentence.

11 This kind of chance comes only _____ in a lifetime.
① first   ② hard
③ once   ④ barely

12 Ted got _____ at the news and blamed me for my mistake.
① upset   ② bored
③ thrilled   ④ touched

13 You need to _____ this matter to avoid misunderstanding.
① clarify   ② achieve
③ appreciate   ④ complicate

14 I tried my best to win first prize at the swimming _____.
① celebration   ② cancelation
③ competition   ④ construction

15 I can't _____ his constant complaints anymore. I'm tired of them.
① put up with   ② look back on
③ get down on   ④ hang out with

16 The teacher _____ his students to preview and review every day.

① advised   ② delivered

③ corrected   ④ exchanged

17 Every student was surprised by the professor's deep _____ on biology.

① talent   ② source

③ limitation   ④ knowledge

18 Multi-language skills are _____ to become an ambassador.

① cultural   ② essential

③ traditional   ④ intellectual

19 People think it's Mary's fault, but it's _____ my fault, too.

① partly   ② lately

③ gradually   ④ commonly

20 Joanne told me that two helicopters were in the sky, so I _____.

① gave in   ② took off

③ paid up   ④ looked up

Directions: In questions 21-35, you will read a variety of reading materials such as advertisements, notices, newspaper articles, and letters. Choose the best answer for each question.

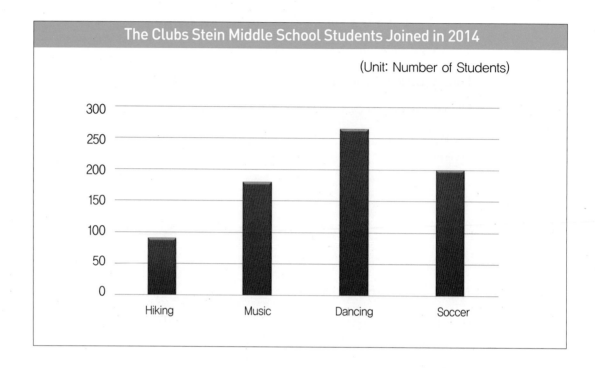

The Clubs Stein Middle School Students Joined in 2014

(Unit: Number of Students)

21 According to the graph, which of the following is NOT true?

① Fewer than 100 students joined the hiking club.

② The largest number of students joined the dancing club.

③ More students joined the hiking club than the soccer club.

④ The second smallest number of students joined the music club.

It's my treat!
Come to taste my food!

Who: My classmates
When: 6:00 pm, June 18th, 2015
Where: My house

Call me if you can come:
025-698-8745

- Jason -

22 What can be known from the invitation card?

① Who will prepare food

② What guests should bring

③ How long the gathering will last

④ What kind of food will be served

Jenna's List of Things to Do

4:00 ~ 6:00 pm   Watch a movie with Dave

6:00 ~ 7:00 pm   Have dinner with Mom

7:00 ~ 9:00 pm   Do homework

9:00 ~ 10:00 pm Read a book

23 What is true about Jenna?

① She will watch a movie alone.

② She will have dinner with Dave.

③ She will do her homework for two hours.

④ She will go to sleep at 9:00 in the evening.

Classroom Rules

1. Come on time
2. Bring your textbooks
3. Do not eat food
4. Turn off your cell phones

24 What can be inferred from the notice?

① Being late for the class results in deducting scores.

② Students will be fined if they eat food in the classroom.

③ Using cell phones in class is considered to be disturbing.

④ Teachers will copy textbooks if students don't bring theirs.

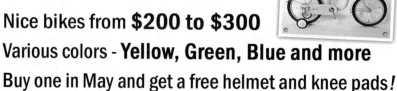

Bikes on Sale

Nice bikes from **$200 to $300**

Various colors - **Yellow, Green, Blue and more**

Buy one in May and get a free helmet and knee pads*!*

25 What can NOT be known from the advertisement?

① The bikes come in at least three colors.

② There are more than 200 kinds of bikes.

③ The most expensive bike is $300 during the sale.

④ People can get a helmet for free if they buy a bike in May.

During the winter in 2009, there was no rain or snow in Beijing, China. Plants and animals couldn't survive and fish went dying. To solve the problem, the Chinese made fake snow. The snow-making machines fired 426 crayon-size sticks into the sky and seeded clouds to make snow fall. Still, this wasn't enough for the city that had lacked water for so long, but it was better than nothing.

26 What best describes the problem Beijing had in the winter of 2009?

① A flood

② A volcano

③ A drought

④ A hurricane

It's a blessing for people to be able to 'forget.' Thinking about something deeply is usually good if you do it before making an important decision. However, thinking about the past is not always good. It is harmful to keep reminding yourself of something bad that happened or something you did wrong in the past. Try to move on from the past and focus on the present and the future. This will make your life healthy.

27 What is the main idea of the passage?

① Don't let something bad happen to you.

② Think carefully before making a big decision.

③ Don't repeatedly recall something you did wrong.

④ Past experiences are important for the present life.

Blood donation can help save many lives. James Harrison from Australia has saved the lives of more than two million babies by donating his blood. You need to be healthy to donate your blood, so this is not easy for even young people. But James is 74 years old now and he has donated his blood every week for 56 years. That's about 2,700 times so far.

28 Which of the following is true according to the passage?

① Anybody can donate blood.

② Many babies could survive thanks to James.

③ James donated his blood more than 3,000 times so far.

④ James started donating blood when he was in his twenties.

To raise awareness about the importance of clean water, the United Nations designated World Water Day. It is on March 22nd every year. On this day, people try to promote public awareness of the necessity to conserve and protect fresh water. The UN warned that more than 2.7 billion people will face water shortages by the year 2025 if the world continues using water at the same rate as today.

29 What is the purpose of designating World Water Day?

① To persuade people to stop using dirty water

② To give a safe water source to poor countries

③ To let people know the importance of clean water

④ To warn people of the danger of drinking tap water

30~31

Many people think that it's not easy to keep cats as pets. However, if you understand cats' behavior, keeping cats gets easier. First of all, cats must sharpen their claws. So, if you give them a block of wood, they will sharpen their claws on it instead of your furniture. Also, cats do most of their activities at night. Don't be afraid when they are gone at night. Just open your window a little bit so they can come back in.

30 For whom is the passage written?

① People who sell goods for pet animals

② People who have trouble keeping a cat

③ People who want to be an animal doctor

④ People who want to avoid losing their cats

31 Which of the following can NOT be known from the passage?

① Cats sharpen their claws at least five times a day.

② People often find it difficult to keep a cat as a pet.

③ Opening the window helps cats get in and out easily.

④ A block of wood can keep furniture from being destroyed by cats.

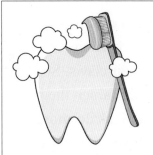

We get two sets of teeth in our lifetime. The first set is called baby teeth. We start to lose them and get permanent teeth at the age of 6 or 7. By the time we are 21 years old, we only have permanent teeth. An average person has 32 teeth, including 4 wisdom teeth. To keep our teeth healthy, it's important to brush them properly. On average, people spend 38.5 days brushing their teeth over a lifetime.

32 What is the best title for the passage?

① The Importance of Teeth

② Facts About People's Teeth

③ Ways to Protect Permanent Teeth

④ Differences Between Baby Teeth and Permanent Teeth

33 What is true according to the passage?

① People get less than two sets of teeth on average.

② People usually have 32 teeth not including wisdom teeth.

③ People start to get permanent teeth when they are 21 years old.

④ People brush their teeth for more than one month over a lifetime.

34~35

Many people believe that controlling their eating habits is enough to lose extra kilograms when they try to lose some weight. But you should know that you need to exercise regularly to lose weight and stay fit. Exercising will increase metabolism and the amount of muscle. This will help you burn more calories each day. However, if you don't eat to lose weight, your body will begin to hold onto fat and calories as a source of energy.

34 What can people expect to do by exercising according to the passage?

① Run faster

② Grow taller

③ Make bones stronger

④ Increase the amount of muscle

35 What can be inferred from the passage?

① Skipping meals makes your heart weaker.

② It is easier to lose fat than protein when losing weight.

③ Working out is more helpful to lose weight than controlling eating habits.

④ Increasing the amount of calories you burn each day raises your body temperature.

Writing Part

In the Writing Test, you will be asked to demonstrate how well you write in English.

Part VIII

Directions: In questions 1-5, you will be asked to fill in the blanks and to describe a picture. Write the best answer for each question.

1~3

Read the following passage and fill in each blank with one of the words given below.

> We can find paper everywhere. Books, newspapers, and magazines ___1___ made of paper, which is very important in our lives. Wasting paper results in destroying woods because paper is made ___2___ trees. So, we need to save paper. Recycling paper is a good way of saving. Also, borrowing ___3___ exchanging books can help save paper and preserve trees.

for, from, be, so, are, or

4

Read the following dialogue and fill in the blank with one complete sentence by putting the given words in the correct order.

A: Who is that boy over there?

B: He is a new student. His name is Mark.

A: _____?

B: Not really. He just came yesterday.

A: Let's go and say hello.

well, know, you, do, him

5

Describe the picture with one complete sentence by putting the given words in the correct order.

is, arms, the, dog, her, holding, girl, a, in

THE END

TOPEL Intermediate

Level **2**

실 전 모 의 고 사

2

Level Up

Listening Part

Reading Part

Writing Part

Listening Part

In the Listening Test, you will be asked to demonstrate how well you understand spoken English.

CD1-66

Part I

Directions: In questions 1-5, you will see a picture and hear four statements describing each picture. Choose the statement that best describes what you see in the picture. Then, mark the correct answer on your answer sheet. The statements will not be repeated, so you must listen carefully.

1
CD1-67

2
CD1-67

3
CD1-67

4
CD1-67

5
CD1-67

Part II

Directions: In questions 6-10, you will hear short conversations. Choose the most appropriate response to the last person's comment at the end of the conversation. Each conversation will not be repeated, so you must listen carefully.

6
CD1-69

① Help yourself.
② No, thank you.
③ Oh, I'm so sorry.
④ Okay, I'll see you then.

7
CD1-69

① Not at all.
② It's my pleasure.
③ You are welcome.
④ Thank you very much.

8
CD1-69

① Yes, that would work.
② Have fun in the afternoon.
③ No, Dr. Stevens is not available.
④ Sure, I can come in the morning.

9
CD1-69

① I think I should do that.
② I have my notebooks in my bag.
③ You should speak to the front desk.
④ I brought my bag with me to school.

10
CD1-69

① I have to go there.
② I am looking for the First Bank.
③ I will go to the bank another time.
④ I don't want to go down the street.

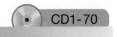
CD1-70

Part Ⅲ

Directions: In questions 11-24, you will hear some conversations. Choose the best response to each question and mark the correct answer on your answer sheet. The questions are printed out in your test booklet.

11
CD1-71

What is the man going to buy?

① Formal pants
② A wedding suit
③ A long sleeved shirt
④ A short sleeved shirt

12
CD1-72

What is the man's favorite thing about winter?

① Cooler weather
② Playing in the snow
③ Wearing a new coat
④ Long winter vacation

13
CD1-73

Who is the woman talking about?

① Her science classmates
② Her teacher and herself
③ Her teacher and her friend
④ Her best friend and herself

14
CD1-74

What time would the man and the woman get to the movie theater?

① At 7:20 pm
② At 7:30 pm
③ At 7:50 pm
④ At 8:00 pm

15
CD1-75

How often will the man probably walk his dog?

① Never
② Every day
③ Once a week
④ Twice a month

16
CD1-76

Where is the conversation most likely taking place?

① At home
② At school
③ At an office
④ At a hospital

17
CD1-77

How would the man go to Los Angeles?

① By car
② By bus
③ By train
④ By plane

실전모의고사 1회
실전모의고사 2회
실전모의고사 3회
실전모의고사 4회

18
CD1-78

Who is the woman most likely talking to?

① A lawyer   ② A banker

③ A teacher   ④ A businessman

19
CD1-79

Where would the graduation ceremony most likely take place?

① At a theater   ② At a classroom

③ At a soccer field   ④ At an auditorium

20
CD1-80

Where was the man's watch?

① In the closet   ② On the table

③ In his pocket   ④ In the washing machine

21
CD1-81

Why does the man NOT want meatballs in his spaghetti?

① He is on a diet.   ② He is allergic to meat.

③ He likes chicken better. ④ He only eats vegetables.

22
CD1-82

Where will the man and the woman meet?

① At the library   ② At the cafeteria

③ At the classroom   ④ At the man's house

23
CD1-83

Why would the woman NOT know the man's son?

① She does not know 9th graders.

② She never met any other parents.

③ She does not know his son's name.

④ His son never mentioned the coach.

24
CD1-84

What does the man suggest the woman do?

① Call him if she needs something

② Help him shop at the grocery store

③ Think about what she wants for dinner

④ Tell him if she wants to meet him at the store

CD1-85

Part IV

Directions: In questions 25-30, you will hear some monologues. Choose the best response to each question and mark the correct answer on your answer sheet. The questions are printed out in your test booklet.

25
CD1-86

Who can get a discount on drinks?

① Teachers
② Club members
③ All students at school
④ Anybody buying them before lunch

26
CD1-87

What will the listeners probably do next?

① Give a presentation
② Learn about biology
③ Listen to a guest speaker
④ Learn how to speak in class

27
CD1-88

What is NOT mentioned about the Eiffel Tower?

① It was built in 1889.
② It is a symbol of France.
③ It is the tallest building in Paris.
④ It is located in the center of Paris.

28
CD1-89

What mammal is the speaker describing?

① Hippo
② Horse
③ Camel
④ Monkey

29
CD1-90

What should passengers prepare before leaving for the airport?

① Their plane ticket
② Their flight schedule
③ The hotel information
④ An extra copy of passport

30
CD1-91

What is NOT known from the speech?

① The concert is being delayed.
② People cannot bring food inside.
③ The restroom is located on the left.
④ People need to get the tickets ready before entering.

Reading Part

In the Reading Test, you will read a variety of texts and answer several different types of reading comprehension questions.

Part V

Directions: In questions 1-10, you will have to either find the grammatical error or choose the best word to complete the sentence.

1~5

Choose the underlined one that is grammatically incorrect.

1 The boy <u>kindly</u> <u>help</u> the old <u>woman</u> cross the <u>busy</u> street.
           ①   ②   ③   ④

2 Remember to <u>locking</u> the <u>door</u> when you <u>leave</u> <u>your</u> house.
                ①   ②   ③   ④

3 <u>Those</u> new apartments <u>are</u> due for <u>complete</u> <u>in</u> January 2016.
     ①   ②   ③   ④

4 Several <u>topics</u> <u>were</u> to be <u>prepare</u> by students <u>for</u> their reports.
         ①   ②   ③   ④

5 Next Monday <u>is</u> a national holiday and we <u>are</u> planning to <u>entire</u> shut
        ①   ②   ③   ④
the system down on that day.

6~10

Choose the one that best completes the sentence.

6 Turn the lamp on to _____ the dim room.

① bright
② brightly
③ brighten
④ brightness

7 Tina called Nick to postpone their plans because she _____ homework to do.

① had
② having
③ will have
④ is having

8 _____ it was just a gloomy day, Lily brought an umbrella with her in case it rained.

① Even now
② Even then
③ Even later
④ Even though

9 It was hard to predict _____ baseball team would win the game.

① who
② which
③ whom
④ where

10 The judge wanted to hear _____ evidence before declaring the criminal to be guilty.

① reason
② reasoning
③ reasonable
④ reasonably

Directions: In questions 11-20, you will have to find the most appropriate one to complete the sentence.

11 The owner of the company realized that her company should have _____ more advertising to increase sales.

① done   ② broken

③ stopped   ④ prevented

12 He chose to wear a T-shirt _____ a hat to go out for lunch.

① out   ② with

③ beside   ④ between

13 Plants and flowers begin to bloom _____ the spring season.

① about   ② during

③ beneath   ④ regarding

14 Timothy is always trying to cross the street _____ when he goes to school by himself.

① nearly   ② highly

③ deeply   ④ carefully

15 I am _____ this weekend because I am moving into a new house.

① waiting for   ② hoping to see

③ taking care of   ④ watching out for

16 Johnny and Paul were best friends in university although both had grown up with different cultural _____.

① time   ② future

③ center   ④ backgrounds

17 The dog _____ over the iron fence and ran out to the street.

① put   ② caught

③ jumped   ④ threw

18 It was _____ that our backyard was destroyed by the heavy storm.

① good   ② wonderful

③ unfortunate   ④ unsuccessful

19 It is important that children _____ exercise to stay healthy.

① rarely   ② loudly

③ regularly   ④ infrequently

20 She _____ in a good mood but ended up having a bad day.

① took off   ② moved by

③ gave away   ④ started out

Directions: In questions 21-35, you will read a variety of reading materials such as advertisements, notices, newspaper articles, and letters. Choose the best answer for each question.

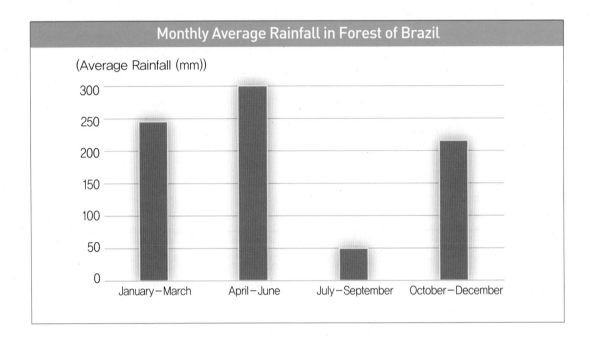

21 Which of the following is true according to the graph?

① The average rainfall reaches the highest from April to June.

② The least amount of rainfall is observed from January to March.

③ Brazil got more than three hundred millimeters of rainfall from January to March.

④ Brazil got twice more rainfall from October to December than from July to September.

Eric's Study Plan For Saturday

Subject	Time
Reading / Language Arts	1 hour
Mathematics	45 minutes
Science / Social Studies	30 minutes
History	45 minutes
Total	3 hours

22 What can be known about Eric's study plan?

① Eric's favorite subject is Reading.

② Eric studies only for three hours during the weekend.

③ Eric made the study plan to estimate the testing time.

④ Eric studies Mathematics and History for the same amount of time.

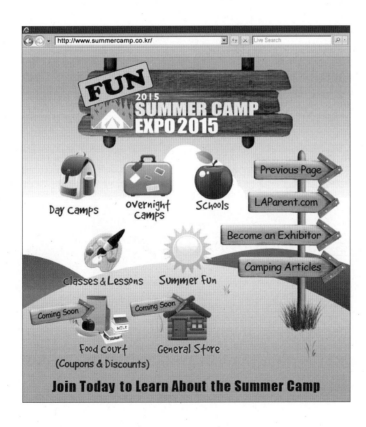

23 What is NOT mentioned in the website?

① Summer camp begins in June.

② The food court has coupons to use.

③ There are camping articles you can read.

④ There are both day and overnight camps.

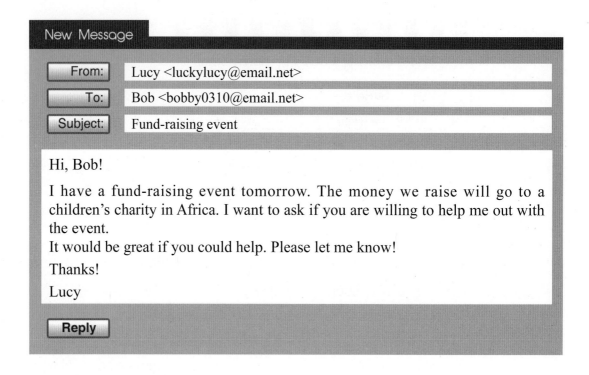

24 What is the purpose of the e-mail?

① To tell what time the event will begin

② To tell Bob that the event is tomorrow

③ To ask for help at the fund-raising event

④ To ask Bob to send some money to Africa

25 What is NOT true about the checklist?

① The market sells milk and bread.

② The school uniform is at the dry cleaner's.

③ The library books need to be returned by 2 pm.

④ The things on the to-do list are for every Friday.

An awards ceremony is held once a year at Western High School. Students are honored and recognized for their achievements in the fields of art, drama and music. All of the students have achieved excellent performances throughout the year. During the ceremony, the school prepares a video highlight of the year's musical performances. Selected paintings are displayed at the art gallery. The students are allowed to invite family and friends to attend the ceremony.

26 What is the passage mainly about?

① Recognizing students who have excellent performances
② Displaying paintings by selected winners for the art contest
③ The musical performances by the students in the music field
④ An awards ceremony for students excelling in art, drama and music

Unlike mammals, reptiles are cold-blooded animals. Reptiles are covered in scales and leathery skin while mammals are covered with fur or hair to keep warm. Reptiles like to rest in warm places since they are cold-blooded animals. They lay eggs instead of giving live birth as mammals do. Reptiles have been around since before the time of the dinosaurs. Some reptiles include snakes, alligators, lizards and turtles.

27 What is true about reptiles?

① They give birth to live young.
② They have scales on their skin.
③ They are warm-blooded animals.
④ They did not exist before the time of the dinosaurs.

The story of Robin Hood is a well-known English folktale. Robin Hood is a very skilled swordsman and archer. He is famous for fighting against the rich and giving money to the poor. Robin Hood was traditionally viewed as a hero because he tried to help the poor even if he was poor himself. Robin Hood became a criminal because he stole money from the rich. Although he was a criminal, he still made every effort to help poor people.

28 Why was Robin Hood considered to be a criminal?

① He fought with enemies.

② He only helped the poor.

③ He fought with the police.

④ He stole money from the rich.

A study has shown that talking on a cell phone while driving increases the chance of car accidents. Young drivers use their cell phones to call or to text more often than experienced drivers. These young drivers have less driving skills since they have had their licenses for as little as a few years. Some states in America have banned young drivers from using their cell phones while driving to minimize car accidents.

29 What can be known from the passage?

① Cell phones can cause car accidents.

② It is very dangerous to drive in America.

③ The experienced drivers never use cell phones.

④ Driving with adults is the best way to avoid a car accident.

30~31

> People wearing glasses may not all have the same vision problem. There are several types of vision problems. With normal vision, the eye has the ability to focus on an image in detail. However, with nearsightedness, people cannot see objects at a far distance. They can see objects close up. People with farsightedness cannot see objects at a close distance. Their vision is better when they look at far distant objects.

30 What is the best title for the passage?

① Explaining Vision with Objects

② Different Eye Vision Problems

③ Ways to Prevent Eye Diseases

④ Various Types of Glasses to Wear

31 What can be known about vision?

① More adults experience farsightedness.

② Glasses help with every vision problem.

③ There are four types of vision problems.

④ Farsighted people can see objects better at a far distance.

Medicine in Medieval Europe was very different from today's. There were few hospitals for those who were sick. Many hospitals were actually religious and run by monks and nuns. Some were dedicated not only to medical care, but also to other purposes. There were hospitals that took care of the poor and travelers. If people were sick, they had to ask a local doctor to come see them, or they had to go to the doctor's house or a small shop.

32 What is the writer's tone throughout the passage?

① Critical

② Informative

③ Persuasive

④ Suggestive

33 What is NOT true about Medieval hospitals?

① They were scarce in number.

② They were not related to religion at all.

③ Most doctors did not work in hospitals.

④ Many of them were run by monks and nuns.

34~35

Mother's Day in the United States is in May. It is a special day to honor mothers and to appreciate them. On this day, flowers, cards and candies are often given as gifts to mothers. Gifts show your appreciation to your mother and all the things that she has done for you. A common tradition is to take your mother out to dinner to show how much you care and love her.

34 What is the passage mainly about?

① What to do to honor your family

② National holidays to celebrate with your family

③ The meaning of Mother's Day and its tradition

④ How Mother's Day developed in the United States

35 What is NOT true about Mother's Day?

① In the United States, it is celebrated in May.

② Giving candies to mothers is an uncommon tradition.

③ Flowers and cards are often used as Mother's Day gifts.

④ Taking mothers out to dinner is one way to show appreciation.

Writing Part

In the Writing Test, you will be asked to demonstrate how well you write in English.

Part VIII

Directions: In questions 1-5, you will be asked to fill in the blanks and to describe a picture. Write the best answer for each question.

1~3

Read the following passage and fill in each blank with one of the words given below.

It ____1____ inspiring that 75,000 policemen, military officers, civil servants, and volunteers worked together to clean up the disastrous oil spill ____2____ happened in 2007 on Mallipo Beach in South Korea. Most of the volunteers were not local citizens, but they thought they needed ____3____ do something for the region. What they all wanted to do was to save the environment and to restore the beach.

when,   that,   is,   to,   for,   were

4

Read the following dialogue and fill in the blank with one complete sentence by putting the given words in the correct order.

A: Hi, Diana, how are you doing in your class?

B: I am having trouble with my homework.

A: I can help you with that. Just come to my house.

B: _____?

A: You can take a bus.

I,   how,   there,   can,   get

5

Describe the picture with one complete sentence by putting the given words in the correct order.

with, the, picture, man, taking, camera, a, is, a

THE END

TOPEL Intermediate

Level 2

3

실 전 모 의 고 사

Level Up

Listening Part

Reading Part

Writing Part

Listening Part

In the Listening Test, you will be asked to demonstrate how well you understand spoken English.

 CD2-01

Part I

Directions: In questions 1-5, you will see a picture and hear four statements describing each picture. Choose the statement that best describes what you see in the picture. Then, mark the correct answer on your answer sheet. The statements will not be repeated, so you must listen carefully.

1
CD2-02

2
CD2-02

3
CD2-02

4
CD2-02

5
CD2-02

Part II

Directions: In questions 6-10, you will hear short conversations. Choose the most appropriate response to the last person's comment at the end of the conversation. Each conversation will not be repeated, so you must listen carefully.

6
CD2-04
① At six o'clock.
② Five, including me.
③ They were all busy.
④ It was a great party.

7
CD2-04
① Yes, you are.
② It will be great.
③ No, you didn't.
④ It was awesome.

8
CD2-04
① It's my hobby.
② Let me take it for you.
③ I'll be there this summer.
④ Last summer on Jeju Island.

9
CD2-04
① My pleasure.
② For three days.
③ I'm not a doctor.
④ It wasn't so long ago.

10
CD2-04
① Yes, he will. He's smart.
② I like his Mona Lisa best.
③ I've never been on a helicopter.
④ Yes, I am. I read a book about him yesterday.

CD2-05

Part Ⅲ

Directions: In questions 11-24, you will hear some conversations. Choose the best response to each question and mark the correct answer on your answer sheet. The questions are printed out in your test booklet.

11
CD2-06

Who wants to take a break?

① Only the man
② Only the woman
③ Both the man and the woman
④ Neither the man nor the woman

12
CD2-07

When will the man most likely visit the library?

① Right now
② This Saturday
③ This Sunday
④ On a weekday next week

13
CD2-08

How much does the woman need to pay?

① $8
② $10
③ $18
④ $20

14
CD2-09

Where is the conversation most likely taking place?

① On a bus
② In a taxi
③ On a train
④ In an airplane

15
CD2-10

When does the concert start?

① At 6:00
② At 6:30
③ At 7:00
④ At 7:30

16
CD2-11

Why does the man want to return the shirt?

① It's too big for him.
② It's too small for him.
③ He thinks it's not trendy.
④ He doesn't like its color.

17
CD2-12

Who is the woman most likely talking to?

① A banker
② A librarian
③ A sales clerk
④ A hotel receptionist

18
CD2-13

What can NOT be known about the man?

① His daughter is turning five soon.

② He didn't expect to meet the woman.

③ He went to buy a present for his daughter.

④ He has known the woman for five years now.

19
CD2-14

From which gate will the woman's flight depart?

① Gate 3   ② Gate 5

③ Gate 6   ④ Gate 8

20
CD2-15

What will the man and the woman do after the conversation?

① Go to a park   ② Go shopping

③ Rent a movie   ④ Watch a baseball game

21
CD2-16

What is the man doing now?

① He is drawing a picture.   ② He is studying for an exam.

③ He is solving a math problem.   ④ He is playing a computer game.

22
CD2-17

Who is the owner of the music CDs?

① The man   ② The woman

③ The man's sister   ④ The woman's sister

23
CD2-18

How did the woman get to know about the man's news?

① She saw his exam result.

② She heard it from her teacher.

③ She heard it from the man's brother.

④ She saw an article on his school notice board.

24
CD2-19

What are the man and the woman mainly talking about?

① Their hobbies   ② Their future dreams

③ Their favorite models   ④ Their favorite movie star

CD2-20

Part Ⅳ

Directions: In questions 25-30, you will hear some monologues. Choose the best response to each question and mark the correct answer on your answer sheet. The questions are printed out in your test booklet.

25
CD2-21

What will the speaker do tomorrow night?

① Visit Jennie
② Meet his parents
③ Go on a blind date
④ Meet Jennie's parents

26
CD2-22

According to the instruction, what should be put into the red bin?

① Paper
② Glass bottles
③ Plastic bottles
④ Aluminum cans

27
CD2-23

What will the weather be like tomorrow afternoon?

① Rainy
② Windy
③ Foggy
④ Sunny

28
CD2-24

What is true according to the speaker?

① The bus will wait until all the students are on board.
② The school bus will take the students to the museum.
③ The students won't need a pen and a notebook tomorrow.
④ The bus will be waiting for the students near the back gate.

29
CD2-25

Where is the announcement probably being made?

① At a bank
② At a grocery store
③ At an auction market
④ At an amusement park

30
CD2-26

According to the message, when is the restaurant closed?

① On Mondays
② On Fridays
③ On Saturdays
④ On Sundays

Reading Part

In the Reading Test, you will read a variety of texts and answer several different types of reading comprehension questions.

Part V

Directions: In questions 1-10, you will have to either find the grammatical error or choose the best word to complete the sentence.

1~5

Choose the underlined one that is grammatically incorrect.

1 Feel freely to visit my place as often as you want.
①　　　　　　　　②　　　③　　　　④

2 She bought two pairs of jean at the newly opened shopping mall.
①　　　　　　　②　　　③　　　④

3 There are two oranges. I'll have one, so you can have the others.
①　　　　　②　　③　　　　　　④

4 This month the company had fewer applicants than it does last month.
①　　　　　　　②　　　③　　　　④

5 Most students think when the summer vacation needs to be much longer.
①　　　②　　　　　　　③　　　④

6~10

Choose the one that best completes the sentence.

6 Lucy was experiencing difficulty _____ her way back to the new office.

① find   ② found

③ finding   ④ to be found

7 This swimming contest _____ on since 1 pm this afternoon.

① goes   ② went

③ had gone   ④ has been going

8 Mrs. Jung visited her husband in New Zealand, _____?

① did she   ② does she

③ didn't she   ④ doesn't she

9 This computer has an advanced CPU. _____, it is much faster than others.

① Beside   ② Instead

③ However   ④ Therefore

10 I will encourage my brother _____ harder to get the highest score.

① ctudy   ② studied

③ to study   ④ studying

Directions: In questions 11-20, you will have to find the most appropriate one to complete the sentence.

11 Today is their wedding _____. They got married exactly one year ago.

① holiday   ② birthday

③ competition   ④ anniversary

12 No one can't _____ this puzzle. It's way too hard.

① solve   ② collect

③ achieve   ④ purchase

13 Be careful! The blade of this sword is really _____.

① dull   ② brief

③ deep   ④ sharp

14 Now the situation is _____ our control. We need to seek some help.

① for   ② with

③ toward   ④ beyond

15 Somebody _____ last night and stole my piggy bank.

① kept up   ② broke in

③ held out   ④ filled out

16 I walked as _____ as possible, so no one could hear me.

① finally   ② cruelly

③ silently   ④ fluently

17 He no longer works in the fashion industry. He _____ his job.

① stored   ② changed

③ attended   ④ corrected

18 The Internet has become the fastest means of _____ among people around the world.

① invitation   ② medication

③ pronunciation   ④ communication

19 Don't feel so bad about it. It's such a _____ mistake.

① public   ② strong

③ formal   ④ common

20 It's pretty late. I guess I have to _____ now.

① give in   ② take off

③ watch out   ④ hang around

Directions: In questions 21-35, you will read a variety of reading materials such as advertisements, notices, newspaper articles, and letters. Choose the best answer for each question.

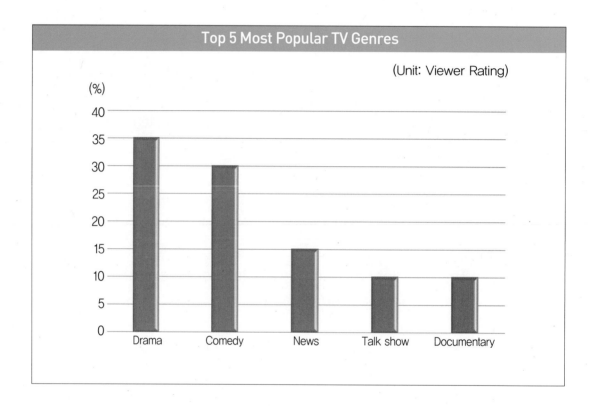

21 According to the chart, which of the following is true?

① Comedy is the most popular TV genre.

② News is the second most popular TV genre.

③ Drama takes up more than half of the whole popularity chart.

④ Talk show and documentary share the same level of popularity.

22 If you want to join the party, by when do you have to let the host know?

① April 30

② October 15

③ November 21

④ Anytime before the party

23 What can NOT be known from the coupon?

① The name of the restaurant

② The valid date of the coupon

③ The limitations of the coupon usage

④ The types of meals the restaurant serves

5 Laundry Rules

Before putting your clothes in the washing machine, please check this list;

1. Make sure there's nothing left in any of the pockets.
2. Unroll all sleeves.
3. Unbutton all blouses/shirts.
4. Turn T-shirts with designs/printing inside out.
5. If you have a dirty stain on clothes, pre-treat it before putting it in the washing machine.

- Note: If something is very dirty, wet or smelly, DO NOT put it in the laundry pile!

24 What is NOT true according to the notice?

① You need to unbutton all the shirts before washing.

② You need to unroll all clothes' sleeves before washing.

③ If you wash a T-shirt with printing, you have to turn it inside out.

④ If you wash a T-shirt with a dirty stain, you need to turn it inside out.

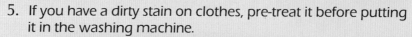

Program Schedule

Time	Date		
	Wednesday, 20th November	Thursday, 21st November	Friday, 22nd November
8:30 am	Registration	Seminar I	Seminar II
9:00 am	Opening Session		
10:30 am	Coffee Break	Coffee Break	Coffee Break
11:00 am	Waterfall Hike	Pilates	Yoga
1:00 pm	Lunch	Lunch	Lunch
2:00 pm	Cooking Class	Field Trip	Meditation
5:00 pm	Cooking Competition		Closing Ceremony

25 Which of the following is NOT true according to the schedule?

① Registration takes place twice.

② Field trip is scheduled on Thursday.

③ Each coffee break lasts for thirty minutes.

④ Closing ceremony is the last session of the program.

Some women are very good at playing soccer. In the past, however, most people did not enjoy watching women's soccer games. Many people did not think women's soccer games would be successful. The first women's international soccer game was played in China in November 1991. It proved to be a successful event. This is how the Women's World Cup was born. Now the Women's World Cup is held every four years.

26 How did most people feel about women's soccer games in the past?

① Enjoyable and promising

② Enjoyable but unpromising

③ Unenjoyable but promising

④ Unenjoyable and unpromising

Have you ever eaten the flower, dandelion? Believe it or not, people have used the dandelion for food for centuries. The most useful parts of the dandelion are the leaves. In the spring, when the leaves are soft, some people boil them in water and eat them. Even the yellow flowers can be eaten if picked while they are still buds. The roots can also be cooked and eaten in many different ways.

27 Which part of the dandelion is NOT mentioned as edible in the passage?

① Leaf

② Root

③ Stem

④ Flower

Everybody knows the saying, "An apple a day keeps the doctor away." But what about other fruits and vegetables? The thing is they also help us keep the doctor away. Studies have found that almost all fruits and vegetables can help prevent various types of diseases. So, why don't we change the famous saying to "A bowl of fruits and vegetables keeps the doctor away."? It's true and it definitely works.

28 What is the main point of the passage?

① Most medicines are useless.

② Every fruit can cure all types of diseases.

③ Eating too many apples can actually harm us.

④ People can stay healthy by eating fruits and vegetables.

People say, in most cases, predicting an earthquake is next to impossible. But on February 4, 1975, scientists could successfully predict an earthquake in China. The scientists told the people in the area to leave. People left their houses and moved to safe areas. That afternoon, a strong earthquake hit the area. About 90% of the buildings in one city in that area were destroyed in a few seconds. Thanks to the scientists' prediction, more than 10,000 people's lives were saved.

29 What can NOT be known from the passage?

① In which country the earthquake happened

② How many people's lives were saved thanks to the prediction.

③ How many scientists were involved in the earthquake prediction

④ What percentage of the buildings in one city were destroyed by the earthquake

30~31

> Seventeen-year-old Levi Strauss went to the United States from Germany in 1847. In the 1850s, he went to California and sold heavy cloth for tents to the miners. Strauss found that the miners' pants were worn out quickly, so he had an idea. He began to make pants from the heavy cloth for tents. These pants became popular with the miners. He dyed the pants deep blue that did not show dirt. These became known as 'blue jeans.' Soon cowboys and other kinds of workers started to wear blue jeans.

30 According to the passage, who first started to wear blue jeans?

① Miners
② Cowboys
③ Tent makers
④ Fashion models

31 Which of the following questions can NOT be answered by reading the passage?

① When did Levi Strauss move to California?
② What kind of business was Levi Strauss originally in?
③ How old was Levi Strauss when he first arrived in the US?
④ How much money did Levi Strauss make by selling blue jeans?

Scientists are special people. By nature, they have a lot of questions. They always ask themselves questions like "How do things work? How and why do things happen?" They watch things very carefully and try to solve their questions. They always want to think of new ways to explain things. Sometimes they have to conduct certain types of experiments over and over again, but they don't mind doing so because they are so thrilled to find out what will eventually happen.

32 What is the passage mainly about?

① Characteristics of scientists
② Elements of great questions
③ The importance of experiments
④ Problem-solving skills of ordinary people

33 According to the passage, why do scientists NOT mind conducting experiments repeatedly?

① They are not intelligent.
② They need to earn money by doing so.
③ They simply enjoy making themselves busy.
④ They eagerly want to know what will happen in the end.

34~35

> Losing weight doesn't mean you have to give up food you love to eat. Your body needs nutrients like protein, fat, and many different vitamins and minerals from a variety of food groups. What makes a diet good or bad is the way the foods fit together. If you have a higher-fat food like pizza at dinner, choose a lower-fat food at other meals. Checking what is in the food you eat and balancing your food choices are the things you must keep in mind.

34 What can be inferred from the passage?

① You should always have low-fat food for dinner.
② You should take vitamins and minerals every day.
③ You should stop eating food you like to lose weight.
④ You should keep the balance when you choose what to eat.

35 According to the passage, what makes a diet good or bad?

① The speed you eat at
② The way the foods fit together
③ The calories the meals contain
④ Whether you are a good cook or not

Writing Part

In the Writing Test, you will be asked to demonstrate how well you write in English.

Part VIII

Directions: In questions 1-5, you will be asked to fill in the blanks and to describe a picture. Write the best answer for each question.

1~3

Read the following passage and fill in each blank with one of the words given below.

When you hear the words "volunteer work," what comes to your mind? ____1____ you ever done any volunteer work? Volunteer work is not something that you must do. It is something you want to do in order ____2____ help others. Some people think volunteer work takes up a lot of time. However, just a little time and effort can ____3____ enough for certain types of volunteer work.

be, did, of, have, is, to

4

Read the following dialogue and fill in the blank with one complete sentence by putting the given words in the correct order.

A : I played badminton with my brother this morning and I won the game!

B : Is this the first time you won a game against him?

A : Yes, it is. And that's why I'm so happy.

B : Congratulations! By the way, _____?

A : Almost every morning.

you, often, how, do, play

5

Describe the picture with one complete sentence by putting the given words in the correct order.

is, with, a, the, bicycle, sunglasses, riding, woman

THE END

TOPEL Intermediate

Level

4

실 전 모 의 고 사

Level Up

Listening Part

Reading Part

Writing Part

Listening Part

In the Listening Test, you will be asked to demonstrate how well you understand spoken English.

 CD2-27

Part I

Directions: In questions 1-5, you will see a picture and hear four statements describing each picture. Choose the statement that best describes what you see in the picture. Then, mark the correct answer on your answer sheet. The statements will not be repeated, so you must listen carefully.

1
CD2-28

2
CD2-28

3
CD2-28

4
CD2-28

5
CD2-28

CD2-29

Part II

Directions: In questions 6-10, you will hear short conversations. Choose the most appropriate response to the last person's comment at the end of the conversation. Each conversation will not be repeated, so you must listen carefully.

6 CD2-30
① I can't play with you.
② It will be better soon.
③ It took so long to see you.
④ Sure. The play starts at 6:00.

7 CD2-30
① Yes, you can.
② No, you should pay by cash.
③ You can drive to the library.
④ The front desk is in the corner.

8 CD2-30
① That's interesting.
② I'll meet you tomorrow.
③ You can come by anytime.
④ Okay. I'll see you at the museum.

9 CD2-30
① See you on Sunday.
② Sounds fun. Let's go.
③ The movie starts at 5:00.
④ Yes, I love watching movies, too.

10 CD2-30
① I need to take a bus.
② I need a GPS system now.
③ Yes, I like to watch a football.
④ No, I'm going to see a concert.

128

CD2-31

Part III

Directions: In questions 11-24, you will hear some conversations. Choose the best response to each question and mark the correct answer on your answer sheet. The questions are printed out in your test booklet.

11
CD2-32

What will the woman buy at the bookstore?

① Calendars
② Magazines
③ Fashion DVDs
④ Books and CDs

12
CD2-33

Why does the man NOT buy an alarm clock?

① He forgets to buy it.
② He always gets up early.
③ He has a cell phone instead.
④ He has a class in the afternoon.

13
CD2-34

What did Karen get for the Halloween party?

① Cookies
② A toy box
③ Pumpkin pies
④ Chocolate candies

14
CD2-35

Where is the conversation most likely taking place?

① At a shop
② At school
③ At a hospital
④ At a restaurant

15
CD2-36

What did the man order for breakfast?

① Steaks
② Sandwiches
③ Hamburgers
④ Orange juice

16
CD2-37

What did the woman ask the man to do?

① Push her car
② Give her a ride home
③ Teach her how to drive
④ Go to the auto repair shop with her

17
CD2-38

What is the woman demanding?

① A refund
③ An exchange
② A new DVD player
④ A repair on her DVD player

18 _{CD2-39} How many years has the man played basketball?

① For about three years ② For about four years

③ For about six years ④ For about nine years

19 _{CD2-40} What does the woman suggest the man do?

① Call the service center ② Go to the computer store

③ Finish the reports by this week ④ Use the Internet to buy a computer

20 _{CD2-41} Which place does the woman want to see first in Australia?

① The Opera House ② The Harbour Bridge

③ The Parliament House ④ The Great Barrier Reef

21 _{CD2-42} What can be known about the man and the woman?

① The man lives in Songpa.

② The woman left Sinsa five years ago.

③ The man lived in Sinsa District a month ago.

④ The man used to have trouble with his neighbors.

22 _{CD2-43} What is NOT true according to the conversation?

① Jane thinks her daughter is lovely.

② Ted wants to see Jane's daughter.

③ Jane's baby was born three months ago.

④ Ted and Jane are looking at the pictures.

23 _{CD2-44} Where are the man and the woman now?

① Seoul – Japan ② Seoul – New York

③ Japan – Hong Kong ④ Hong Kong – New York

24 _{CD2-45} What will the woman most likely do after the conversation?

① Have lunch ② Call the airline

③ Cancel her flight ④ Take the train instead

CD2-46

Part IV

Directions: In questions 25-30, you will hear some monologues. Choose the best response to each question and mark the correct answer on your answer sheet. The questions are printed out in your test booklet.

25
CD2-47

How is the weather in London?

① Hot and rainy   ② Clear and sunny

③ Hot and sunny   ④ Cloudy and rainy

26
CD2-48

According to the speaker, what is NOT mentioned about Diego Maradona?

① He was born in 1960.

② He started soccer at age 20.

③ He became a hero of Argentina.

④ He won the Mexico World Cup in 1986.

27
CD2-49

What disaster did the speaker experience?

① A fire   ② A flood

③ A typhoon   ④ An earthquake

28
CD2-50

What is the main purpose of the speech?

① To give a lecture   ② To make an apology

③ To announce a new program   ④ To say thanks for an award

29
CD2-51

To when does the man want to change the game schedule?

① Next Monday   ② Next Friday

③ Next Sunday   ④ Next Month

30
CD2-52

Which of the following is the best title for the speech?

① How to Collect Information

② What Makes Sleep So Important

③ How Much Sleep We Need to Get

④ What Makes the Brain Grow Smaller

Reading Part

In the Reading Test, you will read a variety of texts and answer several different types of reading comprehension questions.

Part V

Directions: In questions 1-10, you will have to either find the grammatical error or choose the best word to complete the sentence.

1~5

Choose the underlined one that is grammatically incorrect.

1 This memorial are made for those who died in the war.
    ①   ②   ③   ④

2 Johnson decided to applying for the job in the shipping department.
      ①   ②   ③ ④

3 Tim will make a presentation before the dinner is serve.
  ① ②   ③   ④

4 Anyone who attends this event next Sunday got a free dinner.
    ① ②   ③   ④

5 The tax department official will need to check the report careful.
  ①   ②   ③   ④

6~10

Choose the one that best completes the sentence.

6 He tried to get _____ the bus to find a restroom.

① so   ② off
③ and   ④ however

7 Alex Rodriguez led _____ team to the World Series in 2009.

① he   ② his
③ him   ④ himself

8 _____ Dirk came to the office, his assistant had arrived there.

① Still   ② Then
③ After   ④ Before

9 Eddy works for the company _____ makes video games for kids.

① why   ② that
③ whom   ④ whose

10 As a safety precaution, Larry always uses _____ tools to conduct building inspections.

① rely   ② reliable
③ reliably   ④ reliability

Directions: In questions 11-20, you will have to find the most appropriate one to complete the sentence.

11 Mark Zuckerberg made a _____ at an early age and became a billionaire.

① link   ② barrier
③ fortune   ④ statement

12 Our company needs to use cartoon characters to _____ a new cracker brand.

① taste   ② access
③ remove   ④ promote

13 James is playing a(n) _____ role in this marketing campaign.

① only   ② close
③ crucial   ④ urgent

14 Instead of going _____ to my house, I decided to shop at the mall.

① widely   ② directly
③ originally   ④ previously

15 South Gyeongsang Province also organized a special team to _____ emergency situations.

① react to   ② give up
③ depend on   ④ result from

16 It's a musical _____ just made of a raw piece of wood.

① access　　　　　　　　② insurance

③ homework　　　　　　④ instrument

17 I have to _____ food for seven people including you and Michael.

① tune　　　　　　　　② repair

③ prepare　　　　　　④ hesitate

18 The body requires _____ nutrition in order to maintain itself.

① weak　　　　　　　　② proper

③ indirect　　　　　　④ careless

19 We don't know _____ who will win the election for the next year's school president.

① slowly　　　　　　　② exactly

③ quickly　　　　　　④ curiously

20 To show our respect for Professor McMillan, we stood up and _____ our hats.

① put out　　　　　　② took off

③ fell apart　　　　　④ added up

Directions: In questions 21-35, you will read a variety of reading materials such as advertisements, notices, newspaper articles, and letters. Choose the best answer for each question.

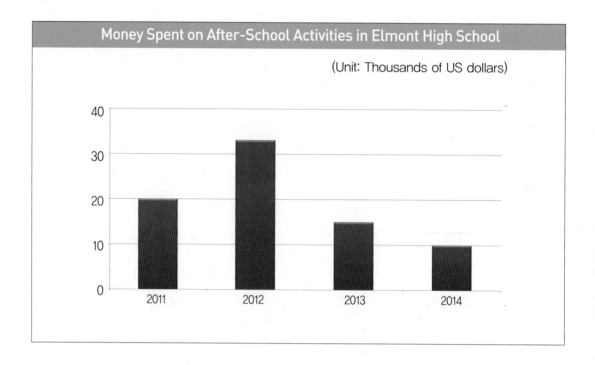

Money Spent on After-School Activities in Elmont High School

(Unit: Thousands of US dollars)

21 According to the graph, which of the following is true?

① The data were collected twice a year.

② The money spent in 2012 was the smallest.

③ People spent more money in 2013 than 2014.

④ The same amount of money was spent in 2011 and 2013.

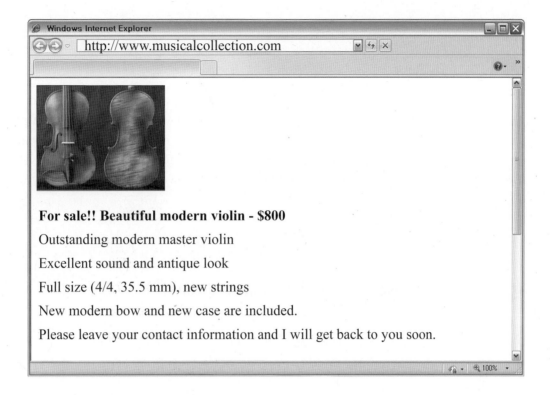

22 What can NOT be known from the advertisement?

① Size of the musical instrument

② Kind of the musical instrument

③ Price of the musical instrument

④ Contact information of the seller

23 How can you get a free 2-liter drink?

① By using both coupons

② By using 'free 2-liter' coupon

③ By using '$2 off any pizza' coupon

④ By using 'free 2-liter' coupon with purchase of pasta

> ✉ Mail   REPLY × DELETE
>
> Hi Steve,
>
> Since we have a meeting tomorrow, I want you to bring a laptop computer with you. We have not yet decided which chapter we would choose for a presentation next week, but Charlie and I agreed that we need to prepare in advance. Before making a decision, we should find more information on the web. If you can't bring your laptop, please let us know so that we can borrow one. Anyway, see you tomorrow!
>
> Kevin

24   Why did Kevin write the e-mail to Steve?

① To ask what they are going to eat

② To tell him what time they will meet

③ To ask what the most popular laptop computer is

④ To tell him what he needs to bring for the meeting

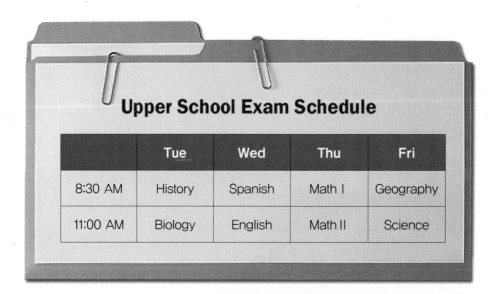

Upper School Exam Schedule

	Tue	Wed	Thu	Fri
8:30 AM	History	Spanish	Math I	Geography
11:00 AM	Biology	English	Math II	Science

25   What is true according to the exam schedule?

① There is no exam on Tuesday.

② There is no exam on Thursday except Math.

③ The History exam is scheduled on Thursday.

④ The Geography exam is scheduled on Saturday.

The host city of the 2018 Winter Olympics has the nickname "Happy 700." Over 70% of Pyeongchang stands 700 meters above sea level and it is the perfect condition for the growth of plants and animals as well as its residents. A lot of snowfall and cool weather in February have made Pyeongchang the ideal place for the winter sports. The city opened Korea's first international standard ski resort in 1975 and a number of people have enjoyed skiing and snowboarding since then.

26 What is NOT the reason Pyeongchang is popular for the winter sports?

① The high levels of snowfall

② The well-known ski resorts

③ The world-class athletes in snowboarding

④ The good weather condition for winter sports

The 'Free Hugs Campaign,' which began in Australia, is spreading fast in Korea. The campaign started a couple of years ago when Juan Mann hugged strangers, holding up a sign with the words "FREE HUGS." The movement is for making others feel better. Mann's cause has been taken up by others and they also are inspired to show kindness to others. In the age of social disconnection, the Free Hugs Campaign is warming people's heart.

27 What is the passage mainly about?

① The effect of good words

② The danger of hugging strangers

③ The origin of Free Hugs Campaign

④ The importance of social connection

Many young girls dream about being a princess. Few have their dreams become a reality. Kate Middleton married Prince William, who is second in line to be the King of England. William made Kate the woman who may become Queen. There aren't many royal families in the world, which explains why this event was such big news. The families of Kate and William paid for the wedding. But the cost of security for the event came from public funds. Modern fairy tales seem expensive affairs.

28 Who paid for Kate and Prince William's wedding?

① The public
② The wedding agency
③ Kate's and William's families
④ The Queen of England

Internet-enabled smartphones as well as tablets are freeing social gamers from the physical limits of home and office, and more titles specially designed for handheld devices are on their way. With the arrival of these devices, experts say that at least 90 percent of gamers will be on mobile devices in the future. Most people are going to be casual gamers and they don't really want to play their games only on the PC.

29 What can NOT be known from the passage?

① The future of mobile games is positive.
② New models will be on the market soon.
③ Most people want to play games casually.
④ PC games will no longer exist in the future.

30~31

Many people believe that they have to wash their hair every day. However, people who study hair say that we're washing our hair too often these days. When you wash your hair every day, you are also washing out your natural oils and these natural oils are important to keep our hair shiny and healthy-looking. So, how often should you wash your hair? They suggest washing your hair no more than two or three times a week.

30 What is the passage mainly about?

① What we need to wash

② Where we get natural oils

③ Why we need to wash our hair

④ How often we should wash our hair

31 Which of the following can be inferred from the passage?

① Americans wash their hair once a month.

② Hair salons can make your hair shiny all the time.

③ Doctors highly recommend washing hair every day.

④ People can have a better hair condition if they wash their hair three times a week.

We have to eat every day. We usually eat with other people and it is very important to know about table manners.

Good table manners show respect for other people and are not difficult to do.

Here are a few tips on good table manners:

• Don't speak with your mouth full of food.
• Remain seated throughout the entire meal.
• Sit up straight and keep your elbows off the table.
• Try to eat quietly and keep bites small.
• Don't forget to say please and thank you.

32 What is NOT mentioned about good table manners?

① You should try to eat in small bites.

② You should sit up straight at the table.

③ You should eat slowly when you eat with others.

④ You should be seated on your chair while eating.

33 What can be inferred from the passage?

① It is hard to please our parents while we eat.

② For young people, it is hard to sit still for an entire meal.

③ There are many different table manners in different countries.

④ It could make others uncomfortable if you talk with food in your mouth.

34~35

Surprisingly, the chocolate chip cookie was invented by accident in 1934. An American woman named Ruth Wakefield is the inventor of the world-famous cookie. She was the owner of a restaurant and it was famous for homemade style meals served with cookies as dessert. One day, Ms. Wakefield was making cookies for her customers. But she found that she did not have all necessary ingredients. So, she decided to use broken pieces of a chocolate bar instead. This is how the chocolate chip cookie was born.

34 What is the best title for the passage?

① The History of Chocolate Bar

② The Origin of Chocolate Chip Cookies

③ The Reason Why Children Like Chocolate Chip Cookies

④ The Most Famous Homemade Style Restaurant in America

35 What is NOT true about Ms. Wakefield?

① She had a car accident in 1934.

② She was the owner of a restaurant.

③ She used to serve cookies as dessert.

④ Her restaurant was famous for homemade style meals.

Writing Part

In the Writing Test, you will be asked to demonstrate how well you write in English.

Part VIII

Directions: In questions 1-5, you will be asked to fill in the blanks and to describe a picture. Write the best answer for each question.

1~3

Read the following passage and fill in each blank with one of the words given below.

Lemon is a rich source of vitamin C. It also contains vitamin B and calcium. Doctors say ____1____ pure water with lemon in it can be one of the healthiest beverages you can drink. Just put some fresh lemon slices into your water. It will become a better, healthier drink ____2____ plain water! Lemon water helps clean your blood. It ____3____ also good for colds. It can reduce fever. Further, lemon water prevents vomiting and helps you digest more easily, too.

can,   than,   which,   as,   is,   that

4

Read the following dialogue and fill in the blank with one complete sentence by putting the given words in the correct order.

A: Good evening. How can I help you?

B: I'm looking for sneakers for my sister.

A: We have various colors of sneakers. I especially recommend this blue one. Girls love this style.

B: _____?

A: They are $15, including tax.

do,   cost,   much,   how,   they

5

Describe the picture with one complete sentence by putting the given words in the correct order.

rain, holding, an, the, umbrella, woman, the, in, is

실전모의고사 1회

실전모의고사 2회

실전모의고사 3회

실전모의고사 4회

THE END

TOPEL Intermediate

Level **2**

Side1

TOPEL Intermediate 답안지

NELSA
National Evaluation of Language skill Association

LEVEL test

성 명

과 제 번 호
실전모의고사 1

유 의 사 항

1. 답안을 포함한 모든 표기사항은 반드시 컴퓨터용 연필을 사용해야 합니다.
2. 표기가 잘못되었을 경우는 지우개로 깨끗이 지운 후 다시 칠하십시오.
3. 모든 표기요령은 아래와 같이 원 안을 까맣게 칠해야 합니다.
   〈보기〉 ● × ○ ⊗ × ×
4. 응시자의 답안지 기재 오류로 인한 불이익은 책임지지 않습니다.

감독위원 확인란

응 시 번 호	유 형	감 독 위 원 확 인
		감독위원확인 (인)

Writing Test

1	0 1 2 3
2	0 1 2 3
3	0 1 2 3
4	0 1 2 3
5	0 1 2 3

Reading Comprehension

1 ① ② ③ ④
2 ① ② ③ ④
3 ① ② ③ ④
4 ① ② ③ ④
5 ① ② ③ ④
6 ① ② ③ ④
7 ① ② ③ ④
8 ① ② ③ ④
9 ① ② ③ ④
10 ① ② ③ ④
11 ① ② ③ ④
12 ① ② ③ ④
13 ① ② ③ ④
14 ① ② ③ ④
15 ① ② ③ ④
16 ① ② ③ ④
17 ① ② ③ ④
18 ① ② ③ ④
19 ① ② ③ ④
20 ① ② ③ ④
21 ① ② ③ ④
22 ① ② ③ ④
23 ① ② ③ ④
24 ① ② ③ ④
25 ① ② ③ ④
26 ① ② ③ ④
27 ① ② ③ ④
28 ① ② ③ ④
29 ① ② ③ ④
30 ① ② ③ ④
31 ① ② ③ ④
32 ① ② ③ ④
33 ① ② ③ ④
34 ① ② ③ ④
35 ① ② ③ ④

Listening Comprehension

1 ① ② ③ ④
2 ① ② ③ ④
3 ① ② ③ ④
4 ① ② ③ ④
5 ① ② ③ ④
6 ① ② ③ ④
7 ① ② ③ ④
8 ① ② ③ ④
9 ① ② ③ ④
10 ① ② ③ ④
11 ① ② ③ ④
12 ① ② ③ ④
13 ① ② ③ ④
14 ① ② ③ ④
15 ① ② ③ ④
16 ① ② ③ ④
17 ① ② ③ ④
18 ① ② ③ ④
19 ① ② ③ ④
20 ① ② ③ ④
21 ① ② ③ ④
22 ① ② ③ ④
23 ① ② ③ ④
24 ① ② ③ ④
25 ① ② ③ ④
26 ① ② ③ ④
27 ① ② ③ ④
28 ① ② ③ ④
29 ① ② ③ ④
30 ① ② ③ ④

본인확인

본인의 이름을 자필로 쓰시오.

응시번호

1 0 0 1 5

유형
A B
○ ○

검정코드
1 1

지역코드
1 2

수 험 번 호 등 록 번 호
0 5 7 0 0 7 3 3 3 3 3 3 3

TOPEL Intermediate 답안지

LEVEL Test

NELSA
National Evaluation of Language skill
Association

Writing Test

	0 1 2 3
1	
2	0 1 2 3
3	0 1 2 3
4	0 1 2 3
5	0 1 2 3

감독위원 확인란

응시번호	유형	감독위원확인
		㉑

유의사항

1. 답란을 포함한 모든 표기사항은 반드시 컴퓨터용 연필을 사용해야 합니다.
2. 표기가 잘못되었을 경우는 지우개로 깨끗이 지운 후 다시 칠하십시오.
3. 모든 표기요령은 아래와 같이 원 안을 까맣게 칠해야 합니다.
   〈보기〉 ● ◐ ⊘ ⊗ ⊙
4. 응시자의 답안지 기재 오류로 인한 불이익은 책임지지 않습니다.

Reading Comprehension

1	① ② ③ ④
2	① ② ③ ④
3	① ② ③ ④
4	① ② ③ ④
5	① ② ③ ④
6	① ② ③ ④
7	① ② ③ ④
8	① ② ③ ④
9	① ② ③ ④
10	① ② ③ ④
11	① ② ③ ④
12	① ② ③ ④
13	① ② ③ ④
14	① ② ③ ④
15	① ② ③ ④
16	① ② ③ ④
17	① ② ③ ④
18	① ② ③ ④
19	① ② ③ ④
20	① ② ③ ④
21	① ② ③ ④
22	① ② ③ ④
23	① ② ③ ④
24	① ② ③ ④
25	① ② ③ ④
26	① ② ③ ④
27	① ② ③ ④
28	① ② ③ ④
29	① ② ③ ④
30	① ② ③ ④
31	① ② ③ ④
32	① ② ③ ④
33	① ② ③ ④
34	① ② ③ ④
35	① ② ③ ④

Listening Comprehension

1	① ② ③ ④
2	① ② ③ ④
3	① ② ③ ④
4	① ② ③ ④
5	① ② ③ ④
6	① ② ③ ④
7	① ② ③ ④
8	① ② ③ ④
9	① ② ③ ④
10	① ② ③ ④
11	① ② ③ ④
12	① ② ③ ④
13	① ② ③ ④
14	① ② ③ ④
15	① ② ③ ④
16	① ② ③ ④
17	① ② ③ ④
18	① ② ③ ④
19	① ② ③ ④
20	① ② ③ ④
21	① ② ③ ④
22	① ② ③ ④
23	① ② ③ ④
24	① ② ③ ④
25	① ② ③ ④
26	① ② ③ ④
27	① ② ③ ④
28	① ② ③ ④
29	① ② ③ ④
30	① ② ③ ④

성 명

과제번호

실전모의고사 2

본인확인: 본인의 이름을 자필로 쓰시오.

응시번호
1 0 0 1 5

유형
A B

검정코드
1 1

지역코드
1 2

주민등록번호
5 7 0 0 7 3 3 3 3 3 3 3

TOPEL Intermediate 답안지

LEVEL Test
NELSA
National Evaluation of Language skill Association

감독위원 확인란

응시번호	유형	감독위원 확인
		㉑

Writing Test

1	0 1 2 3
2	0 1 2 3
3	0 1 2 3
4	0 1 2 3
5	0 1 2 3

Reading Comprehension

1	① ② ③ ④	6	① ② ③ ④	11	① ② ③ ④	16	① ② ③ ④	21	① ② ③ ④
2	① ② ③ ④	7	① ② ③ ④	12	① ② ③ ④	17	① ② ③ ④	22	① ② ③ ④
3	① ② ③ ④	8	① ② ③ ④	13	① ② ③ ④	18	① ② ③ ④	23	① ② ③ ④
4	① ② ③ ④	9	① ② ③ ④	14	① ② ③ ④	19	① ② ③ ④	24	① ② ③ ④
5	① ② ③ ④	10	① ② ③ ④	15	① ② ③ ④	20	① ② ③ ④	25	① ② ③ ④
26	① ② ③ ④	31	① ② ③ ④
27	① ② ③ ④	32	① ② ③ ④
28	① ② ③ ④	33	① ② ③ ④
29	① ② ③ ④	34	① ② ③ ④
30	① ② ③ ④	35	① ② ③ ④

Listening Comprehension

1	① ② ③ ④	6	① ② ③ ④	11	① ② ③ ④	16	① ② ③ ④	21	① ② ③ ④
2	① ② ③ ④	7	① ② ③ ④	12	① ② ③ ④	17	① ② ③ ④	22	① ② ③ ④
3	① ② ③ ④	8	① ② ③ ④	13	① ② ③ ④	18	① ② ③ ④	23	① ② ③ ④
4	① ② ③ ④	9	① ② ③ ④	14	① ② ③ ④	19	① ② ③ ④	24	① ② ③ ④
5	① ② ③ ④	10	① ② ③ ④	15	① ② ③ ④	20	① ② ③ ④	25	① ② ③ ④
26	① ② ③ ④
27	① ② ③ ④
28	① ② ③ ④
29	① ② ③ ④
30	① ② ③ ④

유의사항

1. 답란을 포함한 모든 표기사항은 반드시 컴퓨터용 연필을 사용해야 합니다.
2. 표기가 잘못되었을 경우는 지우개로 깨끗이 지운 후 다시 칠하십시오.
3. 모든 표기요령은 아래와 같이 원 안을 까맣게 칠해야 합니다.
   〈보기〉 ● ✓ × ○ ×
4. 응시자의 답안지 기재 오류로 인한 불이익은 책임지지 않습니다.

과제번호

실전모의고사 3

성 명

본인의 이름을 자필로 쓰시오.

본인확인

응시번호

1 0 0 1 5

1	② ③
0	① ② ③ ④ ⑤ ⑥ ⑦ ⑧ ⑨
0	① ② ③ ④ ⑤ ⑥ ⑦ ⑧ ⑨
1	② ③ ④ ⑤ ⑥ ⑦ ⑧ ⑨
5	① ② ③ ④ ⑥ ⑦ ⑧ ⑨

유형

| A | ○ |
| B | ○ |

감정코드

1 1

| ① ② ③ ④ ⑤ ⑥ ⑦ ⑧ ⑨ |
| ① ② ③ ④ ⑤ ⑥ ⑦ ⑧ ⑨ |

지역코드

1 2

| ① ② ③ ④ ⑤ ⑥ ⑦ ⑧ ⑨ |
| ① ② ③ ④ ⑤ ⑥ ⑦ ⑧ ⑨ |

수인등록번호

5 7 0 0 7 3 3 3 3 3 3 3

Side1

TOPEL Intermediate 답안지

NELSA
National Evaluation of Language skill Association

LEVEL Test

감독위원 확인란

응시번호	유형	감독위원확인
		감독위원확인 ㉑

유의사항

1. 답란을 포함한 모든 표기사항은 반드시 컴퓨터용 연필을 사용해야 합니다.
2. 표기가 잘못되었을 경우는 지우개로 깨끗이 지운 후 다시 칠하십시오.
3. 모든 표기요령은 아래와 같이 원 안을 까맣게 칠해야 합니다.
   〈보기〉 ● ○ ⊙ ⊘ ⊗ ⊖
4. 응시자의 답안지 기재 오류로 인한 불이익은 책임지지 않습니다.

Writing Test

1	0 1 2 3
2	0 1 2 3
3	0 1 2 3
4	0 1 2 3
5	0 1 2 3

Reading Comprehension

1	① ② ③ ④
2	① ② ③ ④
3	① ② ③ ④
4	① ② ③ ④
5	① ② ③ ④
6	① ② ③ ④
7	① ② ③ ④
8	① ② ③ ④
9	① ② ③ ④
10	① ② ③ ④
11	① ② ③ ④
12	① ② ③ ④
13	① ② ③ ④
14	① ② ③ ④
15	① ② ③ ④
16	① ② ③ ④
17	① ② ③ ④
18	① ② ③ ④
19	① ② ③ ④
20	① ② ③ ④
21	① ② ③ ④
22	① ② ③ ④
23	① ② ③ ④
24	① ② ③ ④
25	① ② ③ ④
26	① ② ③ ④
27	① ② ③ ④
28	① ② ③ ④
29	① ② ③ ④
30	① ② ③ ④
31	① ② ③ ④
32	① ② ③ ④
33	① ② ③ ④
34	① ② ③ ④
35	① ② ③ ④

Listening Comprehension

1	① ② ③ ④
2	① ② ③ ④
3	① ② ③ ④
4	① ② ③ ④
5	① ② ③ ④
6	① ② ③ ④
7	① ② ③ ④
8	① ② ③ ④
9	① ② ③ ④
10	① ② ③ ④
11	① ② ③ ④
12	① ② ③ ④
13	① ② ③ ④
14	① ② ③ ④
15	① ② ③ ④
16	① ② ③ ④
17	① ② ③ ④
18	① ② ③ ④
19	① ② ③ ④
20	① ② ③ ④
21	① ② ③ ④
22	① ② ③ ④
23	① ② ③ ④
24	① ② ③ ④
25	① ② ③ ④
26	① ② ③ ④
27	① ② ③ ④
28	① ② ③ ④
29	① ② ③ ④
30	① ② ③ ④

성명

과제번호
실전모의고사 4

본인확인
본인의 이름을 자필로 쓰시오.

응시번호
1 0 0 1 5

유형
A ○
B ○

검정코드
1 1

지역코드
1 2

주민등록번호
3 3 3 3 3 3 - 0 5 7 0 0 7 0 5 7 0

TOPEL Intermediate
LEVEL UP

정답 및 해설
Answers &
Explanations

2

URIS

TOPEL Intermediate 2급

정답 및 해설

유형 분석 & 연습문제 0

Section 1 Listening Part

Listening Type 01

Sample
본문 14쪽

Script

① One woman is brushing her hair.
② The women are lying on the floor.
③ One woman is buying a magazine.
④ The women are looking at each other.

① 한 여자는 자신의 머리를 빗고 있다.
② 여자들은 바닥에 누워 있다.
③ 한 여자는 잡지를 사고 있다.
④ 여자들은 서로를 바라보고 있다.

두 여자가 탁자에 앉아 있습니다. 탁자에는 잡지와 음료수가 있고, 두 여자는 서로를 마주보고 있으므로 정답은 ④번입니다.

- brush 머리를 빗다
- lie 눕다 (lying은 lie의 현재분사)
- magazine 잡지
- look at ~을 보다
- each other 서로 (둘 일 경우)

 정답 ④

Practice
본문 16~17쪽

1 Script

① The man is reading a book.
② The man is opening his bag.
③ The man is making a phone call.
④ The man is moving bookshelves.

① 남자는 책을 읽고 있다.
② 남자는 자신의 가방을 열고 있다.
③ 남자는 전화를 하고 있다.
④ 남자는 책장을 옮기고 있다.

남자는 책장 사이에 서서 책을 보고 있으므로 정답은 ①번입니다.

- open 열다
- make a (phone) call 전화를 걸다
- bookshelves 책장들 (bookshelf의 복수형)

 정답 ①

2 Script

① Both women are carrying a bag.
② Both women are riding a bicycle.
③ One of the women is touching the guardrail.
④ One of the women is putting her hand in a pocket.

① 두 여자는 가방을 들고 있다.
② 두 여자는 자전거를 타고 있다.
③ 여자 중 한 명은 가드레일을 만지고 있다.
④ 여자 중 한 명은 주머니에 자신의 손을 넣고 있다.

두 여자 중 한 명은 가방을 어깨에 메고 손을 주머니에 넣은 채 걷고 있고, 다른 한 여자는 자전거를 타고 있습니다. 따라서 여자 중 한 명이 주머니에 손을 넣고 있다고 묘사한 ④번이 정답입니다.

- both 둘 다
- carry 들고 있다; 나르다
- ride a bicycle 자전거를 타다
- touch 만지다
- guardrail (도로의) 가드레일, 철제 보호막
- pocket 주머니

정답 ④

3 Script

① The man is pointing at the paper.
② Two women have their arms crossed.
③ One of the women is working on a computer.
④ All the people are looking in the same direction.

① 남자는 종이를 가리키고 있다.
② 두 여자는 팔짱을 끼고 있다.
③ 여자 중 한 명은 컴퓨터 작업을 하고 있다.
④ 모든 사람들은 같은 방향을 바라보고 있다.

두 명의 여자와 한 명의 남자가 탁자에 앉아 있습니다. 한 여자는 펜으로 종이를 가리키고 있고, 다른 한 여자는 두 손을 깍지 끼고, 맞은편 여자를 바라보고 있습니다. 남자는 손가락으로 여자가 가리킨 종이를 가리키고 있으므로 ①번이 정답입니다.

- point at ~을 가리키다
- have one's arms crossed 팔짱을 끼다
- same 동일한
- direction 방향

정답 ①

4 Script

① The dresser has five drawers.
② All the windows are wide open.
③ A basket is hanging on the wall.
④ A teddy bear is placed on the chair.

① 서랍장에는 다섯 개의 서랍이 있다.
② 모든 창문들은 활짝 열려 있다.
③ 바구니는 벽에 걸려 있다.
④ 테디 베어는 의자 위에 놓여 있다.

방안의 사물들의 형태와 상태를 정확히 묘사한 문장을 찾아야 합니다. 서랍장에는 4개의 서랍이 있고, 모든 창문은 닫혀 있습니다. 바구니들은 원형 통 위에 놓여 있거나 바닥에 있습니다. 테디 베어 인형 하나가 의자 위에 놓여

있으므로 정답은 ④번입니다.

- dresser 서랍장
- drawer 서랍
- wide 넓은
- open 열려 있는
- basket 바구니
- hang 매달리다, 걸리다
- wall 벽
- place ~을 놓다

정답 ④

5 Script

① There are chairs around the dining table.
② A few lamps are hanging from the ceiling.
③ The curtains are tied up near the window.
④ A framed picture is placed above the potted plant.

① 식탁 주변에 의자들이 있다.
② 몇 개의 전등이 천장에 매달려 있다.
③ 커튼은 창문 주변으로 묶여 있다.
④ 액자 하나가 화분에 심은 식물 위에 걸려 있다.

식탁을 중심으로 여러 개의 의자가 놓여 있습니다. 천장에 등은 한 개가 걸려 있고, 커튼은 반만 젖혀져 묶지 않은 채 늘어져 있습니다. 화분의 식물 위에는 시계가 걸려 있고, 벽에는 그림이 없습니다. 따라서 식탁 주위에 의자들이 있다고 묘사한 ①번이 정답입니다.

- around ~의 둘레에, 주변에
- dining table 식탁
- a few 몇몇의 (셀 수 있는 명사가 몇 개 있을 때)
- lamp 전등
- ceiling 천장
- tie up 묶다
- framed 틀에 끼운
- above ~위에
- potted 화분에 심은
- plant 식물

정답 ①

6 Script

① All the people are wearing ties.
② Two of the people are sitting at the table.
③ One of the men is putting both of his hands in his pockets.
④ One of the women is touching her chin with her right hand.

① 모든 사람들은 넥타이를 매고 있다.
② 사람들 중 두 명은 테이블에 앉아 있다.
③ 남자 중 한 명은 자신의 양손을 주머니에 넣고 있다.
④ 여자 중 한 명은 자신의 오른손으로 턱을 만지고 있다.

두 명의 여자와 두 명의 남자가 있는데, 두 남자만 넥타이를 매고 있습니다. 남녀 한 명씩은 각각 서 있고, 나머지 남자와 여자는 탁자에 앉아 있습니다. 두 명의 남자 중 서 있는 남자는 한 손은 주머니에, 다른 한 손으로는 턱을 만지고 있습니다. 서 있는 여자는 손가락으로 탁자 위 종이를 가리키고 있고, 나머지 한 여자는 그것을 바라보고 있습니다. 따라서 네 사람의 동작을 가장 정확히 묘사한 것은 두 사람이 앉아 있다고 표현한 ②번이 정답입니다.

- tie 타이, 넥타이
- chin 턱

- with ~으로 (수단을 나타내는 전치사)

정답 ②

Listening Type 02

Sample
본문 18쪽

Script

W: Excuse me, waiter. We're ready to order.
M: Okay. What do you want to have?
W: We'll both have the chicken cutlet.
M: Would you like something to drink, too?
W: Cold water would be nice.

여자: 여기요, 웨이터. 주문할게요.
남자: 네. 무엇을 드시고 싶은가요?
여자: 우리 둘 모두 치킨 커틀릿을 먹을게요.
남자: 음료수는 어떤 것으로 하시겠습니까?
여자: 차가운 물이 좋을 거 같아요.

① 나는 고기를 먹지 않아요.
② 그녀는 이제 준비가 되었어요.
③ 차가운 물이 좋을 거 같아요.
④ 오렌지 주스는 (지금) 없습니다.

음식을 주문하고 나서 웨이터가 음료수는 어떻게 할지를 묻고 있으므로, 이에 대해 차가운 물이 좋을 거 같다고 한 ③번이 정답입니다.

- excuse me 실례합니다 (다른 사람의 관심을 끌려고 할 때)
- be ready to ~할 준비가 되다
- order 주문하다; 주문; 명령
- have 먹다, 마시다
- cutlet 커틀릿 (고기, 생선 등을 다져 두툼하게 만들어 튀김옷을 입혀 기름에 튀긴 음식)

정답 ③

Practice
본문 20~21쪽

1 Script

M: I'd like to buy a scarf for my sister.
W: All right. How about this one?
M: That looks very nice. I'll take it.
W: Good choice. How would you like to pay?
M: With a credit card.

남자: 누나를 위해 스카프를 하나 사려고 해요.
여자: 좋아요. 이것은 어떠세요?
남자: 아주 좋아 보여요. 그것으로 할게요.
여자: 훌륭한 선택입니다. 어떻게 계산하시겠어요?
남자: 신용 카드로 할게요.

① 그녀의 생일을 위해.
② 신용 카드로 할게요.
③ 돌아오는 일요일이에요.
④ 10달러 50센트입니다.

물건을 사고 나서 마지막에 여자가 어떤 방식으로 물건 값을 지불할 것인지를 묻고 있으므로, 이에 대해 신용 카드로 하겠다고 답한 ②번이 정답입니다.

• I'll take it. 그것으로 할게요. (물건을 살 때)
• choice 선택
• pay 지불하다
• credit card 신용 카드

정답 ②

2 Script

M: I'd like to return this book.
W: What's wrong with it?
M: I found out that it has a missing page. Can I exchange it for another one?
W: No problem. Can I see the receipt, please?
M: Sure, here it is.

남자: 이 책을 환불하고 싶어요.
여자: 그것에 무슨 문제가 있나요?
남자: 페이지 하나가 없는 것을 발견했어요. 다른 것으로 교환이 가능한가요?
여자: 그럼요. 영수증을 볼 수 있을까요?
남자: 물론이죠, 여기 있어요.

① 그것은 무거워요.
② 나는 당신이 그리워요.
③ 감사하지만 사양할게요.
④ 물론이죠, 여기 있어요.

남자는 페이지가 누락된 책을 다른 것으로 교환하고자 합니다. 여자가 문제없다고 말하며 마지막에 남자에게 영수증을 보여 달라고 요구하고 있으므로 '여기 있다'고 응답한 ④번이 정답입니다.

• return 돌려주다, 반환하다
• find out 발견하다
• missing 사라진, 빠진
• exchange 교환하다
• No problem. 문제 없다., 괜찮다.
• receipt 영수증
• here it is 여기 있다 (물건 등을 건네줄 때)

정답 ④

3 Script

W: Excuse me. Can you help me find a shirt for my father?
M: Certainly, Miss. How about this one? It's really popular.
W: It looks great. Do you have it in a bigger size?
M: Sure. What size does he wear?
W: He wears size 9.

여자: 실례합니다. 우리 아버지를 위한 셔츠 찾는 것을 좀 도와주시겠어요?
남자: 물론이죠, 손님. 이것은 어떠세요? 아주 인기 있어요.
여자: 멋져 보이네요. 좀 더 큰 사이즈가 있나요?
남자: 그럼요. 아버님이 어떤 사이즈를 입으시나요?
여자: 사이즈 9를 입습니다.

① 그는 다이어트 중입니다.
② 그것은 마루 위에 있습니다.
③ 그는 사이즈 9를 입습니다.
④ 당신도 멋져 보입니다.

여자는 아버지를 위한 셔츠를 고르고 있습니다. 남자는 인기 있는 셔츠 하나를 추천했고, 여자는 사이즈가 더 큰 것을 요구합니다. 이에 마지막 남자의 말은 아버지가 어떤 사이즈를 입는지 묻고 있으므로, 이에 대해 아버지가 사이즈 9를 입으신다고 답한 ③번이 정답입니다.

• popular 인기 있는
• bigger 좀 더 큰 (big의 비교급)
• size 크기

정답 ③

4 Script

W: Hi, I'm here to meet Mr. Robinson.
M: Okay. Did you make an appointment with him?
W: Yes. My name is Paris Huston.
M: Hi, Paris. He's in a meeting now. Do you mind waiting a moment?
W: Not at all.

여자: 안녕하세요, 저는 Robinson 씨를 만나러 여기 왔는데요.
남자: 네. 그와 약속을 했나요?
여자: 네. 제 이름은 Paris Huston입니다.
남자: 안녕하세요, Paris 씨. 그는 지금 회의 중이에요. 잠시만 기다려도 괜찮으시겠어요?
여자: 괜찮아요.

① 괜찮아요.
② 맘껏 드세요.
③ 먼저 하세요.
④ 가능한 한 빨리요.

여자는 Robinson 씨와 만날 약속을 했는데, 지금 Robinson 씨는 회의 중이므로, 남자는 여자에게 조금 기다릴 수 있는지 묻고 있습니다. Do you mind ~ing?는 '~하는 것이 꺼려지나요?'라는 의미로 이에 대한 긍정의 답을 할 때는 Never mind.나 Not at all. 등과 같이 부정적으로 해야 합니다. 따라서 정답은 ①번입니다.

• make an appointment 약속하다
• Do[Would] you mind ~ing? ~해도 될까요?
• a moment 잠시

정답 ①

5 Script

W: I'm going on a picnic tomorrow.
M: Wait. Did you say it's tomorrow?
W: Yeah, is there a problem?
M: I heard it's going to rain.
W: Oh, no! Are you sure?

여자: 내일 소풍을 가려고 해.
남자: 잠깐만. 내일이라고 말했니?
여자: 응, 문제가 있니?
남자: 비가 올 거라고 들었거든.
여자: 오, 안 돼! 정말이야?

① 정말 근사했어.
② 오, 안 돼! 정말이야?
③ 우리와 함께 하는 거 어때?
④ 그래! 나는 분명 거기 있을 거야.

여자가 내일 소풍갈 거라고 하자 남자는 내일 비가 올 거라는 소식을 전하고 있습니다. 이 말에 대한 여자의 응답으로, 실망하며 정말인지를 다시 물어보는 ②번이 정답이다.

- go on a picnic   소풍을 가다
- problem   문제
- be going to   ~할 것이다
- Why don't you ~?   ~하는 게 어때?
- definitely   분명히, 절대

정답 ②

6 Script

W: William, would you do me a favor?
M: Sure. What is it?
W: Can you return these books to the science library now?
M: Sure, but I don't know where the library is.
W: It's right across the street.

여자: William, 내 부탁 좀 들어줄래?
남자: 물론이야. 뭔데?
여자: 이 책들을 지금 과학 도서관에 반납해 줄 수 있니?
남자: 물론이야, 그런데 나는 그 도서관이 어디 있는지 몰라.
여자: 바로 길 건너편에 있어요.

① 저런, 안됐구나.
② 책을 빌리는 것은 무료이다.
③ 나는 과학 서적을 좋아하지 않는다.
④ 그것은 바로 길 건너편에 있어.

여자는 남자에게 책을 과학 도서관에 반납해 달라고 부탁하고 있습니다. 남자는 부탁을 들어 줄 수는 있는데, 그 도서관이 어디에 있는지 모른다고 했고, 여자는 그것이 어디 있는지 말해 주어야 하므로 정답은 ④번입니다.

- Would[Will] you do me a favor?   부탁 하나 해도 될까?
- return   반납하다, 돌려주다
- library   도서관
- across   건너편

정답 ④

7 Script

M: Can I help you?
W: Yes, please. Where can I find DVDs about wild animals?
M: Go straight along this shelf. DVDs about animals are on shelf A-16.
W: Thank you. Oh, how many DVDs can I borrow at one time?
M: You can borrow five.

남자: 도와 드릴까요?
여자: 네, 그래 주세요. 야생 동물에 대한 DVD를 어디서 찾을 수 있을까요?
남자: 이 책꽂이를 따라 곧장 가세요. 동물에 관한 DVD는 A-16 서가에 있습니다.
여자: 고맙습니다. 아, 한 번에 얼마나 많이 DVD를 빌릴 수 있나요?
남자: 5개를 빌릴 수 있습니다.

① 3달러입니다.
② 5개를 빌릴 수 있습니다.
③ 나는 어떤 것도 빌리지 않았습니다.
④ 야생 동물 보는 것을 좋아합니다.

여자는 야생 동물 DVD가 있는 서가를 찾고 있고, 남자는 해당 서가를 알려 주고 있습니다. 여자의 마지막 질문은 한 번에 몇 개의 DVD를 빌릴 수 있는

지를 묻고 있으므로 5개를 빌릴 수 있다고 답한 ②번이 정답입니다.

- find   찾다
- wild   야생의
- go straight   곧장 가다
- shelf   책장, 서가
- borrow   빌리다 (↔ lend 빌려주다)
- at one time   한 번에

정답 ②

8 Script

(Rings)
M: Customer Service Department. How can we help you?
W: Hello. I'm having a problem with my new refrigerator. It's making a lot of noise.
M: I see. Is that the only problem?
W: I think it is. Can you send someone over here to fix the problem?
M: Yes, we can.

(전화벨이 울린다)
남자: 고객 서비스 부서입니다. 무엇을 도와 드릴까요?
여자: 여보세요. 제가 새로 산 냉장고에 문제가 있어요. 소음이 많이 나요.
남자: 알겠습니다. 문제는 그것뿐인가요?
여자: 그런 거 같아요. 그 문제를 해결하기 위해 누군가를 이쪽으로 보내 주실 수 있나요?
남자: 네, 그럴 수 있습니다.

① 네, 우리는 할 수 있어요.
② 네, 당신은 할 수 있어요.
③ 아뇨, 우리는 그러지 않았어요.
④ 아뇨, 당신은 그러지 않았어요.

여자는 고객 센터로 전화를 해 새로 산 냉장고에 소음 문제가 있음을 이야기하고 있습니다. 해당 문제를 해결하기 위해 누군가를 보내줄 수 있는지 여부를 여자가 Can you ~?로 물어보고 있습니다. 그럴 수 있으면 Yes, we can.으로, 그럴 수 없으면 No, we can't.로 답해야 하므로 정답은 ①번입니다.

- customer   고객
- department   부서, 부처; 학과
- refrigerator   냉장고 (= fridge)
- make noise   소음을 내다
- send   보내다
- over here   이쪽으로 (↔ over there)
- fix   수선하다, 고치다

정답 ①

Listening Type 03

Sample
본문 22쪽

Script

W: How can I help you, Sir?
M: I'm here to open a new account and deposit some money.
W: Okay. Can you show me your ID card?
M: Here is my passport. Is this acceptable?

W: Of course. Please fill out this form.

여자: 무엇을 도와 드릴까요, 선생님?
남자: 여기서 신규 계좌를 개설하고 돈을 예치시키려고 합니다.
여자: 네. 당신의 신분증을 볼 수 있을까요?
남자: 여기 제 여권입니다. 이것도 가능하죠?
여자: 물론입니다. 이 양식을 작성해 주세요.

Q. 대화가 일어나고 있는 장소는 어디인가?
① 은행   ② 호텔
③ 공항   ④ 식당

신규 계좌나 예금 등의 단어와, 신분증을 요청하고 양식을 작성하라는 등의
표현들로 보아 여자는 은행원이고, 남자는 고객임을 알 수 있습니다. 따라서
대화가 이루어지는 장소는 ①번입니다.

• account   계좌, 장부
• deposit   예금하다
• ID(=identification) card   신분증
• passport   여권
• acceptable   수용 가능한
• fill out   (빈칸 등을) 채우다, 작성하다
• form   형태; 양식

 ①

Practice
본문 24~25쪽

  Script

M: Good morning. May I help you?
W: I'd like to check in, please.
M: Certainly, ma'am. Have you made a reservation?
W: Yes, I've got a double room reserved. My name is Sophia Lee.
M: Okay. Let me check our reservation database. Please wait a moment.

남자: 안녕하세요. 도와 드릴까요?
여자: 체크 인 하려고 합니다.
남자: 알겠습니다, 부인. 예약은 하셨나요?
여자: 네, 2인용 방을 예약했습니다. 제 이름은 Sophia Lee입니다.
남자: 네. 예약 목록을 확인할게요. 잠시만 기다려주세요.

Q. 남자와 여자의 관계는 무엇인가?
① 점원 – 쇼핑객
② 집주인 – 세입자
③ 접수 담당자 – 손님
④ 가정부 – 의뢰인

check in은 '호텔에서 투숙 수속을 밟다'라는 의미이고, 이어지는 대화에서
여자는 2인용 방을 예약했다고 말했으므로 남자는 호텔 접수 담당 직원이고
여자는 호텔에 투숙하려는 고객으로, 정답은 ③번입니다.

• check in   투숙 절차를 밟다
• make a reservation   예약하다 (= reserve)
• a double room   (더블 베드가 있는) 2인용 방
• database   데이터베이스, 자료

 ③

 Script

M: I'd really like to visit the art gallery on our field trip.
W: But our class president said she would rather go to the amusement park.
M: What about you? Where do you want to go?
W: Well, frankly, I want to go to the amusement park, too.
M: I see.

남자: 나는 현장 견학으로 미술관에 꼭 가보고 싶어.
여자: 그런데 우리 반 회장은 차라리 놀이 공원에 가겠다고 말하던데.
남자: 너는 어떠니? 어디로 가고 싶어?
여자: 음, 솔직히 나도 놀이 공원에 가고 싶어.
남자: 그렇구나.

Q. 현장 견학에 대해 다른 의견을 가지고 있는 사람은 누구인가?
① 남자   ② 여자
③ 회장   ④ 남자와 여자 둘 다

남자가 현장 견학으로 미술관에 가고 싶다고 말하자, 여자는 회장은 놀이 공
원을 더 가고 싶어 한다고 말합니다. 남자가 여자의 생각을 묻자 여자도 놀이
공원에 가고 싶다고 했습니다. 남자만 의견이 다르므로 정답은 ①번입니다.

• art gallery   미술관, 화랑
• field trip   현장 학습, 견학, 수학여행
• president   사장; 대통령
• would rather   (…하기 보다는 차라리) ~하겠다
• frankly   솔직히
• amusement park   놀이 공원

 ①

 Script

W: Oh, no. I'm really late for Alex's birthday party.
M: Really? What time does it start?
W: At five o'clock.
M: You have only ten minutes left.
W: I know. I'd better hurry. I'll see you later!

여자: 오, 이런. Alex의 생일 파티에 정말 늦겠다.
남자: 정말? 파티는 몇 시에 시작하니?
여자: 5시에.
남자: 10분밖에 안 남았구나.
여자: 알아. 서둘러야겠어. 나중에 보자!

Q. 지금은 몇 시인가?
① 4시   ② 4시 50분
③ 5시   ④ 5시 10분

여자는 Alex의 생일 파티에 늦을 것 같다며 서두르고 있습니다. 파티는 5시
에 시작하는데, 남자는 10분밖에 안 남았다고 말하고 있습니다. 따라서 현재
시간은 4시 50분으로, 정답은 ②번입니다.

• be late for   ~에 늦다
• start   시작하다
• leave   남기다 (leave-left-left)
• hurry   서두르다

 ②

Script

M: How did you like the movie, *Moon Wars*?
W: It was mostly good. What did you think?
M: I couldn't stand the bad acting.
W: You're right. But the special effects were very impressive. Don't you think so?
M: I'm afraid not. Maybe my expectations were too high.

남자: 영화 '달의 전쟁'은 어땠어?
여자: 대체로 좋았어. 넌 어떻게 생각했니?
남자: 서툰 연기를 참을 수가 없었어.
여자: 네 말이 맞아. 그렇지만 특수 효과는 아주 인상적이었어. 그렇게 생각하지 않니?
남자: 그런 것 같지 않아. 아마도 내 기대가 너무 높았나봐.

Q. 남자는 영화에 대해 어떻게 느끼는가?
① 호기심 있는   ② 만족하는
③ 무관심한   ④ 실망한

남자와 여자는 영화 '달의 전쟁'에 대해 이야기를 하고 있습니다. 여자는 대체적으로 좋았다고 말한 반면, 남자는 서툰 연기를 참을 수 없었고, 특수 효과도 인상적이지 않았다고 말하고 있으므로 정답은 ④번입니다.

• mostly 주로, 대체로
• stand ´참다, 견디다
• special effect 특수 효과
• impressive 인상적인
• I'm afraid not. 유감스럽지만 아니다.
• maybe 아마도
• expectation 기대

정답 ④

5 **Script**

M: Hi, Emma! My friend and I are going bike-riding this Sunday. Are you interested in joining us?
W: Sounds great, but I lost my bike last week. I haven't been able to find it yet.
M: Oh, I'm sorry to hear that. Well, how about renting one at the bike shop?
W: Rent a bike? That's a great idea.
M: Okay, then. I'll tell my friend you'll come with us.

남자: 안녕, Emma! 내 친구와 나는 이번 주 일요일에 자전거를 타러 가려고 해. 우리와 함께 하는 데 관심이 있니?
여자: 멋지겠다. 그런데 지난주에 내가 자전거를 잃어버렸는데, 아직 찾지 못하고 있어.
남자: 아, 참 안됐구나. 그러면 자전거 가게에서 하나 빌리는 것은 어때?
여자: 자전거를 빌린다고? 그거 좋은 생각이다.
남자: 좋아, 그럼. 내 친구에게 네가 우리와 함께 간다고 말할게.

Q. 화자들은 이번 일요일에 무엇을 할 것인가?
① 사냥하기   ② 쇼핑하기
③ 자전거 타기   ④ 윈드 서핑하기

남자가 여자에게 친구와 함께 일요일에 자전거를 탈 예정인데, 함께 하자고 제안하고 있습니다. 지난 주 자전거를 잃어버렸다고 하는 여자에게 남자는 자전거를 빌리는 것은 어떤지 묻고 있습니다. 여자는 여기에 동의하고 있으므로 이들은 이번 일요일에 함께 자전거를 타게 될 것입니다. 그러므로 정답은 ③번입니다.

• go ~ing ~하러 가다
• be interested in ~에 관심이 있다
• join 참여하다, 함께 하다
• lose 잃어버리다 (lose-lost-lost)
• yet 아직 (부정문에서)
• how about ~ing ~하는 것은 어때?
• rent 빌리다

정답 ③

 Script

W: I'll take these two toothbrushes. How much are they?
M: They are $3 each. But we have a buy-one-and-get-one-free sale on now.
W: It means, if I buy two, I'll get four toothbrushes for $6, right?
M: That's right.
W: Great! Here's the money.

여자: 이 두 개의 칫솔을 살게요. 얼마에요?
남자: 각 3달러입니다. 그런데, 저희는 지금 하나를 사시면 무료로 하나를 드리는 판매 행사 중입니다.
여자: 제가 두 개를 사면 6달러에 칫솔 네 개를 얻게 된다는 말인가요, 맞죠?
남자: 맞습니다.
여자: 좋아요! 여기 돈 있습니다.

Q. 여자가 갖게 되는 칫솔은 몇 개인가?
① 하나   ② 둘   ③ 셋   ④ 넷

여자는 칫솔 2개를 사려고 하는데, 남자가 하나를 구입하면 하나를 더 주는 행사가 있다고 말합니다. 여자는 하나에 3달러인 칫솔을 2개 사려고 했으므로, 총 4개의 칫솔을 얻게 됩니다. 따라서 정답은 ④번입니다.

• toothbrush 칫솔
• each 각각
• sale 판매
• mean 의미하다

정답 ④

7 **Script**

W: Harold! Long time no see.
M: Christina! It's great to see you.
W: Do you still work at the fire station in Boston?
M: Yes, I do. What about you? I heard that you work at a bank.
W: I did. But I changed my job. Now I work as a travel agent.

여자: Harold! 오랜만이야.
남자: Christina! 너를 만나게 돼서 정말 기쁘다.
여자: 보스턴에 있는 소방서에서 여전히 일하니?
남자: 응, 그래. 너는 어때? 넌 은행에서 일하고 있다고 들었어.
여자: 그랬었지. 그런데 직업을 바꿨어. 지금은 여행사 직원으로 일하고 있어.

Q. 여자의 현재 직업은 무엇인가?
① 은행원   ② 소방대원
③ 여행사 직원   ④ 부동산 중개인

오랜만에 만난 여자와 남자의 대화입니다. 남자는 여전히 소방서에서 일하고 있고, 여자는 예전에 은행에서 일했고, 지금은 여행사의 직원으로 일하고 있다고 했으므로, 정답은 ③번입니다.

- still 아직도, 여전히
- fire station 소방서
- change 바꾸다
- travel 여행
- agent 대리인, 중개인

정답 ③

8 Script

M: That's strange. The newspaper hasn't come yet.
W: Oh, I should've told you that I canceled our subscription.
M: What? Why? I read it every day.
W: But now you can use your smart phone to do that.
M: Hmm, I suppose you're right. But please discuss things like this with me next time.

남자: 이상하다. 신문이 아직 안 왔어.
여자: 아, 구독을 취소했다고 이야기 했어야 했는데.
남자: 뭐라고? 왜? 난 매일 신문을 읽잖아.
여자: 그렇지만 너는 이제 스마트 폰을 사용해서 읽을 수 있어.
남자: 음, 네 말이 맞을 수 있어. 그렇지만 다음에는 이와 같은 일은 나와 의논해 줘.

Q. 여자가 신문 구독을 취소한 이유는 무엇인가?
① 그녀는 거의 신문을 읽지 않는다.
② 그녀는 구독료를 낼 형편이 안 된다.
③ 신문이 매일 아침 늦게 도착한다.
④ 남자에게는 뉴스를 읽을 수 있는 다른 방법이 있다.

여자가 신문 구독을 취소했다고 하자 남자는 매일 신문을 읽고 있다고 말합니다. 그러자 여자는 신문 대신에 스마트 폰을 이용해서 읽을 수 있다고 말하고 있으므로 신문 구독을 취소한 이유는 뉴스를 읽을 수 있는 다른 대안이 있기 때문입니다. 그러므로 정답은 ④번입니다.

- strange 이상한
- should have(=should've) p.p. ~했어야 했는데 (과거에 하지 않은 일에 대한 후회, 유감의 표현)
- cancel 취소하다
- subscription 구독
- option 선택, 옵션
- suppose ~일 것이라고 생각하다, 추측하다
- discuss 논의하다, 토론하다

정답 ④

Listening Type 04

Sample
본문 26쪽

Script

(Beep)
(M) Hi, Olivia. This is Shaun. I've just received the present you sent me for my birthday. You really shouldn't have! I have no idea how you found the exact size and the favorite color of mine. The jacket is simply gorgeous! Where on earth did you find it? I owe you a big one for this. I'll call you again.

(삐~)
안녕, Olivia. 나는 Shaun이야. 내 생일에 네가 보낸 선물을 지금 막 받

았어. 정말 이러지 않아도 됐는데. 네가 나의 정확한 사이즈와 좋아하는 색깔을 알고 있으리라고는 생각지도 못했어. 재킷은 정말 멋져! 세상에 어디에서 이걸 찾았니? 이것으로 정말 크게 신세를 졌어. 다시 네게 전화할게.

Q. 화자가 메시지를 남긴 이유는 무엇인가?
① 질문을 하려고
② 불평을 하려고
③ 감사함을 표현하려고
④ 약속을 잡으려고

Shaun은 생일 선물로 멋진 재킷을 보내준 Olivia에 감사한 마음을 전하기 위해 전화 음성을 남긴 것이므로, 정답은 ③번입니다.

- receive 받다
- present 선물 (= gift)
- send 보내다 (send-sent-sent)
- You really shouldn't have! 그러지 않아도 됐다! (have 다음에 sent가 생략됨. should not have p.p.는 '~하지 말았어야 했다'라는 의미를 나타냄)
- exact 정확한
- simply 정말로, 그야말로 (진술 내용을 강조)
- gorgeous 아주 멋진
- on earth 세상에 (의문사 다음에 쓰여 강조)
- owe 빚지다
- a big one 크게

정답 ③

Practice
본문 28~29쪽

1 Script

(Beep)
(M) Thank you for calling Detroit Bus Terminal. If you would like to make a reservation, please press one. If you would like to know the timetable, please press two. For other information, please press nine. If you would like to listen to this message again, please press zero.

(삐~)
디트로이트 버스 터미널에 전화주셔서 감사합니다. 만약 예약을 하고 싶으시면 1을 누르세요. 시간표를 알고 싶으시면 2를 누르세요. 다른 정보를 원하시면 9를 누르세요. 이 메시지를 다시 듣고 싶으시면 0을 누르세요.

Q. 당신이 일정표를 확인하고자 한다면, 어떻게 해야 하는가?
① 0을 누른다   ② 1을 누른다
③ 2를 누른다   ④ 9를 누른다

음성으로 확인할 수 있는 버스 터미널의 안내 정보입니다. schedule은 '일정표, 시간표'를 의미하므로, timetable(시간표)에 대한 정보를 얻기 위해서는 2를 눌러야 합니다. 그러므로 정답은 ③번입니다.

- terminal 터미널
- make a reservation 예약하다 (= reserve)
- press 누르다
- timetable 시간표
- information 정보

정답 ③

2 ▷ Script

(M) It's nice to meet you all. I'm Bastian Muller, your new German literature teacher. I was born in Germany and grew up there. Recently I moved to Korea to teach students and to learn more about traditional Korean music. Anyway, if you have any questions about anything, you're welcome to drop by during my office hours.

여러분 모두를 만나게 되어 기쁩니다. 저는 여러분의 새로운 독일 문학 선생님인 Bastian Muller입니다. 저는 독일에서 태어나 거기서 자랐습니다. 최근에 학생들을 가르치고, 한국의 전통 음악을 더 배우고 싶어서 한국에 왔습니다. 그리고, 어떤 것이라도 질문이 있다면 제 업무 시간 중에 방문해 주시면 환영입니다.

Q. Bastian Muller에 대해 알 수 없는 것은 무엇인가?
① 그의 직업　　　　　　　② 그의 관심사
③ 그의 업무 시간　　　　　④ 그의 고국

Bastian Muller는 독일 문학을 가르치는 선생님입니다. 독일에서 태어났다고 했으므로 그의 국적을 알 수 있고 한국 전통 음악을 배우고 싶다는 등의 말로 그의 관심사를 알 수 있습니다. 질문이 있을 때 업무 시간 중에 방문하는 것을 환영한다고 했지만 구체적인 업무 시간에 대한 언급은 없으므로, 정답은 ③번입니다.

• literature 문학
• grow up 성장하다
• recently 최근에
• move 이동하다, 이사하다
• learn 배우다
• traditional 전통적인
• welcome 환영하는
• drop by 들르다, 방문하다
• during ~동안에
• office hours 업무 시간

 정답 ③

3 ▷ Script

(M) Good morning. This is Andrew Green bringing you the weather forecast. Today it will be hot and sunny, so be sure to put on sunscreen and wear sunglasses. Tomorrow morning, however, it will be cool and cloudy throughout the country with a chance of heavy rain in the afternoon. So, remember to take your umbrella.

안녕하세요. 저는 여러분에게 날씨 예보를 알려주는 Andrew Green입니다. 오늘 덥고 화창할 예정이니, 꼭 자외선 차단제를 바르고, 썬글라스를 쓰세요. 그러나 내일 아침은 전국적으로 서늘하고 구름이 낄 예정으로 오후에는 많은 비가 올 가능성이 있습니다. 그러니 우산 챙기는 것을 기억하세요.

Q. 내일 아침 날씨는 어떻게 될 것인가?
① 서늘하고 비가 오는　　　② 덥고 화창한
③ 덥고 구름 낀　　　　　　④ 서늘하고 구름 낀

일기예보입니다. 오늘은 덥고 화창하다고 했지만 내일부터는 아침에는 구름이 끼고 서늘하며, 오후에 비가 올 가능성이 있다고 했습니다. 내일 아침의 날씨를 묻고 있으므로, 정답은 ④번입니다.

• bring 가져오다, 전하다
• weather forecast 일기예보

• be sure to 꼭 ~하다
• put on 입다, 바르다
• sunscreen 자외선 차단제
• cool 시원한, 서늘한
• throughout ~동안 내내
• with a chance of ~할 가능성으로
• heavy 무거운; 많은, 심한
• remember 기억하다

 정답 ④

4 ▷ Script

(W) Ana Airline's flight number 307 leaving for Singapore at 11 o'clock has started boarding at Gate 16. Passengers should come to Gate 16 and start boarding the airplane. Passengers with seat numbers from 1 through 60, please board first. I repeat. Ana Airline's flight number 307 leaving for Singapore at 11 o'clock has started boarding at Gate 16. Thank you.

11시에 싱가포르로 출발하는 Ana 307 항공편이 16번 게이트에서 탑승 수속을 진행하고 있습니다. 승객들은 16번 게이트로 오셔서 비행기에 탑승을 시작하셔야 합니다. 좌석 번호 1에서 60까지의 승객들은 먼저 탑승을 부탁드립니다. 다시 말씀드립니다. 11시에 싱가포르로 출발하는 Ana 307 항공편이 16번 게이트에서 탑승 수속을 시작했습니다. 감사합니다.

Q. 안내 방송에서 알 수 없는 것은 무엇인가?
① 도착 시간　　　　　　　② 게이트 번호
③ 항공편 번호　　　　　　④ 최종 목적지

Ana 항공사 307 항공편의 출발 시간은 11시, 탑승 게이트는 16번, 최종 목적지는 싱가포르입니다. 출발 시간은 언급되었지만 도착 시간을 알 수 없으므로, 정답은 ①번입니다.

• flight 비행, 비행편
• leave for ~로 떠나다
• board 탑승하다
• passenger 승객
• start -ing ~을 시작하다 (start는 to부정사, 동명사를 모두 목적어로 씀)
• airplane 비행기 (= plane)
• seat 좌석
• repeat 반복하다

 정답 ①

5 ▷ Script

(W) Is everyone enjoying the bus tour so far? This stop is the famous movie shooting spot. You can get off and take some pictures there. But since it's already 2 o'clock now, we have only an hour before we need to be at our next stop. So please make sure to return to the bus within half an hour.

여러분 모두 지금까지 버스 투어를 즐기고 계신가요? 이번 정류장은 영화를 촬영하는 장소로 유명합니다. 내리셔서 거기서 사진을 좀 촬영하실 수 있습니다. 그렇지만 지금 거의 2시가 되었으니, 다음 정류장에 가기에 필요한 시간이 겨우 1시간 남았습니다. 그러니 30분 안에 버스로 꼭 돌아와 주세요.

Q. 청자들은 언제까지 버스로 돌아와야 하는가?
① 1시 30분까지　　　　　　② 2시까지
③ 2시 30분까지　　　　　　④ 3시까지

지금이 2시이고, 30분 안에 돌아와 달라고 부탁했으므로 정답은 ③번입니다.

- so for   지금까지
- stop   정류장
- shoot   사진, 영화를 찍다
- spot   (특정한) 곳, 장소
- get off   내리다
- since   ~이므로 (이유를 나타내는 접속사)
- already   이미
- return   돌아오다
- within   ~ 안에
- half an hour   반 시간, 30분

정답 ③

6   Script

(M) Welcome to the Tokyo Metro Museum. Our museum lets you experience how the ancient Japanese lived. We are open from 10 am to 6 pm, Monday to Friday. Admission is 20 dollars for adults and 10 dollars for kids under 18. We provide a 10% discount for groups of more than 5 people and a 15% discount for groups of more than 10 people.

도쿄 메트로 박물관에 오신 것을 환영합니다. 저희 박물관은 고대 일본 인들이 어떻게 살았는지를 경험할 수 있게 해 줍니다. 저희는 월요일부 터 금요일까지, 오전 10시부터 오후 6시까지 운영됩니다. 성인은 20 달러, 18세 미만의 어린이들은 10달러로 입장할 수 있습니다. 5인 이 상의 단체에게는 10% 할인을 제공하고 10인 이상의 단체에게는 15% 를 할인해 드립니다.

Q. 6명의 단체는 얼마를 할인 받을 수 있는가?
① 5%   ②10%   ③ 12%   ④ 15%

박물관의 입장료는 성인 20달러, 18세 미만은 10달러인데, 5인 이상은 10%를, 10인 이상은 15%를 할인해 준다고 했으므로 6인 단체는 5인 이상 의 할인율이 적용되므로 10% 할인을 받을 수 있습니다. 그러므로 정답은 ② 번입니다.

- 「let + 목적어 + 동사원형」 ~에게 ~하게 하다
- ancient   고대의
- admission   입장
- adult   성인
- under   ~이하의, 아래에
- provide   제공하다
- discount   할인; 할인하다
- more than   ~ 이상

정답 ②

7   Script

(W) Ladies and gentlemen. Thank you for being here with us this evening. Our speaker today is the president of Joy Entertainment Company. She has been working there for 5 years. The company has been very successful under her leadership. This evening she is going to talk about the importance of customer service. Please welcome Ms. Annie Scott.

신사 숙녀 여러분. 오늘 저녁 여기 저희와 함께 해주셔서 감사드립니다. 오늘 우리의 강사는 Joy 연예 기획사의 대표입니다. 그녀는 5년 동안 그 곳에서 일하고 있습니다. 회사는 그녀의 리더십하에 아주 성공적입니 다. 오늘 저녁 그녀는 고객 서비스의 중요성에 대해 이야기할 예정입니 다. Annie Scott 씨를 환영해 주세요.

Q. Annie Scott 씨는 자신의 회사에서 어떤 직위에 있는가?
① 사장
② 부사장
③ 수석 고문
④ 고객 서비스 부서의 관리자

담화의 중간에 강사를 소개하면서 Joy 연예 기획사의 대표(president)라고 했으므로 정답은 ①번입니다.

- speaker   화자, 강사, 연설자
- president   대표, 사장
- entertainment   오락, 연예
- company   회사
- successful   성공적인
- leadership   지도력, 리더십
- talk about   ~에 대해 이야기하다
- importance   중요성
- customer   고객
- vice-president   부사장, 부회장
- senior   (직급 등이) 고위, 상급; 연장자
- advisor   고문, 조언자

정답 ①

8   Script

(W) Do you wake up every morning with a stiff neck and shoulders? If you do, it's time to change your pillow. We have more than 100 kinds of pillows in our store. I guarantee our staff members can find the perfect pillow for you. Visit our store this month and get a 20% discount on any pillow.

여러분은 매일 아침 뻣뻣한 목과 어깨를 가지고 깨어나나요? 만약 그렇 다면, 당신의 베개를 바꿔야 할 때입니다. 우리 매장에는 100가지가 넘 는 베개의 종류가 있습니다. 저는 우리 직원들이 당신에게 꼭 맞는 베 개를 찾아낼 수 있다는 것을 보장합니다. 이 달에 저희 매장을 방문하셔 서, 어떤 베개라도 20% 할인을 받으세요.

Q. 매장에 대해 알 수 있는 것은 무엇인가?
① 10명 이상의 직원이 있다.
② 적어도 100가지의 베개가 있다.
③ 매년 이와 같은 할인 행사를 한다.
④ 소유주는 의학을 전공했다.

목과 어깨를 위한 베개를 판매하는 매장으로, 100가지 이상의 베개 종류가 있다고 했으므로 정답은 ②번입니다. 할인 행사 홍보를 하고 있지만 매년 진 행되는지 여부나 직원 숫자, 매장 소유주에 대한 언급은 없습니다.

- wake up   깨다, 일어나다
- stiff   뻣뻣한
- it's time to   ~할 시간이다
- pillow   베개
- kind of   ~의 종류
- guarantee   보장하다
- staff   직원
- perfect   완벽한

정답 ②

Section 2 Reading Part

Reading Type 01-A

Sample   본문 30쪽

어젯밤에 비가 쏟아져서 나의 동료들은 강을 건널 수 없었다.

과거를 나타내는 부사구가 문장에 있으면 동사의 시제는 과거가 되어야 합니다. last night가 있으므로 pour는 과거형인 poured가 되어야 합니다.

• pour 쏟다, 퍼붓다
• co-worker 동료
• cross 건너다, 가로지르다

정답 ①

Practice   본문 31쪽

우리 모두는 1년이 12달이라는 사실을 알고 있다.

셀 수 있는 명사 앞에서 명사를 수식하는 형용사의 숫자가 복수이면 명사는 복수 형태가 되어야 합니다. twelve가 복수이므로 months로 표현해야 하며 따라서 정답은 ④번입니다.

• fact 사실
• that ~라는 (여기서 that은 명사절을 이끌어 앞의 the fact와 동격을 이룸)

정답 ④

나는 전통적인 노래를 들었는데, 그것은 슬프게 들렸다.

sound가 동사로 쓰일 때는 '~처럼 들리다, ~인 것 같다'라는 의미로, 2형식 동사입니다. 2형식 동사는 보어로 형용사를 써야 하므로 부사 sadly가 아닌 sad가 되어야 합니다. 그러므로 정답은 ④번입니다.

• traditional 전통적인
• sound ~처럼 들리다, ~인 것 같다; 소리

정답 ④

너의 아버지도 나의 아버지도 비밀을 알지 못한다.

neither A nor B는 'A도 B도 아닌'이라는 의미를 나타냅니다. neither 다음에 항상 nor만 올 수 있으므로 정답은 ②번입니다.

• secret 비밀

정답 ②

그 건물에 들어가는 사람 누구나 신분증과 같은 형태의 어떤 것을 제시해야 한다.

한 문장에서 동사가 두 개일 수는 없습니다. 문맥의 흐름상 should present가 주동사가 되고, enters the building은 앞의 Anyone을 수식하는 수식어구가 됩니다. 동사, 목적어로 구성되어 있으므로 Anyone이 주어 역할을 하게 됩니다. 그러면 주격 관계대명사가 쓰일 수 있는데, 이때 주격 관계대명사로는 선행사가 사람이기 때문에 who 또는 that을 쓸 수 있습니다. 문제에 제시된 소유격 관계대명사 whose는 쓸 수 없습니다. 따라서 정답은 ①번입니다.

• enter 들어가다
• should ~해야 한다 (의무를 나타내는 조동사)
• present 표현하다, 제시하다, 보여주다
• type 형태
• identification 신분증 (=ID)

정답 ①

Reading Type 01-B

Sample   본문 32쪽

Jack과 Jill은 내년이면 둘 다 18세가 된다.

문장에 미래를 나타내는 부사구 next year가 있으므로 문장의 동사 시제는 미래가 되어야 합니다. 미래를 나타내는 조동사 will 다음에 동사원형을 써야 하므로 정답은 ②번입니다.

• old 나이가 ~인
• turn 변하다, ~이 되다

정답 ②

Practice   본문 33쪽

나는 어렸을 때 흰색 테디 베어를 가지고 노는 것을 좋아했다.

두 개의 절을 이어주는 것은 접속사입니다. who, how, where는 의문사이거나 관계사로는 쓰이지만 접속사로는 쓰이지 않습니다. when은 의문사 외에도 때를 나타내는 접속사로도 쓰일 수 있습니다. 그러므로 정답은 ③번입니다.

• love ~ing ~하는 것을 좋아하다
• young 어린

정답 ③

갑자기 George는 그가 보물 상자를 숨겨둔 위층으로 올라갔다.

빈칸 앞에 장소를 나타내는 upstairs(위층)가 있고, 빈칸 다음에는 절이 나오는데, 이 절이 그 장소에 대한 설명을 하고 있습니다. 이 경우, 빈칸에는 장소를 나타내는 관계부사 where가 필요합니다. 그러므로 정답은 ④번입니다.

• sudden 갑작스러운
• all of a sudden 갑자기

- upstairs 위층으로
- keep 간직하다 (keep-kept-kept)
- treasure 보물
- chest 상자; 가슴

 정답 ④

 3

그들은 분수를 바라보며 벤치에 앉았다.

이 문장은 They sat on the bench. They looked at the fountain.이 두 개의 문장이 합쳐져 있는 것입니다. 주어가 같을 때 분사구문을 이용하여 한 문장으로 만들 수 있습니다. 분사구문은 주어를 빼고, 동사에 -ing를 써서 표현해야 하므로 동사 looked는 looking이 되어야 합니다. 정답은 ④번입니다.

- sit 앉다 (sit-sat-sat)
- look at ~을 보다
- fountain 분수

 정답 ④

 4

성공하기 위해서, 어떤 어려움에도 너의 꿈을 절대 포기하지 마라.

문맥상, 성공하기 위해 어떤 어려움이 있어도 꿈을 포기하지 말라는 내용이 되어야 하므로, 빈칸에는 '~에도 불구하고'라는 의미가 되어야 적절합니다. 또한 빈칸 다음에 명사가 이어지므로, while이나 however, though와 같은 접속사는 올 수 없습니다. despite는 '~에도 불구하고'라는 의미를 나타내는 전치사입니다. 그러므로 정답은 ②번입니다.

- to ~하기 위해 (목적을 나타내는 to부정사)
- successful 성공적인
- give up on ~을 포기하다
- hardship 어려움, 곤란

정답 ②

Reading Type 02

Sample
본문 34쪽

당신은 가장 최신의 파일들을 다운받을 필요가 없습니다. 프로그램이 자동으로 업데이트될 것입니다.

새로운 파일을 다운받을 필요가 없다는 말은 해당 파일들이 '자동적으로' 업데이트되도록 프로그램이 되어 있다고 해야 하므로 정답은 ③번입니다.

- don't need to ~할 필요가 없다
- download 다운로드하다, 내려 받다
- update 업데이트하다
- reasonably 합리적으로
- commercially 상업적으로
- automatically 자동적으로
- unfortunately 불행히도

정답 ③

Practice
본문 36~37쪽

 1

너는 밖에서 놀고 난 뒤에 손 씻는 것을 항상 기억해야 한다.

문맥상 밖에서 놀고 난 다음에는 '손을 씻어야' 한다는 내용이 되어야 하므로 정답은 ①번입니다.

- should ~해야 한다 (의무를 나타내는 조동사)
- remember 기억하다
- wash one's hands 손을 씻다
- outside 밖에서, 외부에서 (↔ inside)
- repair 수선하다, 고치다
- polish (윤이 나도록) 닦다
- absorb 흡수하다

정답 ①

 2

좋은 성적을 받고 싶으면 너는 열심히 공부해야 한다.

빈칸 다음에 열심히 공부해야 한다는 말이 있으므로 앞의 If절에는 공부와 관련된 내용이 되어야 합니다. 그러므로 선택지 중에 '성적'이라는 의미로 쓰이는 ③번이 정답입니다.

- hard 열심히
- grass 잔디
- graph 그래프
- grade 성적; 등급; 학년
- growth 성장

정답 ③

 3

집에 들어가기 전에 당신의 신발을 벗어 주세요.

빈칸 다음에 '신발'이 나오고 이어서 '집에 들어가기 전에'라는 말이 나옵니다. 그렇다면 문맥상 신발을 벗으라는 말이 어울리므로 정답은 ②번입니다.

- enter 들어가다
- get in (~ 안으로) 들어가다, ~에 도착하다
- take off (옷 등을) 벗다 (↔ put on ~을 입다)
- carry out ~을 수행하다
- depend on ~에 달려 있다, ~에 의지하다

정답 ②

 4

내가 가장 좋아하는 꽃병이 산산조각 났다.

was broken은 '깨졌다'라는 의미입니다. 그러므로 뒤에는 어떻게 깨졌는지 표현해야 합니다. 빈칸 다음에 pieces(조각들)가 나오므로 '여러 조각으로'라는 의미의 into pieces가 되어야 합니다. 따라서 정답은 ①번입니다.

- favorite 가장 좋아하는
- vase 꽃병
- into pieces 여러 조각으로
- after ~한 다음에

• beside ~ 옆에
• between ~ 사이에

 정답 ①

 5

나는 24시간 <u>안에</u> 시험 결과를 올려 받아야만 한다.

시험 결과를 돌려 받아야 한다는 내용이 앞에 나오고 빈칸 다음에 시간이 있으므로, 문맥상 '24시간 이내에'라는 말이 적절합니다. 그러므로 정답은 ③번입니다.

• should ~해야 한다 (의무를 나타내는 조동사)
• result 결과
• within ~안에, 이내에
• beyond ~저편에, 너머

 정답 ③

 6

그녀는 아주 <u>고집이 세다.</u> 아무도 그녀의 마음을 바꿀 수 없다.

빈칸 다음의 내용에는 어느 누구도 그녀의 마음을 바꿀 수 없다는 내용이 나오므로 빈칸에는 그녀의 성격과 관련된 단어가 나올 수 있습니다. 내용상 성격이 강직하거나 완강하거나 고집스러운 등의 의미가 어울립니다. 그러므로 '완고한, 고집스러운'이라는 뜻의 ④번이 정답입니다.

• change 바꾸다
• mind 마음, 생각
• mild 온화한, 부드러운
• kind 친절한
• flexible 유연한
• stubborn 완고한, 고집이 센, 완강한

 정답 ④

 7

우리 히터를 끌까요? 여기가 정말 더워요.

두 번째 문장에서 이 안이 너무 덥다는 말이 있으므로 앞 문장은 히터를 꺼도 되겠냐는 말이 나와야 자연스럽습니다. Can we ~?는 '~할까요?'라는 의미로 상대방에게 제안하는 표현입니다. 그러므로 정답은 ①번입니다.

• heater 난방기, 히터
• really 정말, 진짜로
• in here 여기에, 안쪽에
• turn off ~을 끄다 (↔ turn on)
• take off ~을 벗다; 이륙하다
• roll down (손잡이 등을 돌려서) 내리다
• look down 내려다보다

 정답 ①

 8

이 방에 있는 모든 전화기가 <u>고장</u>이 나서 너에게 전화할 수 없었어.

주어가 전화기이고, 빈칸 다음의 내용이 전화를 할 수 없었다는 내용이므로, 전화기의 상태가 전화를 할 수 없는 상황이 되어야 하므로 '고장 난'이라는

의미의 ②번이 정답입니다.

• room 방
• call 전화하다
• up to date 최신 유행의 (↔ out of date 유행이 지난, 구식의)
• out of order 고장 난
• by all means 무슨 일이 있어도
• take in charge 체포하다 (= arrest)

 정답 ②

Reading Type 03-A

Sample

본문 38쪽

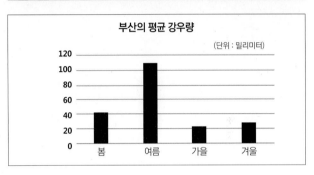

부산의 평균 강우량
(단위 : 밀리미터)

Q. 그래프에 따르면 다음 중 사실인 것은 어느 것인가?
① 부산은 겨울에 가장 적은 양의 비가 내린다.
② 부산은 봄과 가을에 같은 양의 비가 내린다.
③ 겨울에 부산은 20 밀리미터 미만의 비가 내린다.
④ 여름에 부산은 봄에 내리는 비의 양보다 두 배 이상의 비가 내린다.

도표는 부산의 평균 강우량을 나타낸 것으로, 계절별 강우량이 표시되어 있습니다. 비가 가장 적게 내리는 계절은 가을이고, 봄이 가을보다 2배 정도 비가 더 많이 내립니다. 겨울의 강수량은 20 밀리미터가 넘습니다. 봄은 40 밀리미터가 약간 넘고, 여름에는 100 밀리미터가 훨씬 넘으므로 ④번의 문장이 그래프의 내용과 일치합니다.

• average 평균
• rainfall 강우(량)
• unit 단위
• according to ~에 따르면
• least 최소의
• amount 수량, 양
• same 동일한
• less than ~보다 적은 (↔ more than)

정답 ④

Practice

본문 39쪽

1

> 안녕, Tina,
>
> 이번 주말에 우리 과학 박물관에 갈 것인지에 대해 확실히 좀 알고 싶어. 우리가 얼마동안 그것에 대해서 이야기를 나누지 못해서, 나는 네가 여전히 우리의 계획을 기억하고 있는지가 궁금했어. 일이 생겨서 갈 수 없게 된다면 내게 알려줘.
> 곧 보자!
>
> Lily

Q. 메모의 목적은 무엇인가?
① 계획을 세우기 위해
② 계획을 취소하기 위해
③ 계획을 확인하기 위해
④ 계획을 연기하기 위해

과학 박물관에 가기로 한 계획을 Tina가 기억하고 있는지, 그래서 갈 수 있는지를 물어보고 있는 내용입니다. 이번 주말 계획에 대해 확인하는 내용이므로 정답은 ③번입니다.

- make sure   확실히 하다
- whether   ~인지 아닌지
- be going   가려고 한다 (현재진행형을 써서 가까운 미래를 표현함)
- museum   박물관
- discuss   논의하다, 토론하다
- for a while   잠시 동안, 잠깐
- wonder if   ~인지 아닌지 궁금하다
- still   여전히, 아직도
- remember   기억하다
- come up   생기다, 발생하다; 나오다
- make plans   계획을 세우다
- cancel   취소하다
- confirm   확인하다, 확정하다
- postpone   연기하다, 미루다

정답 ③

2

> **제 12회 연례**
> **자동차 전용 / 자전거 전용**
> # 영화 축제
> 금요일 7월 7일
> 토요일 7월 8일
> 저녁 9시
> 8달러 (각각의 밤)

Q. 포스터를 보고 유추할 수 없는 것은 무엇인가?
① 축제는 지금까지 11번 열렸다.
② 저녁 9시 이후에는 아무도 축제 구역에 들어갈 수 없다.
③ 자동차와 자전거만 축제 구역에 허용된다.
④ 동일한 입장료가 모든 참석자에게 부과된다.

영화 축제와 관련된 포스터입니다. 올해 12번째라고 했으므로 이미 11번이 열린 것을 알 수 있고, 자동차와 자전거를 가지고 올 수 있는 축제이고, 가격은 8 달러씩이라고 했습니다. 그런데, 저녁 9시부터 시작된다고 했으므로 9

시 이후로 아무도 들어올 수 없다는 내용이 포스터와는 다른 내용이므로 정답은 ②번입니다.

- annual   매년의, 연례의
- drive-in / bike-in   자동차나 오토바이 등의 바이크를 탄 채 들어갈 수 있는 극장이나 식당
- festival   축제
- each   각각의
- infer   추론하다
- be held   열리다 (수동형으로 주로 쓰임)
- so far   지금까지
- area   지역, 영역, 구역
- allow   허락하다
- equal   동일한
- admission   입장
- fee   요금
- be charged to   ~에게 부과되다
- attendee   참석자

정답 ②

Reading Type 03-B

Sample

본문 40쪽

> 해외에서의 배낭여행은 당신이 유스호스텔에서 머무른다면 여행하는 데 저렴한 방식이 될 수 있다. 유스호스텔에 묵는 것은 다양한 언어와 문화적인 경험 또한 제공할 수 있다. 교실에서 문화와 언어에 대해 학습하는 것보다 세계 여러 나라에서 온 많은 사람들을 만날 수 있어서 당신의 언어 실력 또한 높일 수 있다.

Q. 이 글의 제목으로 가장 알맞은 것은 무엇인가?
① 배낭여행의 장점
② 유스호스텔에 묵는 것의 장점
③ 언어 능력 향상의 중요성
④ 외국 문화에 대한 학습의 중요성

외국 여행에서 배낭여행할 때 유스호스텔에 묵으면 얻을 수 있는 여러 가지 혜택에 대해 이야기하고 있습니다. 여러 나라에서 온 사람들을 만나면서 그 나라의 문화는 물론 언어 능력을 높일 수 있다는 장점들이 나열되고 있으므로 정답은 ②번입니다.

- backpacking   배낭여행
- overseas   해외의, 외국의
- inexpensive   덜 비싼, 저렴한 (↔ expensive)
- stay at   ~에 머물다
- provide   ~을 제공하다
- experience   경험
- rather than   차라리 ~하는 게 낫다
- culture   문화
- improve   향상시키다
- skill   기술, 능력
- as well   ~도 또한
- benefit   이점, 장점
- importance   중요성
- foreign   외국의

정답 ②

Practice

본문 41쪽

> 매년 2주간의 휴가에서 돌아오기 전에 나는 사무실이 좋지 않은 상태이지는 않을까하는 걱정을 꽤 했다. 그런데, 나는 나의 동료 Jack이 내가 없는 동안 나의 메일을 정리하고 사무실에 들어온 다른 자료들을 정리하기 위해 시간을 보냈다는 것에 아주 놀랐다. 여행에서 돌아온 첫날은 항상 아주 바쁘고, 어렵다. 그렇지만 Jack의 도움으로 이번에 나의 복귀 첫날은 아주 차분했다.

Q. Jack에 대해 글쓴이는 어떻게 느끼는가?
① 화가 난 　　　　　　　② 감사하는
③ 무관심한 　　　　　　 ④ 실망한

2주간 휴가로 사무실을 비웠다가 돌아오는 첫날이 여러 일들로 힘들 거라고 생각했는데, 동료 직원이 모든 일처리를 해 줘서 아주 평화롭게 보낼 수 있었다는 내용이므로, 글쓴이가 동료에게 가질 수 있는 감정은 '감사한' 마음이 될 것입니다. 그러므로 정답은 ②번입니다.

• return 돌아오다
• annual 매년의, 한 해의
• vacation 휴가, 방학
• be worried about ~에 대해 걱정하다
• condition 상태, 상황
• surprised 놀라운
• organize 정리하다
• material 재료, 자료
• come into ~로 들어오다
• absence 부재, 없음
• trip 여행
• calm 조용한, 차분한
• grateful 감사한

정답 ②

> 어린이들은 어린이날이 5월에 있기 때문에 5월을 아주 좋아한다. 어느 조사에서 어린이들은 다양한 이유로 어린이날을 좋아한다는 것을 보여주었다. 첫째, 그들은 학교를 하루 쉴 수 있다. 또한 그들의 부모님은 보통 그들에게 선물을 주거나 신나는 곳으로 데리고 가거나 하면서 좀 더 다정하게 대하려고 노력한다. 그 조사에 따르면 대다수의 아이들은 어린이날에 새로운 장난감을 받기를 원하고, 그들이 가장 가고 싶어하는 장소는 놀이 공원과 동물원이다.

Q. 어린이들이 어린이날을 좋아하는 이유로 언급되지 않은 것은 무엇인가?
① 선물을 받을 수 있다.
② 약간의 용돈을 받을 수 있다.
③ 신나는 곳에 갈 수 있다.
④ 학교에 갈 필요가 없다.

어린이들이 어린이날을 좋아하는 이유는 학교를 쉴 수 있고, 부모님으로부터 선물을 받고, 신나는 곳에 갈 수 있다는 점에 대해서는 언급이 되었지만 용돈을 받는다는 이야기는 없습니다. 그러므로 정답은 ②번입니다.

• because ~ 때문에 (다음에 절이 옴)
• survey 조사
• various 다양한
• reason 원인, 이유

• take (time) off 얼마동안 쉬다
• usually 보통, 대개
• present 선물
• exciting 신나는, 흥분되는
• according to ~에 따르면
• most 대부분의
• amusement park 놀이 공원
• receive 받다
• allowance 용돈

정답 ②

Reading Type 03-C

Sample

본문 42쪽

> 태평양은 세계에서 가장 큰 바다이다. 지구상의 물의 절반이 이곳에 있다. 일반 비행기로 태평양을 횡단하는 데 하루 종일이 걸린다. 보트를 타고 한쪽 끝에서 다른 쪽 끝으로 가는 데는 몇 주가 걸릴 수 있다. Ferdinand Magellan은 처음으로 태평양을 가로질러 항해했다. 그는 또한 그 바다에 이름을 부여한 사람이기도 하다. 그는 바다에서 잔잔하고 고요한 파도들을 보고는 그 바다의 이름을 Mar Pacifico, 영어로 '평화로운 바다'라는 의미의 이름을 지어줬다.

Q1. 태평양을 일반 비행기로 횡단하는 데 걸리는 시간은 얼마인가?
① 반나절 　　　　　　　　② 하루 종일
③ 일주일 　　　　　　　　④ 몇 주일

Q2. 태평양과 관련해서 사실이 아닌 것은 무엇인가?
① 이름은 '평화로운 바다'를 의미한다.
② 세계에서 가장 큰 해양이다.
③ 지구상의 절반의 물을 포함하고 있다.
④ Magellan은 조용한 구름들을 보고 나서 그 이름을 지었다.

Q1. 태평양을 비행기로 횡단하는 데는 하루 종일이 걸린다고 했으므로 정답은 ②번입니다.

Q2. 최초로 태평양을 횡단한 Magellan은 잔잔하고, 고요한 파도를 보고 그 이름을 지었다고 했으므로, 구름을 보고 이름을 지었다는 ④번의 내용이 글의 내용과 다릅니다.

• Pacific Ocean 태평양
• half 절반
• a whole day 하루 종일
• ordinary 보통의
• across 건너서
• ride 탑승, 올라타기
• sail 항해하다
• wave 파도
• name 이름을 짓다; 이름
• mean 의미하다
• peaceful 평화로운
• name after ~을 따라 이름짓다

정답 1. ② 2. ④

Practice
본문 44~45쪽

1

> Seth의 일기
>
> 2015. 3. 28
>
> 나는 브로드웨이 쇼를 보기 위해 야간 버스로 뉴욕에 갈 계획이었다. 그런데, 아침에 눈을 떴을 때, 나는 대신 뉴 햄프셔에 있는 나를 발견했다. 이는 버스 터미널의 직원이 나에게 잘못된 표를 건넸다는 것이 밝혀졌다. 버스 회사의 관리자는 사과를 하러 와서, 불편함에 대해 환불을 해 주겠다고 말했다. 그렇지만, 쇼를 보기 위해 제시간에 도착할 방법은 없었다.

Q1. Seth가 뉴 햄프셔에 도착했을 때 느꼈을 기분으로 가장 알맞은 것은 무엇인가?
① 지루한   ② 혼란스러운
③ 즐거운   ④ 무관심한

Q2. 일기에 따르면 Seth에 대한 내용으로 맞지 않는 것은 무엇인가?
① 그는 야간 버스를 탔다.
② 그는 정각에 뉴욕에 도착했다.
③ 그는 브로드웨이 쇼를 관람할 계획이었다.
④ 그는 버스 회사의 관리자를 만났다.

Q1. 뉴욕으로 가는 야간 버스를 탔는데, 아침에 일어나보니 뉴햄프셔에 도착했다면, 글쓴이가 느꼈을 감정은 혼란스러울(confused) 것이므로 정답은 ②번입니다.

Q2. 뉴욕에 가고자 했지만 버스 직원의 잘못으로 뉴햄프셔로 갔기 때문에 일기의 내용과 다른 것은 ②번입니다.

- plan ~을 계획하다
- overnight 하룻밤에, 밤새
- find ~을 발견하다 (fine-found-found)
- instead 대신에
- turn out ~인 것으로 밝혀지다
- staff 직원
- hand 건네다
- wrong 잘못된
- manager 관리자, 책임자
- company 회사
- apologize 사과하다
- refund 환불; 환불하다
- give a refund 환불하다
- inconvenience 불편함 (↔ convenience)
- there is no way to ~할 방법이 없다

정답 1. ② 2. ②

2

> 우주 캠프는 미국의 알라바마에 위치해 있다. 그곳은 아이들이 가서 우주 여행에 대한 모든 것을 배울 수 있는 곳이다. 매년, 전 세계로부터 온 아이들이 우주 캠프를 방문할 수 있다. 그들은 우주비행사가 되는 것에 대한 모든 것을 배우면서 5일을 보낸다. 마지막에 그들은 진짜 우주선처럼 생긴 기계에서 얼마 동안의 시간을 보내게 된다. 우주 캠프에 참가한 모든 사람이 우주비행사가 되는 것은 아닐 것이다. 그렇지만 모든 아이들이 우주에 대해 더 많이 이해하고 감상하기 위해 우주 캠프에 간다.

Q1. 이 글의 목적은 무엇인가?
① 우주비행사들을 칭송하기 위해

② 우주 캠프를 소개하기 위해
③ 새로운 우주 캠프의 개장을 알리기 위해
④ 우주 캠프에서 발생한 사고에 대해 보고하기 위해

Q2. 이 글에 따르면 사실인 것은 무엇인가?
① 오직 미국 어린이들만 우주 캠프에 갈 수 있다.
② 모든 우주 캠프 참가자들은 우주비행사가 된다.
③ 아이들은 우주 캠프에서 진짜 우주선을 타게 된다.
④ 모든 우주 캠프 참가자들은 우주를 더 잘 이해하게 된다.

Q1. 우주 캠프가 며칠 동안 진행되고, 거기서 우주와 관련된 지식을 배우고, 직접 체험해 볼 수 있다는 등의 우주 캠프에 대한 전반적인 내용을 소개하고 있으므로, 이 글의 목적은 ②번에 해당합니다.

Q2. 전 세계 아이들이 방문할 수 있고, 여기에 방문한 모든 아이들이 우주비행사가 되는 것은 아니라고 했습니다. 우주선과 유사한 기계를 타는 것이지 진짜 우주선을 타는 것은 아닙니다. 참가자들이 우주에 대해 더 많은 지식을 얻고 이해할 수 있다고 했으므로 글의 내용과 맞는 것은 ④번입니다.

- space 우주
- be located in ~에 위치해 있다
- where 앞의 장소를 설명해 주는 관계부사
- all over the world 전 세계
- spend (시간, 돈 등을) 보내다, 쓰다
- astronaut 우주비행사
- at the end 끝에, 결국에는
- machine 기계
- look like ~처럼 보이다
- real 진짜의
- space shuttle 우주선
- attend 참여하다
- understand 이해하다
- appreciate 진가를 알아보다, 감상하다

정답 1. ② 2. ④

Section 3 Writing Part

Writing Type 01

Sample
본문 46쪽

> 내가 가장 좋아하는 선생님은 Brown 선생님이다. 그는 지난 해 내 수학 선생님이셨다. 나는 수학을 아주 잘하지는 못했고, 그래서 항상 그의 수업에 들어가는 것이 싫었다. 그런데, Brown 선생님께서 수학은 그렇게 어려운 것이 아니라고 말씀해 주셨다. 그는 내가 수학을 어려워 한다는 것을 이해하셨고, 그리고 아주 인내심이 강하셨다. 그는 내가 맞았을 때는 많은 격려의 말을 해 주셨고, 틀렸을 때는 친절히 고쳐주셨다.

1. be good at은 '~을 잘하다'라는 의미로 쓰입니다. 그러므로 빈칸에는 at이 정답입니다.

2. 4형식의 문장으로 간접목적어(me)와 직접목적어(that 이하 절)를 이끄는 동사가 필요한데, 시제가 과거이므로 동사 told가 정답입니다.

3. 빈칸 앞의 when절과 문장 마지막에 when절이 동일한 구조로 나오고, 주어는 하나인데(He) 동사는 gave와 corrected 두 개입니다. 이럴 때는 두 개

의 문장을 동등하게 연결해 주는 접속사 and가 적절합니다.

• favorite   가장 좋아하는
• math   수학 (= mathematics)
• hate ~ing   ~하는 것을 싫어하다
• class   수업
• hard   어려운
• patient   인내심이 강한
• lots of   많은
• encouragement   격려, 용기
• right   맞은, 알맞은 (↔ wrong 틀린, 잘못된)
• correct   고치다, 수정하다

정답 1. at 2. told 3. and

Practice
본문 48~49쪽

나는 지난 5년 동안 내 식당을 운영해오고 있다. 그리고 식당은 점점 더 성공적이게 되었다. 나는 고객들이 원하는 것이 무엇인지 알고 있다. 그들은 질 높은 음식을 원한다. 그래서 나는 사용할 수 있는 가장 신선한 재료만을 쓴다. 그리고 음식은 가능한 한 맛있게 한다. 물론, 테이블과 접시들은 항상 깨끗하다.

1. 빈칸 다음에 '지난 5년'이라는 특정한 시간이 나오므로 일정 기간을 나타내는 전치사 for가 정답입니다.

2. as ~ as possible은 '가능한 한 ~하게'라는 의미의 표현입니다. 그러므로 빈칸에는 as가 들어가야 합니다.

3. 문장의 주어(the tables and dishes)가 있고, 다음에 형용사(clean)가 나오므로 빈칸에는 동사가 필요한데, 주어가 복수이므로 are가 정답입니다.

• own   소유하다
• restaurant   식당, 레스토랑
• past   지난
• more and more   점점 더
• successful   성공적인
• customer   고객
• quality   질 (↔ quantity 양)
• ingredient   재료
• available   이용 가능한, 구할 수 있는
• make sure   확실히 ~하다
• tasty   맛있는
• of course   물론

정답 1. for 2. as 3. are

콩은 우수한 고단백질 재료이다. 그것들 대부분은 노란색이지만 갈색과 검은색으로 다양하다. 사람들은 콩을 삶거나 볶아서 먹는다. 또한 콩으로 다양한 드레싱과 소스가 만들어진다. 몇몇 나라에서 사람들은 그들의 요리를 하는 데 있어서 콩을 두부, 미소 등과 같은 아주 다양한 음식으로 변형하기도 한다.

1. most는 '대부분'이라는 의미로 뒤에 명사가 바로 나오기도 하는데, them과 같은 대명사일 경우는 항상 of를 써야 합니다.

2. 다양한 드레싱과 소스가 콩으로부터 '만들어진다'라는 의미가 되어야 합니다. be made from은 '~로 만들어지다'라는 의미이므로 빈칸에는 are가 들어가야 합니다.

3. 콩이 두부나 미소와 같은 다양한 음식으로 변형이 된다고 하는 것이 문맥상 맞으므로, 빈칸에는 '~와 같은' 의미를 나타내는 such as가 필요합니다. 그러므로 정답은 such입니다.

• bean   콩
• excellent   훌륭한, 탁월한
• source   소스, 자원, 자료
• protein   단백질
• variety   여러 가지, 각양각색
• boil   끓이다, 삶다
• roast   (콩 등을) 볶다; (고기 등을) 굽다
• dressing   (요리용) 드레싱
• sauce   소스
• be made from   ~로 만들어지다 (원료의 재질에 변형이 생길 경우)
  cf. be made of   원료가 그대로 살아 있는 경우
• country   나라
• transform A into B   A를 B로 변형하다, 바꾸다
• dish   요리; 접시

정답 1. of 2. are 3. such

2010년 7월 31일에 유네스코는 한국의 두 마을을 세계문화유산으로 선정했다. 안동시의 하회 마을과 경주시의 양동 마을은 전통적인 아름다움 덕분에 유네스코에 등재되었다. 600년이 넘는 이전의 한국의 전통적인 생활양식이 두 마을에는 생생하게 유지되어 왔다. 전 세계의 많은 사람들이 이제 이곳을 방문하게 될 것이다.

1. 빈칸 앞뒤로 동등한 형태의 구가 이어질 때는 and, or, but 등의 접속사가 필요한데, 문맥상 'A와 B'라는 내용이 되어야 하므로 and가 정답입니다.

2. '~ 덕분에, ~ 때문에'라는 의미로는 thanks to라는 표현이 쓰입니다. 그러므로 빈칸에는 to가 되어야 합니다.

3. 문장의 마지막에 '지금부터(from now on)'라는 부사구가 있어 시제를 미래로 표현하는 것이 적절하므로 will이 적절합니다.

• choose   선택하다 (choose-chose-chosen)
• village   마을
• heritage   유산
• site   장소
• list   목록
• thanks to   ~ 덕분에 (= owing to)
• traditional   전통적인
• beauty   미, 아름다움
• lifestyle   생활양식
• over   ~이상
• ago   ~전에
• keep + 형용사   ~을 유지하다
• alive   살아있는
• from now on   지금부터

정답 1. and 2. to 3. will

보라색은 우아함과 함께 상상력, 환상을 상징한다. 이 색상은 권력, 부, 고귀함, 화려함, 그리고 야망과 관련이 있다. 보라색은 Cleopatra가 가장 좋아한 색상이라고 알려져 있다. 만약 당신이 보라색을 좋아한다면 당신은 상상력이 풍부하고 창의적이고 로맨틱한 사람이다. 때때로 사람들은 당신을 비현실적인 몽상가라고 생각할지도 모른다.

1. 빈칸 앞에 as well이 있습니다. 문맥상 '~뿐만 아니라 ~도'라는 의미가 적절하므로 빈칸에는 as가 필요합니다. A as well as B는 'B뿐만 아니라 A도'라는 의미를 나타냅니다.

2. associated는 '~와 연관된'이라는 의미가 있습니다. '~와 연관이 있다'고 표현할 때는 be associated with로 쓰이므로 빈칸에는 is가 정답입니다.

3. 보라색을 좋아하는 사람의 특성을 형용사를 이용하여 나열하고 있습니다. 그러므로 빈칸에는 and가 정답입니다.

• purple 자주, 보라색
• symbolize 상징하다
• imagination 상상력, 상상
• fantasy 환상
• A as well as B B뿐만 아니라 A도
• elegance 우아, 고상
• be associated with ~와 연관이 있다
• wealth 부, 재산
• nobility 고귀함, 고결함
• luxury 호화로움, 사치
• ambition 야망
• imaginative 상상력이 풍부한
• creative 창조적인
• romantic 로맨틱한
• unrealistic 비현실적인
• dreamer 몽상가, 꿈꾸는 사람

정답 1. as 2. is 3. and

Tim은 프랑스어와 이탈리아어를 모두 말한다. 그는 여행 가이드로 일한다. 그는 그의 직업을 아주 좋아한다. 그는 여행객들을 프랑스와 이탈리아에 있는 유명한 장소로 데리고 가서, 그 장소들에 대한 흥미로운 사실들을 설명한다. 그는 그의 직업을 아주 자랑스러워한다. 요즈음, 그는 독일어 말하기를 배우고 있다. 그는 독일에서도 일하기를 원한다.

1. 동사 like를 수식할 수 있는 부사가 필요합니다. 내용상 '많이' 좋아한다는 내용이 되어야 하므로 much가 정답입니다. 빈칸 앞의 so는 부사 much를 수식하는 부사입니다.

2. France와 Italy라는 동등한 명사를 연결하는 접속사 and가 적절합니다.

3. be proud of는 '~을 자랑스러워하다'라는 의미를 나타내므로 빈칸에는 of가 들어가야 합니다.

• both 둘 다
• as ~로 (자격을 나타냄)
• tour guide 여행 안내자, 여행 가이드
• famous 유명한
• be proud of ~을 자랑스러워하다
• job 직업, 일
• nowadays 요즘

• how to ~하는 방법
• as well ~도 또한

정답 1. much 2. and 3. of

우리의 과학 선생님은 정말 좋으시다. 그녀는 우리가 처음에 이해를 하지 못하면 한번 이상 그것을 설명하는 것을 마다하지 않는다. 지난주 그녀는 우리에게 DNA에 대해 가르치셨다. 그것은 처음에 너무 어려워서 우리 대부분은 그녀를 따라가는 데 어려움이 있었다. 그러나 그녀는 인내심을 가지고 우리 모두가 이해할 때까지 설명을 반복했다. 이제 그녀 덕분에 우리반 모두는 DNA에 대해 잘 알고 있다.

1. 문맥상 이해하지 못하는 것에 대해 한 번 이상 설명한다는 말이 되어야 하므로 빈칸에는 than이 들어가야 합니다. more than once는 '한 번만이 아니라, 몇 번이고'라는 의미입니다.

2. It은 앞 문장의 DNA를 가리키는 대명사 주어입니다. 다음에 형용사가 나오고 있으므로 문장의 동사가 필요한데, 시제가 과거이므로 was가 되어야 합니다.

3. 문맥상 '우리 모두가 이해할 때까지'라는 의미가 되어야 하므로 '~할 때까지'라는 의미의 until이 필요합니다.

• nice 멋진, 좋은
• mind -ing ~하는 것을 꺼리다
• more than once 한 번 이상, 여러 번
• teach 가르치다 (teach-taught-taught)
• at first 처음에, 우선은
• have trouble -ing ~하는 데 어려움이 있다
• patiently 인내심 있게
• repeat 반복하다
• explanation 설명

정답 1. than 2. was 3. until

Writing Type 02

Sample
본문 50쪽

A: Jack, 안녕?
B: 안녕, Mark. 지난주에 새로운 동물원이 개장했다는 것을 알고 있니?
A: 응. 나 어제 거기 갔었어.
B: 어땠어?
A: 아주 재미있었어. 다시 거기 가고 싶어.

두 사람은 지난주에 개장한 동물원에 대해 이야기하고 있습니다. Mark가 그 동물원에 가봤다고 하고, 마지막에 아주 재미있었고, 또 가고 싶다고 말하고 있습니다. 따라서 빈칸에는 그곳이 어땠는지를 묻는 How did you like it?이 적절합니다.

• what's up? (구어) 안녕, 잘 지내?
• open 열다
• a lot of 많은
• I'd like to ~하고 싶다

정답 How did you like it

Practice

본문 52~53쪽

1

A: 언제 너의 새로운 집에 나를 초대할 거니?
B: 오늘 오는 건 어때?
A: 좋아. 언제 가면 될까?
B: 3시에 오면 돼.
A: 좋아. 그때 보자.

A가 B에게 새 집으로 초대해 달라고 말하고, B는 오늘 오라고 합니다. 빈칸 다음에 B가 3시에 오라고 하고 있으므로, A는 언제 가면 좋은지를 물을 수 있습니다. 의문사 when이 있으므로 when 다음에 조동사 can을 써서 의문문을 만들면 When can I go?로 표현됩니다.

• be going to   ~할 예정이다
• Why don't you ~?   ~하는 게 어때? (제안을 나타내는 표현)

정답 When can I go

2

A: 안녕, Susie.
B: 안녕, Max. 무슨 일이니?
A: 너의 집에 내 MP3 플레이어를 놓고 왔어. 그거 본 적 있어?
B: 아니. 어디다 그걸 뒀어?
A: 컴퓨터 근처에 뒀어.

Max가 Susie의 집에 MP3 플레이어를 두고 왔다고 말하고 있습니다. Susie가 보지 못했다고 어디에 두었는지 물어보는 것이 자연스럽습니다. 장소를 묻는 의문사 where 다음에 조동사, 주어, 동사 순으로 배열되어야 합니다.

• put   ~을 놓다 (put-put-put)
• near   ~ 근처에

정답 Where did you put it

3

A: 안녕, Ruth. 만나서 반가워!
B: 안녕, Sophie. 여기서 뭐하고 있어?
A: 우리 오빠를 기다리고 있어.
B: 그가 지금 어디 있는데?
A: 그는 서점에 있어.

빈칸 앞에는 오빠를 기다린다고 하고, 빈칸 다음에는 그가 서점에 있다고 했으므로, 빈칸에는 '그가 어디에 있는지'를 물어야 합니다.

• wait for   ~을 기다리다
• bookstore   서점

정답 Where is he now

4

A: 어제 저녁에 어디 있었니? 집에 없던데, 그렇지?
B: 맞아. 영화보러 갔었어.
A: 무슨 영화를 봤니?
B: "공원에서 춤"을 봤어.
A: 나도 거기 있었으면. 그거 정말 재미있는 거 같아.

무슨 영화를 봤는지를 묻는 표현으로, 의문사 what은 형용사로도 쓰여 다음

에 명사가 올 수 있습니다. 시제가 과거이므로, 조동사 did가 먼저 오고 본동사 watch는 주어 다음에 오면 됩니다.

• I wish + 과거완료문장   과거에 그랬으면 좋았을 것이라고 바라는 가정법 표현
• seem   ~인 것 같다

정답 What movie did you watch

5

A: 무엇을 읽고 있니?
B: 과학 소설을 읽고 있어. 재미있어.
A: 누가 그 책을 썼니?
B: Stephen King이라는 이름의 작가야.
A: 그렇구나. 네가 다 읽은 후에 나에게 빌려줄 수 있니?

'누가 그 소설을 썼는지'를 물을 때, 의문사 who가 주어 역할을 합니다. 그러므로 과거동사 wrote가 이어 나올 수 있습니다.

• fiction   소설
• author   작가
• named   ~라는 이름의
• Can you ~?   해 줄 수 있니? (가능을 묻는 표현)
• lend   빌려주다 (↔ borrow 빌리다)

정답 Who wrote the book

6

A: 이번 학기에 몇 개의 수업을 듣고 있니?
B: 어디 보자. 음, 8개 수업.
A: 우와. 꽤 많구나. 네가 가장 좋아하는 과목은 무엇이니?
B: 나는 경제학을 가장 좋아해. 그것은 질리지 않아.
A: 정말? 흥미롭구나! 내게 경제학은 정말 어려워서 내가 좋아하는 과목은 절대 아니야.

가장 좋아하는 과목을 묻는 말이 나오는 것이 적절합니다. favorite은 형용사로 뒤에 명사가 나와야 하므로, subject가 이어져야 합니다. 따라서 의문사 What 다음에는 is가 올 수 있습니다.

• how many   ~ 얼마나 많은
• take a class   수업을 듣다
• quite a lot   꽤 많이
• subject   과목
• Economics   경제학 (복수형이지만 단수 취급)
• can't get enough of   ~에 질리지 않다
• definitely   절대적으로

정답 What is your favorite subject

Writing Type 03

Sample

본문 54쪽

짧은 머리를 한 남자가 이를 닦고 있다.

사진을 보면 짧은 머리의 남자가 이를 닦고 있습니다. 이를 묘사하기 위해서는 주어진 단어에서 주어가 될 수 있는 The man으로 시작할 수 있습니다. 동사는 brushing이 있으므로 「be동사+현재분사」로 지금 '~을 하고 있다'라

는 현재진행형을 표현할 수 있고, with는 전치사로 '~을 가지고 있는'이라는 의미가 있으므로 짧은 머리의 형태는 with와 함께 쓸 수 있습니다.

- with   ~을 가지고 있는
- short   짧은
- brush   ~을 닦다

정답 The man with short hair is brushing his teeth.

Practice
본문 56~57쪽

여자는 손에 빗자루를 들고 있다.

여자가 한 손에 빗자루를 들고 있습니다. 사진의 묘사는 현재진행형으로 표현하므로, is holding으로 표현되고, '그녀의 손 안에'라는 표현은 in her hand가 됩니다. broomstick은 셀 수 있는 명사이므로 앞에 관사 a를 써야 합니다.

- broomstick   빗자루
- hold   잡다, 들다

정답 The woman is holding a broomstick in her hand.

여자는 컵에 주스를 붓고 있다.

pour A into B는 'A를 B에 붓다'라는 의미입니다. 따라서 A 자리에는 juice가, B에는 a cup이 되어야 합니다.

- pour A into B   A를 B에 쏟다, 붓다

정답 The woman is pouring juice into a cup.

여자는 정원에 있는 식물에 물을 주고 있다.

water는 동사로 '물을 주다'라는 의미로 쓰입니다. plant는 셀 수 있는 명사이므로 앞에 관사 a를 써야 하고, 특정한 장소인 정원은 in the garden으로 표현합니다.

- water   물을 주다
- plant   식물
- garden   정원

정답 The woman is watering a plant in the garden.

모자를 쓴 소녀는 몇 개의 풍선을 들고 있다.

소녀가 모자를 쓰고 있고, 풍선을 들고 있습니다. 주어진 동사가 holding이므로 다음에는 풍선이 나와야 합니다. 따라서 '모자를 쓴'은 with를 이용하여 주어 the girl을 수식할 수 있습니다. 모자는 하나이고, 풍선은 여러 개이므로 모자 앞에는 관사 a를, 풍선 앞에는 셀 수 있는 명사의 복수의 수량을 나타내는 some을 써야 합니다.

- balloon   풍선

정답 The girl with a hat is holding some balloons.

실전모의고사 1

Part 1
본문 60~61쪽

1. ④   2. ①   3. ②   4. ③   5. ②

1 ▷ Script
① The man is lying on the sofa.
② The man is turning on the lamp.
③ The man is taking off his glasses.
④ The man is holding the newspaper.

① 남자가 소파 위에 누워 있다.
② 남자가 전등을 켜고 있다.
③ 남자가 안경을 벗고 있다.
④ 남자는 신문을 들고 있다.

안경을 쓴 남자가 신문을 든 채 읽고 있습니다.

- lie   눕다
- turn on   (전열기 등을) 켜다 (↔ turn off)
- lamp   전등, 스탠드
- take off   벗다 (↔ put on)

2 ▷ Script
① One woman is playing the cello.
② Both the women are wearing hats.
③ One woman is standing behind the sofa.
④ Both the women are looking outside the windows.

① 한 여자는 첼로를 연주하고 있다.
② 두 여자 모두 모자를 쓰고 있다.
③ 한 여자는 소파 뒤에 서 있다.
④ 두 여자 모두 창 밖을 보고 있다.

한 여자는 모자를 쓴 채 첼로를 연주하고 있고 모자를 쓰지 않은 다른 여자는 소파에 앉아 있습니다. 두 여자가 서로 마주보고 있습니다.

- both   둘 다
- behind   ~ 뒤에

3 ▷ Script
① The man is eating some salad.
② A woman is using the laptop computer.
③ All the people have forks in their hands.
④ A woman is taking out a book from the bookshelf.

① 남자는 샐러드를 먹고 있다.
② 한 여자는 노트북 컴퓨터를 사용하고 있다.

③ 모든 사람들이 손에 포크를 들고 있다.
④ 여자는 책장에서 책을 한 권 꺼내고 있다.

남자와 여자가 마주 보면서 웃고 있고, 다른 한 여자는 노트북 컴퓨터의 키보드를 두드리고 있는 모습입니다.

- use   사용[이용]하다
- laptop computer   노트북 컴퓨터
- take out   꺼내다
- bookshelf   책꽂이

4 ▷ Script

① The house has four floors.
② The house has round windows.
③ There are plants in front of the house.
④ There is heavy traffic on the road near the house.

① 그 집은 4개의 층이 있다.
② 그 집은 둥근 창문들이 있다.
③ 그 집 앞에 식물들이 있다.
④ 그 집 근처 도로는 교통 혼잡이 심하다.

네모난 창문이 있는 2층 집 앞에 나무들이 약간 있고 주차된 차 한 대 외에는 도로에 차가 전혀 없습니다.

- floor   층; 바닥
- round   둥근
- plant   나무; 식물
- in front of ~   ~ 앞에
- traffic   교통
- road   길

5 ▷ Script

① The man is opening the door.
② All the people are sitting in pairs.
③ All the people are walking down the stairs.
④ The woman and the girl are facing each other.

① 남자는 문을 열고 있다.
② 사람들 모두가 짝을 지어 앉아 있다.
③ 사람들 모두가 계단을 걸어 내려가고 있다.
④ 여자와 소녀는 서로 얼굴을 마주보고 있다.

남자와 소년, 여자와 소녀가 서로 짝을 지어 계단에 앉아 있습니다. 여자는 소녀에게 책의 내용을 가리키면서 설명하고 있는 모습입니다.

- in pairs   짝을 지어
- walk down the stairs   계단을 걸어 내려가다
- face   마주보다
- each other   서로

Part 2				본문 62쪽
6. ①	7. ①	8. ④	9. ①	10. ②

6 ▷ Script

W: I'll go to the supermarket to pick up some milk.
M: Can you get me some soda?
W: Is that all?
M: Can you pick up my jacket at the dry cleaner's on the way back?
W: Okay. I will.

여자: 나 우유 좀 사러 슈퍼에 갈 거야.
남자: 탄산음료 좀 사다 줄 수 있어?
여자: 그게 다야?
남자: 오는 길에 세탁소에서 내 재킷 좀 찾아 올래?
여자: 알았어. 그럴게.

① 알았어. 그럴게.
② 물론, 너는 할 수 있어.
③ 좋아. 내가 포기할게.
④ 글쎄, 그러길 바래.

남자에게 부탁할 것이 더 없는지 묻자 남자가 세탁물을 찾아와 달라고 하고 있으므로 기꺼이 들어주겠다는 대답이 어울립니다.

- pick up   사다; 찾아 [받아] 오다
- get A B   A에게 B를 사 주다
- dry cleaner's   세탁소
- on the way back   돌아오는 길에
- give up   포기하다, 단념하다
- I hope so.   그러길 바래.

7 ▷ Script

M: What are your plans for the weekend?
W: My sister and I are going to the southern part of the country to try some local food.
M: That sounds like a fun trip.
W: Do you want to join us?
M: Yes, I'd love to

남자: 너의 주말 계획은 뭐야?
여자: 내 여동생과 나는 남부 지방에 가서 그 지역 음식을 먹어 볼 거야.
남자: 재미있는 여행이 되겠는데.
여자: 너 우리랑 같이 가고 싶니?
남자: 응, 나 꼭 그러고 싶어.

① 응, 나 꼭 그러고 싶어.
② 아니, 너는 너무 바쁘잖아.
③ 아니, 나는 요리하는 거 좋아하지 않아.
④ 응, 그녀는 그 동아리에 가입했어.

여자의 여행 계획에 남자가 재미있겠다고 긍정적인 반응을 보이고 있으므로 같이 가자는 제안에 기꺼이 응하는 표현이 자연스럽습니다.

- try   먹어보다, 해보다
- local   현지의, 지방의

8 ▶ Script

(Rings)
W: Cloud Nine. How can I help you?
M: I'd like to book a table for three people at 7, please.
W: We only have tables for two people left at 7. But we can fix an extra chair for you.
M: Hmm... How about at 7:30?
W: All tables are booked for that time.

(전화벨이 울린다)
여자: Cloud Nine입니다. 무엇을 도와드릴까요?
남자: 7시에 3인용 테이블 하나를 예약하려고 하는데요.
여자: 7시에는 2인용 테이블 밖에 남아있지 않은데요. 하지만 추가 의자를 준비해 드릴 수 있어요.
남자: 흠 … 7시 30분은 어떤가요?
여자: 그 시간에는 모든 테이블이 예약되어 있어요.

① 저녁 준비는 되었나요?
② 7시30분에 저녁을 먹자.
③ 테이블이 몇 개가 있나요?
④ 그 시간에는 모든 테이블이 예약되어 있어요.

예약이 가능한지 묻는 손님에게 주인은 가능 여부를 대답 (그 시간에는 모든 테이블의 예약이 찼다) 하는 것이 적절합니다.

• book 예약하다
• have ~ left ~이 남아 있다
• fix 마련하다, 준비하다
• extra 추가의

9 ▶ Script

M: Mindy, I've heard you are moving soon.
W: Yes, I'm thinking of moving all my stuff myself. I hope it doesn't take too long.
M: I can help you if you want.
W: Are you sure?
M: It'll be my pleasure.

남자: Mindy, 너가 곧 이사한다고 들었어.
여자: 응, 모든 물건들을 직접 옮길까 생각 중이야. 너무 오래 걸리지 않았으면 좋겠어.
남자: 너가 원한다면 내가 도와 줄 수 있는데.
여자: 정말이야?
남자: 나도 즐거울 거야.

① 나도 즐거울 거야.
② 너의 새 집은 멋져 보인다.
③ 나는 어디로 이사를 가야 할지 모르겠어.
④ 질문이 있으면 내게 말하렴.

여자는 남자가 이사를 도와 주겠다고 하자 정말이냐며 반기고 있습니다. 이때 남자는 도울 수 있어 자신도 즐겁다고 말하는 것이 적절하고 예의바른 응답입니다.

• I've heard ~. ~라고 들었다.
• move 이사하다; 옮기다
• think of ~ing ~할까 생각 중이다
• stuff 물건
• myself 내가 직접
• take too long 너무 오래 걸리다
• Are you sure? 정말이니?, 틀림없니?

• where to move 어디로 이사 가야 할지 (= where I should move)
• pleasure 기쁨, 즐거움

10 ▶ Script

M: Hailey, you don't look so well. What's up?
W: I'm really nervous about the tennis match tomorrow.
M: Be confident. You have practiced so hard.
W: Yes, but there will be so many players better than I am.
M: Don't worry. I believe you'll do really well.

남자: Hailey, 너 몸이 별로 안 좋아 보인다. 무슨 일이니?
여자: 내일 있는 테니스 경기가 정말 긴장돼.
남자: 자신을 가져. 너 아주 열심히 연습했잖아.
여자: 응, 하지만 나보다 나은 선수들이 너무 많을 것 같아.
남자: 걱정 마. 나는 네가 정말 잘 할 거라고 믿어.

① 조심해. 그 장소는 아주 위험해.
② 걱정 마. 나는 네가 정말 잘 할 거라고 믿어.
③ 행운을 빌어. 시험이 너무 어렵지는 않을 거야.
④ 잘했어. 너가 그 시합을 이길 줄 알았어.

경기를 앞두고 긴장하는 사람에게는 안심시키고 자신감을 불어 넣어 주는 말이 적절합니다. ③은 test(시험)를 치러 가는 것이 아니므로 적절치 않고, ④는 좋은 결과를 얻은 뒤에 할 수 있는 표현입니다.

• don't look so well 안색이 좋지 않다
• What's up? 무슨 일이니?
• nervous about ~ ~에 대해 긴장하다
• confident 자신감 있는, 확신하는
• practice 연습하다 (practice-practiced-practiced)
• better than ~ ~보다 나은
• dangerous 위험한
• do well 잘 하다

Part 3				본문 63~64쪽
11. ①	12. ④	13. ③	14. ①	15. ②
16. ③	17. ③	18. ②	19. ①	20. ④
21. ①	22. ③	23. ③	24. ②	

11 ▶ Script

W: Hello. Where do I return these books?
M: You can leave them on the return counter over there.
W: Okay. By the way, where is the literature section?
M: You'll see it once you go up to the second floor.
W: Alright. Thank you.

여자: 안녕하세요. 이 책들을 어디에서 반납하죠?
남자: 저쪽에 있는 반납 카운터에 놓아 두시면 됩니다.
여자: 알겠어요. 그런데, 문학 섹션이 어디죠?
남자: 2층으로 올라 가시면 보일 거예요.
여자: 알겠습니다. 감사합니다.

Q. 이 대화가 일어나고 있는 곳으로 가장 적절한 것은?
① 도서관   ② 박물관
③ 서점   ④ 회사 사무실

책을 반납하러(return these books) 온 것에서 힌트를 얻을 수 있습니다. 도서관은 책을 대출(check out)하고 반납(return)하는 곳입니다.

- return   반납하다, 돌려 주다
- leave   두고 가다
- over there   저쪽에, 저기에
- by the way   그건 그렇고
- literature   문학
- once   일단 ~ 하면
- go up   올라가다
- company   회사

12 Script

M: Is Mark's barbecue party at noon tomorrow?
W: He first said it would be at noon, but he delayed it an hour.
M: Oh, I didn't know that. Why did he do that?
W: He said he would need some time to prepare the barbecue.
M: I see. Then shall we meet thirty minutes earlier and go together?

남자: Mark의 바비큐 파티가 내일 정오에 있니?
여자: 그는 처음에 정오라고 했는데 한 시간 연기시켰어.
남자: 오, 나 그거 몰랐는데. 그가 왜 그랬지?
여자: 바비큐 준비할 시간이 좀 필요할 거라고 그가 말했어.
남자: 알겠다. 그러면 우리 30분 일찍 만나서 함께 갈까?

Q. Mark의 바비큐 파티는 몇 시에 있는가?
① 오전 11시 30분에   ② 오후 12시에
③ 오후 12시 30분에   ④ 오후 1시에

바비큐 파티가 정오(at noon)로 예정되었다가 한 시간 연기(delayed)되었으니까 오후 1시입니다. 남자의 마지막 말 'thirty minutes earlier(30분 일찍)'은 바비큐 파티 시간에 맞추려 한 것뿐이니 주의하기 바랍니다.

- at noon   정오에
- delay   연기하다
- prepare   준비하다
- Shall we ~?   우리 ~할까?
- earlier   먼저, 더 일찍

13 Script

W: What shall we have for dinner?
M: Do you mind having something light? I have a slight stomachache.
W: I was thinking some steak, but something light would be fine.
M: Oh, then let's go to a restaurant. I can order soup and salad with fruit juice while you have your steak.
W: Okay, let's do that.

여자: 우리 저녁으로 뭘 먹을까?
남자: 좀 가볍게 먹으면 안 될까? 나는 약간 복통이 있어.
여자: 나는 스테이크를 생각하고 있었는데 가벼운 것도 좋을 것 같아.
남자: 오, 그러면 레스토랑으로 가자. 너는 스테이크 먹고 나는 과일 주스와 함께 수프와 샐러드를 주문할게.
여자: 좋아, 그러자.

Q. 남자가 저녁식사로 주문하지 않을 것은 무엇인가?
① 수프   ② 샐러드
③ 스테이크   ④ 과일 주스

스테이크는 여자가 먹을 음식이고 남자는 배가 아파서 가볍게 저녁을 때우려 하고 있습니다.

- mind -ing   ~하는 것을 꺼리다

- something light   가벼운 것
- slight   약한, 심하지 않은
- stomachache   복통
- would   ~일 것이다
- while   ~하는 동안; 반면에 ~

14 Script

W: How will you go to the bus terminal this Friday?
M: I'm not sure. My luggage is too big to take a bus. I asked Mom to give me a ride, but she said she'll be busy.
W: Did you ask your dad, too?
M: He's on a business trip. I guess I'll just take a taxi.
W: I see. Have a safe trip.

여자: 이번 주 금요일에 어떻게 버스 터미널에 갈 거야?
남자: 잘 모르겠어. 내 짐이 너무 커서 버스를 탈 수가 없어. 나는 엄마한테 태워 달라고 부탁했는데 엄마가 바쁘실 거라고 하셨어.
여자: 너희 아빠한테도 부탁해 봤니?
남자: 아빠는 출장 중이셔. 나는 그냥 택시를 타야 할 것 같아.
여자: 그렇구나. 안전한 여행 되길 바래.

Q. 남자는 어떻게 터미널에 가게 될까?
① 그는 택시를 탈 것이다.
② 그는 버스를 탈 것이다.
③ 그의 아버지가 그를 태워 줄 것이다.
④ 그의 어머니가 그를 태워 줄 것이다.

남자가 다른 방도가 없어 결국에는 택시를 타겠다고 했고 여자는 안전한 여행을 기원하는 말로 대화가 마무리되고 있습니다.

- luggage   수하물, (여행용) 짐 (= baggage)
- too ~ to ...   … 하기에는 너무 ~하다; 너무 ~해서 …할 수 없다
- take a bus [taxi]   버스 [택시]를 타다
- give A a ride   A에게 차를 태워 주다
- on a business trip   출장 중인
- safe   안전한
- trip   여행

15 Script

M: I'd like to join your weekend tour. What does Tour A include?
W: It includes many activities like a bike-ride, a boat-ride, and fishing.
M: Does the fee cover lunch and dinner?
W: Tour B offers all the meals, but Tour A covers only lunch.
M: I see. I'll take Tour A.

남자: 당신의 주말 여행에 같이 가고 싶어요. 여행 A에 무엇이 포함되어 있나요?
여자: 자전거 타기, 보트 타기, 낚시하기와 같은 활동이 많이 포함되어 있어요.
남자: 요금에 점심과 저녁식사가 포함되어 있나요?
여자: 여행 B는 모든 식사가 제공되는데 여행 A는 점심만 제공합니다.
남자: 알겠어요. 여행 A로 할게요.

Q. 여행 A에 포함되어 있지 않은 것은 무엇인가?
① 점심식사   ② 저녁식사
③ 낚시   ④ 보트 타기

여행 A는 활동적인 프로그램 위주인 반면 식사는 점심만 제공되고 여행 B는 모든 식사가 제공됩니다.

- include 포함하다
- activity 활동 (pl. activities)
- like ~같은
- bike-ride 자전거 타기
- cover 포함하다
- offer 제공하다
- meal 식사

16 Script

M: What do you usually do after school?
W: I usually review what I learned at school and then go jogging in the evening. What about you?
M: I practice playing the piano for one hour and read some books.
W: Why don't you join me to go jogging sometime? It feels really good afterwards.
M: That'll be great. I will.

남자: 방과 후에 주로 뭘 하니?
여자: 나는 대개 학교에서 배운 것을 복습한 다음, 저녁에 조깅을 하러 가. 너는 어때?
남자: 나는 한 시간 동안 피아노 치는 연습을 하고 책을 읽지.
여자: 언젠가 조깅 가는 거 나랑 같이 하면 어떨까? 조깅 후에 정말 기분이 좋아.
남자: 그거 좋겠다. 그럴게.

Q. 남자와 여자는 무엇에 대해 이야기하고 있는가?
① 그들의 공부 방법들
② 그들의 운동 방법들
③ 그들의 방과 후 활동들
④ 그들이 가장 좋아하는 악기

방과 후에 하는 일로 여자는 복습과 조깅을, 남자는 피아노 연습과 독서를 언급하고 있고 대화 끝부분에서 언젠가 조깅을 같이 하기로 의견을 모으고 있습니다.

- review 복습하다
- go jogging 조깅하러 가다
- practice -ing ~하는 연습을 하다
- Why don't you ~? 너 ~하는 게 어떻겠니?
- sometime 언젠가
- afterwards 나중에

17 Script

W: Welcome. Every item is on a 10% discount today.
M: That's good. I like this scarf here. It says $40 on the tag. Is it the discounted price?
W: No, it's not. It's 10% off the tag price.
M: I'll take two. One in black and one in red.
W: Alright, sir. How would you like to pay?

여자: 환영합니다. 모든 품목에 대해 오늘은 10% 할인해 드려요.
남자: 좋아요. 나는 여기 이 목도리가 맘에 드네요. 가격표에는 40달러라고 되어 있네요. 이게 할인된 가격이에요?
여자: 아니요, 그렇지 않아요. 가격표 가격에서 10% 할인되는 거에요.
남자: 두 개 주세요. 하나는 검정으로 또 하나는 빨강으로요.
여자: 알겠습니다, 손님, 어떻게 지불하시겠습니까?

Q. 남자가 지불할 금액은 얼마인가?
① 36달러   ② 40달러
③ 72달러   ④ 80달러

가격표에 붙은 가격에서 10% 할인(10% off the tag price)이라는 말에 유의해야 합니다. 즉 40달러에서 10% 할인되어 36달러인데 두 개를 사니까 손님은 72달러를 지불하게 됩니다.

- tag 가격표
- discounted 할인된
- price 가격
- 10% off 10% 할인되는
- pay 지불하다

18 Script

M: Sue, please have a look at my laptop. It has stopped working.
W: Were you browsing many web pages?
M: Yes, I was searching for information to write my essay.
W: Your laptop is not suitable for doing many things at the same time.
M: I guess playing music on top of browsing several pages was too much for it.

남자: Sue, 내 노트북 컴퓨터 좀 한 번 봐줘. 작동을 멈추었거든.
여자: 웹 페이지를 많이 검색하고 있었니?
남자: 응, 에세이를 쓰기 위해 정보를 검색하고 있었지.
여자: 너의 노트북은 동시에 여러 가지 작업을 하기에는 적합하지 않아.
남자: 내 생각에는 여러 웹 페이지를 돌아다니는 것에 더해 음악까지 튼 것은 이 컴퓨터에 너무 심한 것 같아.

Q. 대화를 통해 알 수 있는 것은 무엇인가?
① 남자는 에세이를 타이핑하고 있었다.
② 남자는 음악을 듣고 있었다.
③ 여자는 노트북 컴퓨터 한 대를 갖고 있다.
④ 여자는 컴퓨터 기술자이다.

남자는 에세이를 쓰려고 웹 검색을 하다가 작동을 멈춘 컴퓨터를 여자에게 살펴봐달라고 하고, 여자는 이 컴퓨터의 단점을 지적해 주고 있습니다.

- have a look at ~ ~을 한 번 보다 (= take a look at, loot at)
- laptop 노트북 컴퓨터
- stop -ing ~하던 것을 멈추다 (stop-stopped-stopped)
  (cf. stop to ~ ~하기 위해 멈추다)
- work (기계가) 작동하다
- browse (웹 정보를) 열람[검색]하다
- search for ~ ~를 찾다
- be suitable for ~ ~에 적합하다
- at the same time 동시에
- on top of ~ ~에 더해서
- several 여럿의
- too much for ~ ~에는 힘에 겨운
- technician 기술자

19 Script

W: What should we prepare for Sam's birthday?
M: I'll book a restaurant. Please get a cake at the bakery.
W: Okay. I will. What about presents? Should we buy one each?
M: Let's get him something big together. I'll look around the department store today.
W: Thanks. I'm sure you'll find something good. You know him better than anybody else.

여자: Sam의 생일을 위해 우리가 무엇을 준비해야 할까?
남자: 나는 레스토랑을 예약할 거야. 제과점에서 케이크 한 개 사와.
여자: 알았어. 그럴게. 선물은? 우리가 각자 하나씩 사야 하나?

남자: 그에게 큰 것을 함께 사 주자. 내가 오늘 백화점을 둘러 볼게.
여자: 고마워. 네가 좋은 것을 찾을 거라고 믿어. 너는 그를 어느 누구보다도 더 잘 알잖아.

Q. 여자는 Sam의 생일을 위해 무엇을 할 것인가?
① 케이크를 산다
② 레스토랑을 예약한다
③ 선물을 사러 간다
④ Sam의 가장 친한 친구에게 전화한다

남자는 첫 번째 말에서 자신은 레스토랑을 예약할테니 여자에게 케이크를 사 오라고 하고 여자는 이에 동의하고 있습니다.

• prepare for ~   ~에 대한 준비를 하다
• book   예약하다
• one each   각자 하나씩
• get A B   A에게 B를 사주다 [마련해 주다]
• look around   둘러보다
• department store   백화점
• I'm sure ~.   나는 ~임을 확신해.
• anybody else   다른 어떤 사람

20 Script

M: Can you do me a favor?
W: Sure. What is it?
M: Can you keep my dog for the weekend? My cousin is coming over and she has an allergy to dog hair.
W: Oh, I won't be home during the weekend, but I'm sure my sister can take care of it. She loves dogs.
M: Thanks a lot. I'll bring it with its food to your place tomorrow.

남자: 내 부탁 좀 들어 줄래?
여자: 그래. 뭔데?
남자: 주말 동안 내 개를 좀 맡아 줄래? 사촌이 방문하는데 개털 알러지가 있어.
여자: 오, 주말 동안에 나는 집에 없을 거야. 하지만 내 여동생이 돌봐 줄 수 있을 것 같아. 개를 아주 좋아하거든.
남자: 정말 고마워. 내일 너의 집에 개랑 개 사료를 갖고 갈게.

Q. 왜 남자는 여자가 자기 개를 맡아 주기를 원하는가?
① 그는 집에 없을 예정이다.
② 그의 여동생이 개를 좋아하지 않는다.
③ 그는 다른 곳으로 이사를 갈 것이다.
④ 그의 손님이 개털에 알러지가 있다.

주말에 남자를 방문할 사촌이 개에 알러지가 있으므로 개를 다른 곳으로 옮기고자 하고 있습니다. ④에서 cousin 대신 guest(손님)로 표현한 것에 유의하기 바랍니다.

• do A a favor   A의 부탁을 들어 주다
• keep   맡아 주다
• for the weekend   주말 동안에
• cousin   사촌
• come over   들르다, 방문하다
• have an allergy to ~   ~에 알러지가 있다
• take care of ~   ~을 돌보다
• a lot   많이
• place   집, 사는 곳
• be allergic to ~   ~에 알러지가 있는

21 Script

W: I didn't make an appointment, but can I see the doctor?
M: He is fully booked for today. You can make an appointment now and come back tomorrow.
W: I really don't have time for the next few days.
M: If you don't mind waiting, we can send you in when someone doesn't show up.
W: Okay, then. I'll quickly run to the bank and come back to wait.

여자: 저는 (진료) 예약을 하지 않았는데요, 하지만 진찰을 받을 수 있을까요?
남자: 의사 선생님은 오늘 예약이 꽉 차 있네요. 지금 예약하시고 내일 다시 오시면 됩니다.
여자: 저는 정말 앞으로 며칠 동안은 시간이 없어요.
남자: 기다리시는 거 괜찮으시다면 다른 사람이 오지 않을 경우 들여 보내 드릴게요.
여자: 그렇다면 좋죠. 저는 빨리 은행에 갔다가 다시 와서 기다릴게요.

Q. 여자가 대화 후 바로 하게 될 일은 무엇인가?
① 은행에 간다   ② 의사의 진찰을 받는다
③ 병원에서 기다린다   ④ 다른 시간으로 예약한다

은행에 갔다가 다시 병원으로 와서 기다리겠다고 한 여자의 마지막 말에서 답을 찾을 수 있습니다.

• make an appointment   (만날) 약속을 하다; 진료 예약을 하다
• see the doctor   의사의 진찰을 받다
• fully   완전히
• book   예약하다
• if you don't mind   괜찮으시다면
• send in   ~을 들여 보내다
• someone   누군가
• show up   (예정된 곳에) 나타나다
• then   그러면, 그렇다면
• right after   ~ 후 바로

22 Script

(Rings)
M: Jen, I just got back from my trip to Italy.
W: Welcome back! How was your trip? You've been away for quite a while, right?
M: Yes. I stayed in Rome for two weeks, a week in Florence, and five days in Venice.
W: That must have been fantastic. Did you visit any other cities?
M: No, I decided to stay in those three cities only.

(전화벨이 울린다)
남자: Jen, 나는 이탈리아 여행에서 지금 막 돌아왔어.
여자: 돌아온 것을 환영해! 여행은 어땠니? 꽤 오랫동안 나가 있었지, 맞지?
남자: 응. 나는 로마에 2주일, 피렌체(플로렌스)에 1주일, 그리고 베니스에 5일 동안 머물렀어.
여자: 환상적인 여행이었겠구나. 다른 도시도 갔니?
남자: 아니, 나는 그 세 도시에만 머물기로 했지.

Q. 남자는 얼마나 오랫동안 피렌체(플로렌스)에 머물렀는가?
① 3일 동안   ② 5일 동안
③ 7일 동안   ④ 14일 동안

a week in Florence, 즉 피렌체에 1주일 동안 머물렀다면 7일 동안 머물렀다고 말할 수 있습니다.

• just   지금 막, 방금 전에

- get back from ~ ~에서 돌아오다 (get-got-gotten)
- trip to ~ ~로의 여행
- be away (있던 곳에서) 자리를 비우다
- quite a while 꽤 오랫동안
- stay in ~ ~에 머물다
- must have p.p. ~이었음에 틀림없다
- fantastic 환상적인
- decide to ~ ~하기로 결심하다 (decide-decided-decided)
- those + 복수명사 그 ~들

23 Script

W: My mother says she once wanted to become a flight attendant because she really liked traveling.
M: Isn't your mother a writer?
W: Kind of. She started writing about her trips and became a travel journalist.
M: That sounds like an exciting job. I want to be a tour guide. I also like traveling.
W: You can get some tips about tourist spots from my mom then.

여자: 우리 어머니가 예전에 여행을 정말 좋아하셔서 비행기 승무원이 되고 싶었다고 하시더라.
남자: 너의 어머니는 작가 아니셔?
여자: 비슷해. 어머니는 자신의 여행에 대해 글을 쓰기 시작했고 여행 저널리스트가 되셨지.
남자: 그거 신나는 직업 같은데. 나는 여행 가이드가 되고 싶어. 나도 여행을 좋아하거든.
여자: 그럼 우리 엄마한테서 여행 장소에 관해 조언을 들을 수 있겠네.

Q. 여자의 어머니의 직업은 무엇인가?
① 소설가
② 여행 가이드
③ 여행 저널리스트
④ 비행기 승무원

여자의 어머니는 여행을 좋아해서 비행기 승무원이 되고 싶었는데 여행에 대해 글을 쓰기 시작한 뒤 여행 저널리스트가 되었다고 말하고 있습니다.

- once 예전에
- flight attendant 비행기 승무원
- kind of 약간, 어느 정도
- start ~ing ~하기 시작하다
- sound like ~ ~처럼 들리다
- exciting 신나는, 흥분되는
- tour guide 여행 가이드
- tip 조언
- spot 장소

24 Script

M: Why are you home so late?
W: I had to do my homework all over again after school and submit it to the teacher.
M: Why? Was there something wrong with the file?
W: No. I should have written about the agricultural revolution, but I wrote about the industrial revolution instead.
M: Oh... I'm sorry to hear that. But at least you know about both of them.

남자: 너 왜 집에 그렇게 늦게 왔니?
여자: 방과 후에 숙제를 처음부터 다시 해서 선생님께 제출해야 했어요.
남자: 왜? 파일에 문제라도 있었니?
여자: 아뇨. 농업 혁명에 대해 써야 했는데 대신 산업혁명에 대해 썼거든요.
남자: 오... 그 말을 들으니 마음이 아프구나. 하지만 최소한 너는 그 둘 모두

에 대해 알게 되었구나.

Q. 여자가 숙제를 다시 해야만 했던 이유는 무엇인가?
① 그녀는 숙제를 출력할 수 없었다.
② 그녀는 잘못된 주제에 대해 썼다.
③ 그녀의 숙제 파일이 제대로 저장되지 않았다.
④ 그녀의 선생님이 숙제의 주제를 바꾸었다.

여자의 두 번째 말 should have written ~(~에 대해 써야 했는데 쓰지 않았다)에서 답을 추론할 수 있습니다.

- had to ~ ~해야 했다 (have to의 과거)
- all over again 처음부터 다시
- submit A to B A를 B에게 제출하다
- should have p.p. ~했어야 했는데 하지 않았다
- agricultural 농업의 (cf. agriculture 농업)
- revolution 혁명
- industrial 산업의 (cf. industry 산업)
- at least 적어도, 최소한
- print out 출력하다
- properly 제대로

Part 4   본문 65쪽

25. ③   26. ④   27. ②   28. ②   29. ④
30. ④

25 Script

(Beep)
(M) Hi, Jake. It's Shane. I'm supposed to bring a badminton racket to P.E. class tomorrow. But I just found that my rackets have lost some strings. So I was wondering if you could lend me your racket. I'll bring it back to you right after my class so you can use it for your P.E. class. Please give me a call.

(삐~)
안녕, Jake. 나 Shane이야. 내일 체육 수업에 배드민턴 라켓을 가져 가기로 되어 있어. 하지만 내 라켓들의 끈들이 일부 없어져 있는 것을 방금 발견했어. 그래서 혹시 네 라켓을 나에게 빌려 줄 수 있나 해서. 네가 체육 수업에 쓸 수 있게 수업 끝나면 바로 돌려 줄게. 전화 줘.

Q. 화자는 왜 Jake에게 메시지를 남겼는가?
① 그에게 감사하기 위해
② 그에게 사과하기 위해
③ 그에게서 뭔가를 빌리기 위해
④ 그에게 약간의 정보를 청하기 위해

I was wondering if you could lend me your racket.에서 알 수 있듯 배드민턴 라켓을 빌리기를 원하고 있습니다.

- be supposed to ~ ~하기로 되어 있다; ~해야 한다
- P.E. 체육 (= Physical Education)
- string 끈
- I am wondering if you ~ 너가 ~ 좀 해 줄 수 없을까 (정중한 부탁)
- lend A B A에게 B를 빌려 주다 (= lend B to A)
- right after ~ ~ 후에 바로
- give A a call A에게 전화하다
- apologize to ~ ~에게 사과하다

26 Script

(W) Hi, I'm Mina from Absolute Acting Club. We are now recruiting actors and actresses for our upcoming play. We are looking for someone who will not miss any meetings and who will do their best on any role. People with no experience are also welcome. For information on our new play and application, please visit our website, www.absoluteacting.com. Thank you.

안녕하세요, 저는 Absolute Acting Club의 미나라고 합니다. 우리는 앞으로 있을 연극 공연을 위해 남녀 배우를 모집하고 있습니다. 우리는 어떤 모임에도 빠지지 않고 어떤 역할을 맡아도 최선을 다할 그런 사람을 찾고 있습니다. 경험이 없는 사람도 환영합니다. 우리의 새로운 연극과 지원에 관한 정보가 필요하신 분은 우리 웹사이트 www.absoluteacting.com을 방문해 주세요. 감사합니다.

Q. 지원을 하기 위해 필요한 사항을 가장 잘 묘사한 것은?
① 창의성　　　　　　　　② 경험
③ 연기 실력　　　　　　　④ 책임감

어떤 역할을 맡아도 최선을 다해 줄 배우를 모집하고 있으므로 이 클럽에서 원하는 배우는 책임감이 강한 사람입니다.

• recruit　모집하다
• upcoming　다가오는, 앞으로 있을
• play　연극
• miss　빼먹다, 놓치다
• role　역할, 배역
• experience　경험
• welcome　환영받는
• application　지원, 신청

27 Script

(M) Thank you for calling UBC Bank. Our business hours are from 9:30 am to 4:30 pm. Now, we are only offering automated services. If you'd like to speak to one of our tellers, please call during business hours. For your banking records, please press 1. For the list of your accounts, please press 2. To find the nearest branch, please press 3.

UBC 은행에 전화 주셔서 감사드립니다. 저희의 영업 시간은 오전 9시30분부터 오후 4시30분까지입니다. 지금 저희는 자동 안내 서비스만 제공해 드리고 있습니다. 창구 직원과 통화하기를 원하시면 영업 시간 중에 전화 주시기 바랍니다. 거래 내역 조회는 1번을 눌러 주세요. 계좌 목록 조회는 2번을 눌러 주세요. 가장 가까운 영업점을 찾으시면 3번을 누르세요.

Q. 당신이 몇 개의 계좌를 가지고 있는지 확인하려면 어떻게 해야 하는가?
① 1을 누른다　　　　　　② 2를 누른다
③ 3을 누른다　　　　　　④ 영업 시간에 전화한다

마지막 부분에 안내되어 있듯 거래 내역 조회는 1번, 계좌 목록 조회는 2번, 영업점 찾기는 3번을 누르면 됩니다.

• offer　제공하다
• automated　자동화된, 자동의
• speak to ~　~와 통화하다
• teller　창구 직원
• banking record　거래 내역
• press　누르다
• account　계좌
• branch　지사, 지점

28 Script

(W) Good morning, everyone. It seems like you will be able to enjoy the clear and warm early summer weather today. Currently, it's 18 degrees Celsius and the highs will peak at 25 this afternoon. At night, it will cool down a little bit but the temperature will still be in the low twenties. Rain is expected throughout the country from tomorrow morning until the end of the week.

여러분 안녕하세요. 여러분은 오늘 맑고 따뜻한 초여름 날씨를 즐기실 수 있을 것 같네요. 현재 섭씨 18도이구요, 오늘 오후에 최고 25도까지 오르겠습니다. 밤에는 약간 서늘해지겠지만 기온은 여전히 20도대 초반의 수치에 머물겠습니다. 비는 전국적으로 내일 아침부터 이번 주가 끝날 때까지 내릴 것으로 예상됩니다.

Q. 오늘 오후에 날씨가 어떻게 될까?
① 비가 오는　　　　　　　② 화창한
③ 안개가 낀　　　　　　　④ 폭풍이 몰아치는

초반부에 오늘의 날씨가 clear(맑은)하다고 했고, 오후에 기온이 25도까지 오른다고 했으므로, sunny(화창한)가 적절한 답입니다.

• seem like ~　~인 것 같다
• will be able to ~　~할 수 있을 것이다
• clear　맑은
• early　이른, 초기의
• currently　현재로
• degree　도 (기온의 단위)
• Celsius　섭씨 (cf. Fahrenheit　화씨)
• high　최고 기온
• peak　정점에 이르다
• this afternoon　오늘 오후
• cool down　서늘해지다
• a little bit　약간 (= a little, a bit)
• temperature　기온, 온도
• still　여전히, 아직도
• throughout the country　전국에 걸쳐
• tomorrow morning　내일 아침

29 Script

(M) Attention, everyone. We will now go into the museum. Please remember you should try not to disturb other visitors while you are in the museum. Once you go inside, pass the gate and gather in front of the audio tour booth. Then, we will start the tour from exhibitions on Asia to Europe and America. Please stay together and stay with the group.

여러분 주목해 주세요. 우리는 지금 박물관 안으로 들어갈 예정입니다. 박물관 안에 있는 동안 다른 방문객들을 방해하지 않도록 주의해야 한다는 것을 명심해 주세요. 일단 안으로 들어가면 문을 지나 음성 녹음 여행 부스 앞에 모이세요. 그리고 나서, 우리는 아시아부터 유럽 그리고 미국까지 이르는 전시회 여행을 시작하게 됩니다. 다 같이 모여 있으시기 바랍니다.

Q. 듣는 사람들이 박물관에 들어간 뒤 모일 장소는 어디인가?
① 게이트 앞　　　　　　　② 아시아 전시실
③ 아메리카 전시실　　　　④ 음성 녹음 여행 부스 앞

'Once you go inside(안에 들어가면), pass the gate (문을 지나), gather in front of the audio tour booth (음성 녹음 여행 부스 앞에서 모이세요)'에서 모임 장소를 알 수 있습니다.

- attention 주의, 주목
- try not to ~ ~하지 않도록 노력하다
- disturb 방해하다
- once 일단 ~하면
- go inside 안으로 들어가다
- pass 지나다, 통과하다
- gather 모이다
- in front of ~ ~ 앞에서
- exhibition 전시회, 전람회
- behave oneself 품위 있게 처신하다

30 Script

(W) Japan is suffering from a huge earthquake. As part of our effort to help, we will raise money to build shelters in Japan. Also, the money will be used to buy food and clothes to be sent to Japan. The fund-raising starts at 9 am tomorrow. If you'd like to be part of it, please call 542-8569. Then, you'll be automatically charged 10,000 won for the charity.

일본은 엄청난 지진으로 고통받고 있습니다. 도움을 주려는 노력의 일환으로 우리는 일본에서 대피소를 지을 돈을 모금하려 합니다. 또한, 이 돈은 일본으로 보내질 음식과 옷을 사는 데 사용될 것입니다. 기금 모금은 내일 오전 9시에 시작됩니다. 이 운동의 일부가 되고 싶으신 분은 542-8569로 전화하세요. 그러면 자선 단체를 위해 자동적으로 1만원이 청구될 것입니다.

Q. 듣는 사람들은 광고된 자선 단체에 어떻게 참여할 수 있는가?
① 음식을 보냄으로써   ② 옷을 보냄으로써
③ 대피소를 지음으로써   ④ 약간의 돈을 기부함으로써

이 광고의 목적은 지진 피해자들을 돕기 위한 기금을 모으는 것이고 전화를 해서 자동적으로 1만원을 기부하도록 호소하는 내용입니다.

- suffer from ~ ~로 고통받다
- huge 거대한
- earthquake 지진
- effort 노력
- raise money 돈을 모금하다
- shelter 대피소, 피난처
- be used to ~ ~ 하는 데에 사용되다
- clothes 옷, 의복
- fund-raising 기금 모금
- automatically 자동적으로
- charge (돈을) 청구하다
- charity 자선 단체

Section 2 Reading Part

Part 5
본문 66~67쪽

| 1. ② | 2. ① | 3. ② | 4. ② | 5. ① |
| 6. ① | 7. ③ | 8. ③ | 9. ① | 10. ③ |

방학 동안에 가능한 많은 책을 읽도록 노력해라.

② much → many

much 뒤에는 셀 수 없는 명사가, many 뒤에는 셀 수 있는 명사의 복수형이 쓰입니다.

- try to ~ ~하도록 노력하다
- as many ~ as possible 가능한 많은 ~

Sid의 어머니는 손자에게 몇 개의 스웨터와 모자를 만들어 주었다.

① have → has
주어(Sid's mother)가 3인칭 단수이므로 동사 have는 has로 써야 합니다.

- make A for B B에게 A을 만들어 주다 (make-made-made)
- some 몇 개의, 약간의 (뒤에 셀 수 없는 명사와 셀 수 있는 명사 모두 올 수 있음)
- grandson 손자 (cf. granddaughter 손녀)

오래전에 사람들은 지구가 평평하다고 생각했다.

② think → thought
'오래전에(a long time ago)'라는 과거 시점을 나타내는 표현과 같이 쓰이려면 현재(think)가 아닌 과거(thought)로 시제를 일치시켜야 합니다.

- a long time ago 오래전에
- think 생각하다 (think-thought-thought)
- flat 평평한

대부분의 군인들은 그들의 상관이 하라고 하는 것을 할 것으로 기대된다.

② why → what
what은 선행사를 포함한 관계대명사로 '~하는 것'의 의미를 나타냅니다.

- most 대부분의
- soldier 군인
- be expected to ~ ~할 것으로 기대되다
- boss 상관, 상사

너 아니면 내가 회장으로 선출될 것이다.

① are → am
Either A or B가 주어일 때 동사는 B에 일치시킵니다.

- either A or B A와 B 중의 하나
- be chosen as ~로 선출되다 (choose-chose-chosen)
- as ~로, ~로서
- class president 회장

저녁식사를 마친 후에 설거지를 해 주기 바랍니다.

① ~후에   ② 이렇게 하여; 그러므로
③ 비록 ~일지라도   ④ 그러므로

finishing은 동명사이므로 동명사를 목적어로 갖는 전치사가 빈칸에 필요하며

의미상으로도 '~후에'가 적절합니다. ②, ④는 부사이고 ③은 접속사입니다.

• wash the dishes 설거지하다 (= do the dishes)

만약 너가 공공장소에서 조용히 읽지 않으면 사람들이 짜증을 낼 거야.

① 침묵하는   ② 침묵
③ 조용히   ④ 침묵당한

품사의 역할과 단어의 정확한 형태를 묻는 문제입니다. 동사 read(읽다)를 꾸며야 하므로 부사가 와야 합니다.

• public 공공의, 대중의
• place 장소
• get annoyed 짜증내다

소년과 소녀는 그들의 시험에 대해 이야기하면서 거리를 따라 걸어 내려갔다.

현재분사(동사원형+ing)는 동시에 일어나는 행동을 나타내며 '~하면서'의 의미를 나타낼 수 있습니다.

• walk down 걸어 내려가다
• about ~에 대해

그녀는 너무 늦었기 때문에 전화를 받고 싶지 않았다.

① 늦은   ② 나중에
③ 최근에   ④ 가장 최근[최신]의

단어의 뜻을 잘 파악해 문맥에 맞는 것을 고르는 문제입니다. 시간적으로 늦은 것이 late이고 be동사와 같이 쓰입니다.

• didn't want to ~ ~하기를 원하지 않았다
• answer the phone 전화를 받다
• too 너무

나는 고등학교에 다닐 때 시간을 낭비한 것이 후회스럽다.

regret은 뒤에 동명사가 쓰이면 '(과거에 한 어떤 행동을 지금) 후회하다'의 뜻입니다. 뒤에 to부정사가 쓰이면 '~하게 되어 유감이다'의 뜻임에 유의하기 바랍니다.

• regret -ing ~한 것을 후회하다
  (cf. regret to ~ ~하게 되어 유감이다)
• waste 낭비하다; 쓰레기

Part 6				본문 68~69쪽
11. ③	12. ①	13. ①	14. ③	15. ①
16. ①	17. ④	18. ②	19. ①	20. ④

이런 종류의 기회는 일생에 오직 한 번 온다.

① 맨 먼저; 처음으로   ② 힘들게
③ 한 번   ④ 간신히

once in a life time은 '일생에 오직 한 번'의 뜻으로 숙어처럼 쓰입니다. 형용사로 명사 앞에 쓰이기도 합니다 (ex. once in a lifetime chance: 일생에 한 번 뿐인 기회)

• chance 기회
• once in a life time 평생에 한 번 뿐(인)

Ted는 그 뉴스에 속이 상해서 내 실수에 대해 나를 탓했다.

① 속상해 하는; 화가 난   ② 따분해 하는
③ 황홀해 하는   ④ 감동한

빈칸 뒤 and로 이어지는 표현에서 '내 실수를 내 탓으로 돌렸다(blamed me for my mistake)'라는 내용으로 보아 Ted는 그 뉴스로 기분이 좋지 않아졌을 것입니다.

• blame A for B B를 A탓으로 돌리다 (blame-blamed-blamed)
• mistake 실수

너는 오해를 피하기 위해 이 문제를 명확히 할 필요가 있다.

① 명확하게 하다   ② 성취하다
③ 올바르게 인식하다   ④ 복잡하게 만들다

오해를 피하려면(to avoid misunderstanding) '명확히 해야(clarify)' 합니다.

• need to ~ ~할 필요가 있다, ~해야 한다
• matter 문제
• avoid 피하다
• misunderstanding 오해

나는 수영 대회에서 우승하기 위해 최선을 다했다.

① 기념; 기념 행사   ② 취소
③ (경연) 대회; 경쟁   ④ 건설, 공사

우승은 경쟁이나 대회에서 할 수 있습니다.

• try one's best 최선을 다하다 (= do one's best)
  (try-tried-tried)
• win (the) first prize 우승하다, 1등상을 타다

나는 그의 끊임없는 불평을 더 이상 참을 수가 없다. 그 불평에 넌더리가 난다.

① 참다   ② 얕보다, 무시하다
③ 비난하다; 반대하다   ④ ~와 시간을 보내다

두 번째 말(I'm tired of them)을 감안할 때 ②, ③은 어색합니다. ④는 주로

사람들과 시간을 보내는 경우에 쓰입니다.

- not ~ anymore 더 이상 ~ 아닌 (= not ~ any longer)
- constant 끊임없는, 거듭되는
- complaint 불평, 항의
- be tired of ~ ~에 넌더리가 나다

 16

선생님은 자신의 학생들에게 매일 예습과 복습을 하라고 <u>충고했다</u>.

① 충고했다   ② 배달했다
③ 바로 잡았다   ④ 교환했다

선생님은 학생들에게 공부를 성실하게 하라고 '충고'할 것입니다.

- advise A to ~ A에게 ~ 하라고 충고하다 (advise-advised-advised)
- preview and review 예습과 복습

 17

모든 학생들은 생물학에 대한 그 교수의 깊은 <u>지식</u>에 놀랐다.

① 재능   ② 원천   ③ 제한   ④ 지식

교수는 자신의 전문 분야에 대한 깊은 '지식'을 갖추고 있을 것이고 학생들은 그 점에 놀랄 수 있습니다. ③의 생물학에 대한 '제한'에 놀라는 것은 어색합니다.

- every 모든 (단수 취급)
- be surprised by ~ ~에 놀라다
- professor 교수
- biology 생물학

 18

다양한 언어에 대한 재능은 대사가 되는 데에 있어 <u>필수적</u>이다.

① 문화적인
② 필수적인
③ 전통적인
④ 지적인, 교육을 많이 받은

대사는 다른 나라에 파견되는 외교관으로 외국어 실력이 '필수적'입니다.

- multi- 많은, 다양한
- skill 재능, 기량
- become ~이 되다
- ambassador 대사

 19

사람들은 그것이 Mary의 잘못이라고 생각한다, 그러나 <u>부분적으로는</u> 나의 잘못이기도 하다.

① 부분적으로, 어느 정도
② 최근에
③ 서서히, 점차적으로
④ 흔히

but 뒤에는 그 앞과 상반되는 내용이 오는 것이 자연스럽습니다. 사람들의 생각과는 달리 자신도 일부의 책임이 있다고 말하고 있습니다.

- fault 잘못
- too 역시, 또한

 20

Joanne은 하늘에 두 대의 헬리콥터가 있다고 나에게 말했다. 그래서 나는 올려다 보았다.

① 굴복했다
② 이륙했다
③ 빚을 다 갚았다
④ 올려다 보았다

하늘에 헬리콥터가 떠 있다는 말을 듣고 나는 하늘을 향해 '올려다 보았을' 것입니다.

- tell ~에게 말하다 (tell-told-told)
- in the sky 하늘에

Part 7				본문 70~77쪽
21. ③	22. ①	23. ③	24. ③	25. ②
26. ③	27. ③	28. ②	29. ③	30. ②
31. ①	32. ②	33. ④	34. ④	35. ③

 21

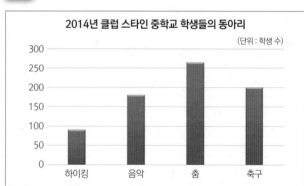

2014년 클럽 스타인 중학교 학생들의 동아리 (단위 : 학생 수)

Q. 그래프에 따르면 다음 중 사실이 아닌 것은?
① 100명이 안 되는 학생들이 하이킹 동아리에 가입했다.
② 가장 많은 수의 학생들이 춤 동아리에 가입했다.
③ 축구 동아리에 가입한 학생들보다 하이킹 동아리에 가입한 학생 수가 더 많다.
④ 두 번째로 적은 수의 학생들이 음악 동아리에 가입했다.

하이킹 동아리 가입자 수는 100명도 되지 않아 가장 적으므로 다른 동아리 가입자 수보다 더 많다고 하는 것은 사실과 다른 내용입니다.

- join 가입하다 (join-joined-joined)
- fewer than ~ ~보다 적은 수의
- the largest number of ~ 가장 많은 수의 ~
- more 더 많은 (many-more-most)
- the second smallest number of ~ 두 번째로 적은 수의 ~

내가 한턱 낼게요!
내가 준비하는 음식을 맛보러 오세요!

대상: 내 반 친구들
시간: 2015년 6월18일 오후 6시
장소: 우리집

올 수 있으면 전화 주세요:
025-698-8745
- Jason -

Q. 초대장을 통해서 알 수 있는 것은?
① 누가 음식을 준비하는지
② 손님들이 무엇을 가져와야 하는지
③ 모임이 얼마동안 계속되는지
④ 어떤 종류의 음식이 제공되는지

초대장에서 Jason은 자신이 준비하는 음식을 먹으러 오라고 반 친구들을 초대하고 있고, 시간과 장소와 함께 Jason의 전화번호만 나와 있습니다.

• treat 대접, 한턱
• taste 맛보다; 맛
• gathering 모임, 회합
• last 계속되다, 지속되다
• serve (음식을) 내놓다, 제공하다

Jenna의 할 일 목록

오후 4시~6시	Dave와 함께 영화보기
오후 6시~7시	엄마와 함께 저녁먹기
오후 7시~9시	숙제하기
저녁 9시~10시	책읽기

Q. Jenna에 대한 내용으로 사실인 것은?
① 영화를 혼자 볼 것이다.
② Dave와 함께 저녁을 먹을 것이다.
③ 2시간 동안 숙제를 할 것이다.
④ 저녁 9시에 잠자리에 들 것이다.

오후 7시부터 9시까지 숙제를 하기로 계획하고 있으므로 2시간 동안(for two hours) 숙제를 한다고 말할 수 있습니다. 따라서 정답은 ③번입니다.

• alone 혼자서
• have dinner 저녁을 먹다 (= eat dinner)

교실 규칙
1. 제시간에 오기
2. 교과서 갖고 오기
3. 음식 먹지 않기
4. 휴대전화 끄기

Q. 이 게시문을 통해 추론할 수 있는 것은?
① 수업에 늦는 것은 점수 감점의 결과가 된다.
② 학생들은 교실에서 음식을 먹으면 벌금을 물게 될 것이다.
③ 수업 중에 휴대전화를 사용하는 것은 방해하는 것으로 간주된다.
④ 선생님들은 학생들이 교과서를 갖고 오지 않으면 복사를 해 줄 것이다.

네번째 교실 규칙인 '휴대전화를 끄라'고 한 것은 수업 분위기를 해치고 방해하는 행위를 금지시키는 규칙으로 볼 수 있으므로 정답은 ③번입니다.

• on time 제시간에, 늦지 않게
• turn off 끄다 (↔ turn on)
• cell phone 휴대전화 (= cellular phone)
• result in ~ ~의 결과를 초래하다
• deduct 공제하다, 감하다
• be considered to ~ ~하는 것으로 간주되다
• disturbe 방해하다
• fine 벌금을 물리다
• copy 복사하다
• theirs 그들의 것 (their textbooks을 말함)

자전거 할인 판매
근사한 자전거가 200~300달러
다양한 색상 - 노랑, 녹색, 파랑 그리고 더 있음
5월에 한 개를 구입하시면 헬멧과 무릎 보호대가 무료!

Q. 광고를 통해 알 수 없는 것은?
① 자전거는 최소 세 가지 색상이 있다.
② 200종이 넘는 자전거가 있다.
③ 할인 판매 기간 중 가장 비싼 자전거는 300달러이다.
④ 사람들은 5월에 자전거를 한 대 사면 헬멧을 무료로 받을 수 있다.

자전거의 색상은 세 가지 이상이 있고 가격은 200달러에서 300달러라고 소개하고 있지만 모두 몇 가지 종류의 자전거가 있는지는 언급돼 있지 있습니다.

• on sale 할인 판매 중인; 판매되고 있는
• various 다양한
• free 무료의
• knee pad 무릎보호대
• at least 적어도, 최소한
• expensive 비싼
• for free 무료로, 공짜로

2009년 겨울에 중국의 베이징에는 눈이나 비가 전혀 내리지 않았다. 식물과 동물들은 살아남지 못했고 물고기들은 죽어갔다. 이 문제를 해결하기 위해 중국인들은 가짜 눈을 만들었다. 눈 제조 기계에서 426개의 크레용 크기 막대기를 하늘에 쏘아 올린 뒤 눈이 떨어지게 하기 위해 구름에 약제를 뿌렸다. 그럼에도 이것은 아주 오랫동안 물이 부족했던 도시에 충분한 것이 아니었다. 하지만 없는 것보다는 나았다.

Q. 2009년 겨울에 베이징이 처한 문제를 가장 잘 설명한 것은?
① 홍수   ② 화산
③ 가뭄   ④ 허리케인

비도 눈도 내리지 않아 발생한 가뭄(drought)을 해결하기 위해 베이징에서 인공 강우를 시도한 이야기입니다.

• survive 살아남다; ~보다 오래 살다
• fake 가짜의, 모조의
• fire 발사하다 (fire-fired-fired)
• stick 나무토막, 막대기
• seed (드라이 아이스 따위의 약제를) 뿌리다 (seed-seeded-seeded)
• still 그런데도, 그럼에도

• lack ~이 부족하다 (lack-lacked-lacked)

 27

사람들이 '잊어버릴' 수 있다는 것은 축복이다. 무엇인가에 대해 깊게 생각하는 것은 당신이 중요한 결정을 내리기 전에 한다면 대개는 좋다. 하지만, 과거에 대해 생각하는 것이 항상 좋지는 않다. 과거에 발생한 나쁜 일이나 당신이 저지른 잘못을 당신 자신에게 계속 떠올리는 것은 해로운 일이다. 과거로부터 이동해서 현재나 미래에 집중하도록 노력해라. 이것은 당신의 삶을 건강하게 만들어 줄 것이다

Q. 이 글의 주제는 무엇인가?
① 나쁜 일이 당신에게 일어나도록 내버려 두지 마라.
② 중대한 결정을 하기 전에 세심하게 생각하라.
③ 당신이 범한 나쁜 행동을 반복적으로 회상하지 마라.
④ 과거의 경험은 현재의 삶에 중요하다.

첫 번째 문장에서 '잊어버릴 수 있는 능력이 축복'이라고 말하고 있고 이후에는 이미 지난 좋지 않은 일은 자꾸 떠올리지 말고 가급적 잊어버리는 것이 바람직하다고 말하고 있습니다.

• blessing 축복
• make a decision 결정을 내리다 (= decede)
• however 하지만
• past 과거; 과거의
• not always 항상 ~한 것은 아니다 〈부분부정〉
• harmful 해로운
• keep -ing 계속해서 ~하다
• remind A of B A에게 B를 상기시켜 주다
• something bad 뭔가 나쁜 것
• happen 발생하다 (happen-happened-happened)
• do wrong 잘못하다
• in the past 과거에
• move on from ~ ~에서 옮겨가다
• focus on ~ ~에 집중하다
• present 현재
• future 미래
• healthy 건강한
• repeatedly 반복적으로
• recall 회상하다

 28

헌혈은 많은 생명을 구하는 데 도움이 될 수 있습니다. 호주 출신의 James Harrison은 자기의 혈액을 기증함으로써 200만 명이 넘는 아기들의 생명을 구했습니다. 여러분들은 여러분의 혈액을 기증하려면 건강해야 합니다. 그래서 이것은 젊은 사람들에게조차 쉬운 일이 아닙니다. 그러나 James는 현재 74세이고 56년 동안 매주 자신의 혈액을 기증했습니다. 지금까지 약 2,700번에 이릅니다.

Q. 이 글에 따르면 다음 중 사실인 것은?
① 누구든지 헌혈을 할 수 있다.
② 많은 아기들이 James 덕택에 살아남았다.
③ James는 지금까지 3000회 이상 헌혈을 했다.
④ James는 20대였을 때 헌혈을 시작했다.

헌혈을 하려면 건강해야 하고, James는 3,000번보다는 적은 2,700회의 헌혈을 해서 200만 명이 넘는 아기를 살렸으며 56년 동안 헌혈을 했는데 지금 74세이므로 20세가 되기 전에 헌혈을 시작한 셈입니다.

• blood donation 헌혈

• save 구하다 (save-saved-saved)
• donate 기증하다
• even ~조차도
• so far 지금까지
• survive 살아남다
• thanks to ~ ~ 덕택에
• in one's twenties 나이가 20대인

29

깨끗한 물의 중요성에 대한 인식을 제고하기 위해 UN은 세계 물의 날을 지정하였다. 이 날은 매년 3월 22일이다. 이 날, 사람들은 신선한 물을 보존하고 보호할 필요성에 대한 대중들의 인식을 고취하도록 노력한다. UN은 세계가 지금과 같은 속도로 물을 계속해서 사용한다면 2025년에 이르러서는 27억 이상의 사람들이 물 부족에 직면하게 될 것이라고 경고했다.

Q. 세계 물의 날을 지정한 목적은 무엇인가?
① 사람들에게 더러운 물의 사용을 중지하도록 설득하기 위해
② 가난한 나라에 안전한 수원을 제공하기 위해
③ 사람들에게 깨끗한 물의 중요성을 알려 주기 위해
④ 사람들에게 수돗물을 마시는 것의 위험성을 경고하기 위해

첫 번째 문장에 언급되어 있으며 뒤이어 세계 물의 날에 사람들이 하는 일을 다시 설명해 이 날의 지정 취지를 강조하고 있습니다.

• raise 제고하다, 끌어올리다
• awareness 인식, 관심
• importance 중요성
• designate 지정하다 (designate-designated-designated)
• promote 촉진하다, 고취하다
• public 대중의, 공공의
• necessity 필요성
• conserve 보존하다
• protect 보호하다
• warn 경고하다 (warn-warned-warned)
• billion 10억
• face 직면하다
• shortage 부족
• by ~ ~쯤에는
• continue -ing ~하기를 계속하다
• at the same rate 같은 비율로
• persuade A to ~ A에게 ~하도록 설득하다
• water source 수원(水源)
• danger 위험
• tap water 수돗물

30~31

대부분의 사람들은 고양이를 애완동물로 키우는 것이 쉽지 않다고 생각합니다. 하지만, 당신이 고양이의 태도를 이해한다면 고양이를 키우는 것은 쉬워집니다. 무엇보다 먼저, 고양이는 발톱들을 날카롭게 갈아야만 합니다. 그래서, 만약 고양이들에게 나무토막을 하나 준다면 그들은 당신의 가구 위에서 대신 그 나무토막 위에서 발톱을 날카롭게 갈 것입니다. 또한 고양이들은 대부분의 활동을 밤에 합니다. 그들이 밤에 없어졌다고 두려워하지 마세요. 그들이 안으로 들어올 수 있게 창문을 약간만 열어 놓으시면 됩니다.

30. 이 글은 누구를 위해 쓰여졌는가?
① 애완동물용 물품을 파는 사람들
② 고양이를 키우는 것에 애를 먹고 있는 사람들

③ 수의사가 되고 싶어하는 사람들
④ 고양이를 잃어버리는 것을 피하고 싶은 사람들

31. 다음 중 이 글을 통해 알 수 없는 것은?
① 고양이는 하루에 적어도 다섯 번 자기들의 발톱을 날카롭게 간다.
② 사람들은 종종 고양이를 애완동물로 키우는 것이 어렵다는 것을 알게 된다.
③ 창문을 열어 놓는 것은 고양이가 쉽게 들어오고 나갈 수 있도록 도와 준다.
④ 나무 한 토막이면 고양이에 의해 가구가 망가지는 것을 방지할 수 있다.

30. 첫 번째 문장에서 고양이를 키우는 데 어려움을 느끼는 사람들이 많지만 고양이의 습성을 알면 키우기가 쉬워진다고 전제한 뒤, 구체적인 예를 제시하고 있습니다.

31. 고양이가 발톱을 갈아야만 한다고 했을 뿐 하루에 몇 번을 가는지에 대해서는 언급하지 않고 있습니다.

• most 대부분의
• keep (동물을) 키우다
• behavior 태도, 행실
• first of all 무엇보다 먼저
• sharpen (날카롭게) 갈다
• claw (동물, 새의) 발톱
• block of wood 나무토막
• instead of ~ ~ 대신에
• furniture 가구
• just 단지
• a little bit 약간 (= a little, a bit)
• have trouble ~ing ~하는 데에 어려움을 겪다
• avoid ~ing ~하는 것을 피하다

32~33

우리는 일생동안 두 세트의 치아를 갖게 된다. 첫 번째 세트는 젖니라고 불린다. 6세나 7세가 되면 젖니가 빠지기 시작하면서 영구치가 생기기 시작한다. 21세가 되면 우리는 영구치만 갖게 된다. 보통 사람은 4개의 사랑니를 포함해서 32개의 치아를 갖고 있다. 우리의 치아를 건강하게 유지하기 위해 적절하게 닦는 것이 중요하다. 평균적으로 사람들은 평생 동안 38.5일을 이를 닦는 데 쓴다.

32. 이 글의 제목으로 가장 적절한 것은?
① 치아의 중요성
② 사람의 치아에 대한 사실
③ 영구치를 보호하는 방법
④ 젖니와 영구치의 차이점

33. 이 글에 따르면 사실인 것은?
① 사람들은 평균적으로 두 세트의 치아보다 적은 치아를 갖는다.
② 사람들은 보통 사랑니를 포함하지 않고 32개의 치아를 갖는다.
③ 사람들은 21세가 되면 영구치를 갖기 시작한다.
④ 사람들은 평생동안 한 달 이상 이를 닦는다.

32. 치아의 개수, 치아가 빠지고 생기는 나이, 양치질을 하는 시간의 합계 등 사람의 치아에 대한 객관적 사실을 소개하고 있습니다.

33. ① 사람들은 평균적으로 두 세트의 치아를 갖고 있고, ② 사랑니를 포함해서 32개, ③ 6~7세가 되면 영구치가 나기 시작해서 21세가 되면 모든 치아가 영구치로 바뀐다는 내용으로 되어 있고, 마지막 답지 ④만 글의 내용과 일치합니다.

• in one's lifetime 일생동안
• baby teeth 젖니
• lose (이빨이) 빠지다 (사람이 주어로)

• by the time ~할 때까지
• permanent teeth 영구치
• average 보통의, 일반적인
• wisdom teeth 사랑니
• on average 평균적으로
• spend (시간, 돈 등을) 쓰다
• over a lifetime 평생동안
• fact 사실
• permanent 영구적인
• difference between A and B A와 B의 차이

34~35

많은 사람들은 살을 빼려고 할 때 식생활 습관을 조절하면 불필요한 체중을 줄이는 데에 충분하다고 믿고 있다. 그러나 당신은 살을 빼고 건강을 유지하기 위해 정기적으로 운동을 해야 한다는 것을 알아야 한다. 운동은 신진대사를 활성화시키고 근육의 양을 증가시킬 것이다. 이것은 당신이 매일 더 많은 칼로리를 소모시키도록 도와 줄 것이다. 하지만, 만약 당신이 살을 빼기 위해 먹지 않는다면 당신의 몸은 에너지의 원천으로 지방과 칼로리에 의지하기 시작할 것이다.

34. 이 글에 따르면 사람들이 운동을 통해 할 수 있을 것으로 기대되는 것은?
① 더 빨리 달린다
② 키가 더 커진다
③ 뼈를 강하게 한다
④ 근육의 양을 늘린다

35. 이 글을 통해 추론할 수 있는 것은?
① 식사를 거르는 것은 당신의 심장을 더 약하게 만든다.
② 살을 뺄 때 단백질보다 지방을 빼기가 더 쉽다.
③ 살을 빼는 데에 운동이 식생활 습관 조절보다 더 도움이 된다.
④ 매일 소모시키는 칼로리의 양을 늘리는 것은 당신의 체온을 상승시킨다.

34. 운동과 달리기, 키, 뼈와의 관련성은 언급되어 있지 않습니다. 세 번째 문장을 참조하세요. (Exercising will increase ~ the amount of muscle.)

35. 이 글의 핵심 내용은 두 번째 문장으로 살을 빼는 데에 운동이 효과적이라는 것입니다. ①, ②, ④는 본문에 전혀 나오지 않은 내용입니다.

• control 통제하다, 조절하다
• habit 습관, 버릇
• enough to ~ ~ 하기에 충분한
• extra 필요 이상의, 추가의
• lose weight 살을 빼다 (↔ gain weight)
• exercise 운동하다 (= do exercise)
• regularly 규칙적으로
• stay fit 건강을 유지하다
• metabolism 신진대사
• muscle 근육
• burn 태우다, 연소시키다
• begin to ~ ~하기 시작하다
• hold onto ~ ~에 매달리다, 의지하다
• fat 지방
• source 원천
• skip (생략하고) 뛰어 넘다
• protein 단백질
• work out 운동하다
• helpful 도움이 되는

33

Section 3 — Writing Part

Part 8
본문 78~79쪽

1. are
2. from
3. or
4. Do you know him well
5. The girl is holding a dog in her arms.

1~3

우리는 종이를 어디에서나 발견할 수 있다. 책, 신문, 그리고 잡지들은 종이로 1. 만들어지는데 이것은 우리의 삶에 있어 아주 중요하다. 종이를 낭비하면 숲을 파괴하는 결과를 가져 오는데 이것은 종이가 2. 나무로 만들어지기 때문이다. 그래서 우리는 종이를 절약해야 한다. 종이 재활용은 절약하는 좋은 하나의 방법이다. 또한 책을 3. 빌리거나 교환하는 것은 종이를 절약하고 나무를 보존하는 일에 도움을 줄 수 있다.

1.~2. '~로 만들어지다'의 표현으로, be made from은 재료의 성질이 변할 때, be made of는 모양만 변하고 성질은 그대로 유지될 때 사용합니다.

3. borrowing과 exchanging은 동사 'can help' 앞 주어 자리에 위치하고 있으므로 동명사이며 둘 다 books를 목적어로 취하고 있습니다. 따라서 빈 칸에는 동명사 두 개를 대등하게 연결해 주는, and, or, but과 같은 등위접속사가 필요한데 문맥상 or가 적절합니다. so도 등위접속사로 쓰일 수 있으나 절과 절만 연결할 수 있습니다.

- magazine 잡지
- waste 낭비하다
- result in ~ ~라는 결과를 가져오다, 이야기하다
- destroy 파괴하다
- recycle 재활용하다
- exchange 교환하다
- preserve 보존하다

4

A: 저기에 있는 저 소년은 누구야?
B: 새로 온 학생이야. 그의 이름은 Mark야.
A: Mark를 잘 아니?
B: 아니. 어제 왔는 걸.
A: 우리 가서 안부 인사를 하자.

B의 응답으로 보아 의문문이 와야 하고 주어가 you이므로 Do you로 시작하며 동사는 know, 목적어 him, 마지막으로 부사 well을 쓰면 됩니다.

- over there 저기에 있는
- say hello 안부 인사를 하다 (cf. say goodbye 작별 인사를 하다)

5

한 소녀가 자기 팔에 개를 안고 있다.

사진에서 소녀가 개를 한 마리 안고 있고 주어진 단어에 수동 표현은 없으므로 주어는 소녀 (The girl)이 됩니다. 동사는 is holding, 목적어 a dog, 문장 끝에 in her arms를 붙입니다.

- arm 팔

실전모의고사 2

Section 1 — Listening Part

Part 1
본문 82~83쪽

1. ③   2. ③   3. ①   4. ①   5. ④

1 > Script

① The boy is exercising at the gym.
② The boy is getting ready to go home.
③ The boy is playing baseball on the field.
④ The boy is playing basketball on the court.

① 소년은 체육관에서 운동을 하고 있다.
② 소년은 집에 갈 준비를 하고 있다.
③ 소년은 경기장에서 야구를 하고 있다.
④ 소년은 코트에서 농구를 하고 있다.

야구 유니폼과 글러브를 낀 소년이 야구장으로 보이는 야외에서 공을 던지려 하고 있습니다.

- exercise 운동하다 (= do exercise)
- get ready to ~ ~할 준비를 하다
- gym 체육관 (= gymnasium)
- field 경기장

2 > Script

① The girl is fishing on the boat.
② The boy is sailing a boat alone.
③ The boy and girl are holding paddles.
④ The boy and girl are swimming in the lake.

① 소녀는 배를 타고 낚시를 하고 있다.
② 소년은 혼자서 배를 젓고 있다.
③ 소년과 소녀는 노를 잡고 있다.
④ 소년과 소녀는 호수에서 수영을 하고 있다.

배를 앞으로 가게 하기 위해 노를 저으려고 하는 모습을 볼 수 있습니다.

- fish 낚시하다
- sail 항해하다
- alone 혼자서 (= by oneself)
- paddle 노
- lake 호수

3 > Script

① The woman is gardening.
② The man is watering the grass.
③ The woman is looking at the flower.
④ There are many different types of flowers.

① 여자는 정원을 가꾸고 있다.
② 남자는 잔디에 물을 주고 있다.
③ 여자는 꽃을 보고 있다.
④ 많은 다른 종류의 꽃들이 있다.

여자는 소녀를 향해 웃으면서 정원의 풀을 손질하고 있고 남자는 뒤에 앉아서 이들을 바라보고 있습니다.

• garden 정원을 가꾸다; 정원
• grass 잔디, 풀
• different 다른
• type 종류

4 > Script

① There is a couch in the bedroom.
② There are three pillows on the bed.
③ The two framed paintings are the same.
④ The plants are hanging from the ceiling.

① 침실에 긴 의자가 하나 있다.
② 침대에 베개가 세 개 있다.
③ 액자에 넣어진 그림 두 개는 똑같다.
④ 나무들이 천장에 매달려 있다.

침대 위에 여러 개의 베개가 정돈되어 있고 침대 앞에 긴 의자가 놓여져 있습니다.

• couch 긴 의자, 소파
• bedroom 침실
• pillow 베개
• framed 액자에 넣어진 (cf. frame 액자)
• same 똑같은
• plant 나무
• hang 걸다; 걸리다
• ceiling 천장

5 > Script

① Four out of the five people are wearing glasses.
② The two men are playing on the computer together.
③ The women are writing a report on their own computers.
④ The man is using the computer while others are looking at it.

① 다섯 사람 중 넷은 안경을 쓰고 있다.
② 두 남자는 같이 컴퓨터 게임을 하고 있다.
③ 여자들은 자신들의 컴퓨터로 리포트를 쓰고 있다.
④ 남자는 컴퓨터를 사용하고 있고 다른 사람들은 그것을 보고 있다.

안경을 쓴 남자가 컴퓨터로 뭔가를 하고 있고 나머지 사람들(그 중 한 명만이 안경을 쓰고 있음)은 컴퓨터 화면을 보고 있는 모습입니다.

• out of ~ ~ 중의
• own 자신의
• while ~하는 도중에; 반면에

Part 2
본문 84쪽

6. ④   7. ④   8. ①   9. ①   10. ②

6 > Script

M: Hello, I'm here to meet my history teacher.
W: Oh, Hi, I'm Jessica, the history teacher. Welcome!
M: Thank you! I'm Jeremy. I am a new student.
W: Nice meeting you! I will see you in class tomorrow.
M: Okay. I'll see you then.

남자: 안녕하세요, 저는 제 역사 선생님을 뵈러 왔는데요.
여자: 아, 안녕, 내가 역사 선생님 Jessica야. 환영해!
남자: 감사합니다! 저는 Jeremy라고 해요. 새로 온 학생이에요.
여자: 만나서 반가워! 내일 수업 때 보자.
남자: 알겠습니다. 그때 뵐게요.

① 맘껏 드세요.
② 아니요, 됐어요.
③ 아, 죄송합니다.
④ 알겠습니다. 그때 뵐게요.

선생님이 학생에게 내일 수업 때 보자고 했으니 학생은 역시 같은 내용의 인사말로 대화를 마무리했을 것입니다.

• I'm here to ~. ~하러 여기에 왔다.
• history 역사
• in class 수업 시간에, 수업에서
• Help yourself. 맘껏 드세요 [쓰세요].

7 > Script

W: Hey, Joe, can you help me with something?
M: Sure, what do you need?
W: Can you help me carry these boxes? They are too heavy for me.
M: Sure, I can help you out.
W: Thank you very much.

여자: 이봐 Joe, 날 좀 도와 줄 수 있어?
남자: 그럴게, 무엇을 도와 줄까?
여자: 이 상자들을 좀 날라 주겠니? 나한테는 너무 무거워.
남자: 그래. 내가 도와 줄게.
여자: 정말 고마워.

① 천만에.
② 나도 즐거워.
③ 천만에.
④ 정말 고마워.

도움을 청한 뒤 도와 주겠다는 사람에게는 감사를 표하는 말이 자연스럽습니다. ①, ②, ③은 모두 상대방이 고마움을 표시할 때에 하는 응답 표현입니다.

• help A with B A가 B하는 것을 돕다
• carry 나르다
• too 너무
• pleasure 기쁨, 즐거움

8 > Script

(Rings)
M: Hello. I'd like to make an appointment with Dr. Stevens for next Monday.
W: Sure, do you prefer Monday morning or afternoon?
M: The afternoon would be perfect.
W: Alright, is 3 o'clock okay for you?
M: Yes, that would work.

(전화벨이 울린다)
남자: 여보세요. Stevens 박사님과 다음 주 월요일로 약속을 좀 잡고 싶습니다.
여자: 그러세요, 월요일 오전과 오후 중에서 어느 쪽이 더 좋으세요?
남자: 오후가 좋겠어요.
여자: 알겠습니다. 3시 괜찮으세요?
남자: 네, 좋습니다.

① 네, 좋습니다. (괜찮아요.)
② 오후에 즐거운 시간 보내세요.
③ Steven 박사님이 지금 안 계십니다.
④ 그럼요, 저는 오전에 올 수 있어요.

예약을 통해 만날 약속을 잡는 대화 내용입니다. 3시가 괜찮냐고 묻고 있으므로 이 시간이 어떤지에 대한 내용으로 답해야 합니다. ④에서 오전에 올 수 있다는 말은 앞뒤가 맞지 않습니다.

• make an appointment with ~ ~와 (만날) 약속을 하다
• prefer 더 좋아하다
• would ~일 것이다
• work (원하는) 효과가 나다
• perfect 완벽한

9 Script

W: I can't find my bag anywhere.
M: Did you leave it at the front desk?
W: Oh, I might have left it there. I was in a hurry.
M: Call the front desk and ask if you left your bag there.
W: I think I should do that.

여자: 나는 어디에서도 내 가방을 찾을 수 없어.
남자: 안내 데스크에 두고 왔니?
여자: 아, 거기에 두었을 지도 모르겠구나. 내가 급했거든.
남자: 안내 데스크에 전화해서 네가 가방을 거기에 두었는지 물어 봐.
여자: 그렇게 해야 될 것 같아.

① 그렇게 해야 될 것 같아.
② 가방 속에 공책들이 있어.
③ 너는 안내 데스크에 얘기해야 해.
④ 나는 학교에 가방을 갖고 왔어.

안내 데스크에 두고 왔을지도 모른다고 생각하는데 거기에 물어보라고 하고 있으므로 그렇게 하겠다고 말하는 것이 자연스러운 대답입니다.

• anywhere 어디에서도
• leave 두고 오다 (leave-left-left)
• front desk 프런트, 안내 데스크
• might have p.p. ~했을지도 모른다
• in a hurry 급한, 서두르는
• ask if ~ ~인지 아닌지 물어보다

10 Script

W: Do you know where the nearest bank is from here?
M: It's just down the street on the left.
W: Thank you! Do you know the name of that bank?
M: No, I don't. Which bank are you looking for?
W: I am looking for the First Bank.

여자: 여기서 가장 가까운 은행이 어디에 있는지 아세요?
남자: 길 아래쪽으로 가시면 왼쪽에 있어요.
여자: 감사합니다! 그 은행 이름을 아시나요?

남자: 아니요, 몰라요. 어느 은행을 찾으시죠?
여자: 나는 First Bank를 찾고 있어요.

① 나는 거기에 가야 해요.
② 나는 First Bank를 찾고 있어요.
③ 다음 번에 은행에 가려고 합니다.
④ 나는 거리를 따라 걸어가고 싶지 않아요.

남자가 어느 은행을 찾는지 묻고 있으므로 구체적인 은행을 들어 답합니다.

• nearest 가장 가까운
• down the street 길 아래편에
• on the left 왼쪽에
• another time 다음 번에

Part 3
본문 85~86쪽

11. ③	12. ②	13. ③	14. ③	15. ③
16. ②	17. ③	18. ②	19. ③	20. ④
21. ②	22. ①	23. ①	24. ①	

11 Script

M: I need to get a nice shirt for the wedding that is coming up.
W: Yes, you do need a new shirt. Your old ones are too small for you.
M: Should I get short sleeves or long sleeves?
W: You should get long sleeves. They look more formal.
M: Ok, I'll get long sleeves.

남자: 다가오는 결혼식을 위해 멋진 셔츠를 사야 해요.
여자: 맞아. 너는 새 셔츠가 필요해. 너의 낡은 셔츠들은 너무 작아.
남자: 짧은 소매를 사야 할까요, 긴 소매를 사야 할까요?
여자: 긴 소매를 사야 해. 그래야 더 격식을 갖춘 것처럼 보여.
남자: 알았어요. 긴 소매를 살게요.

Q. 남자가 사려고 하는 것은 무엇인가?
① 격식을 갖춘 정장 바지   ② 결혼식 정장
③ 긴 소매 셔츠   ④ 짧은 소매 셔츠

대화 끝부분에서 긴 소매가 더 격식을 갖춰 보인다는 여자의 조언을 받아들여 남자는 그런 셔츠를 사겠다고 했습니다.

• wedding 결혼식, 결혼
• come up (시간적으로) 다가오다
• sleeve 소매
• formal 격식을 차린, 정중한
• casual 격식을 갖추지 않은, 평상복의

12 Script

W: I wish it was winter, so I could wear my new coat.
M: I am waiting for winter, too. The cooler weather is such a relief.
W: Yes, I love when it is cold enough to play in the snow.
M: That is my favorite thing about winter, too.
W: Too bad it is months away.

여자: 나는 지금이 겨울이라서 내 새로운 외투를 입을 수 있다면 좋겠어.
남자: 나도 겨울이 기다려져. 더 서늘해진 날씨는 기분 전환에 정말 좋지.
여자: 그래, 눈에서 놀 수 있을 만큼 추울 때가 정말 좋아.

남자: 나 역시 그 점이 겨울에 대해 내가 가장 좋아하는 거야.
여자: 겨울이 되려면 여러 달 있어야 한다는 것이 아쉽다.

Q. 겨울에 대해 남자가 가장 좋아하는 것은 무엇인가?
① 더 서늘한 날씨　　　　　② 눈에서 놀기
③ 새 코트를 입는 것　　　　④ 긴 겨울 방학

두 번째 대화 표현에서 여자가 눈 속에서 노는 것을 아주 좋아한다고 하자 남자가 이에 맞장구를 치고 있습니다.

• I wish 주어 + 과거동사　~라면 좋겠다
• such a ~　아주 ~한 것
• relief　기분 전환이 되는 것
• cold enough to ~　~할 수 있을 만큼 충분히 추운
• away　(시간적으로) 떨어져 있는

13 Script

M: Who are those two in the picture?
W: They are my science teacher and my best friend.
M: The picture must have been taken during the last field trip.
W: Yes. He is Mr. Johnson, my science teacher. She is Erica, my best friend.
M: I know Mr. Johnson. He was my science teacher last year.

남자: 사진 속에 있는 저 두 사람은 누구니?
여자: 과학 선생님과 나의 가장 친한 친구야.
남자: 사진은 지난번 현장 학습 때 찍은 게 틀림없구나.
여자: 맞아. 남자는 과학 선생님인 Johnson선생님이야. 여자는 내 가장 친한 친구인 Erica야.
남자: 난 Johnson 선생님을 알아. 작년에 내 과학 선생님이셨거든.

Q. 여자는 누구에 대해 이야기하고 있는가?
① 자신의 과학반 친구들
② 자신의 선생님과 자기 자신
③ 자신의 선생님과 친구
④ 자신의 가장 친한 친구와 자기 자신

여자의 첫 번째 말(my science teacher and my best friend)에서 답을 찾을 수 있습니다.

• must have p.p.　~ 했음에 틀림없다
• field trip　현장 학습

14 Script

W: How long will it take us to get to the theater?
M: It shouldn't take more than half an hour.
W: The movie starts at 8:00 pm. Let's leave the restaurant by 7:30.
M: Let's finish the dinner by 7:20. I want to get there 10 minutes early.
W: OK, good idea!

여자: 우리가 극장까지 가는 데 얼마나 걸릴까?
남자: 30분 이상은 걸리지 않을 거야.
여자: 영화는 오후 8시에 시작해. 7시30분까지는 출발하자.
남자: 저녁식사를 7시20분까지는 마치자. 거기에 10분 먼저 도착하고 싶어.
여자: 알았어, 좋은 생각이야!

Q. 남자와 여자가 영화관에 몇 시에 도착할까?
① 오후 7시 20분　　　　② 오후 7시 30분
③ 오후 7시 50분　　　　④ 오후 8시

영화관까지 30분 정도가 걸리고 7시 20분에 출발해 영화 시작 시간(8시)보다 10분 일찍 도착하고 싶다고 했습니다.

• How long will it take A to ~?　A가 ~ 하는 데 얼마나 걸릴까?
• get to + 장소　~에 도착하다, 다다르다
• shouldn't ~　~하지 않을 것이다
• more than ~　~보다 더 많이, ~ 이상
• half an hour　30분
• by ~　~ 때까지는
• get there　거기에 도착하다
• early　먼저, 일찍

15 Script

M: I'm going to go walk my dog. I haven't done that in a while.
W: You should walk your dog often or he will get overweight.
M: I know I should. I don't want my dog to have health problems.
W: If you exercise your dog, he should be fine.
M: Yes, I will take my dog for a walk at least once a week.

남자: 나는 내 개를 산책하게 시킬 거야. 한동안 산책을 시키지 않았거든.
여자: 너는 개를 자주 산책시켜야 해, 그러지 않으면 개가 과체중 상태가 될 거야.
남자: 나도 알고 있어. 내 개가 건강에 문제가 생기는 거 원치 않거든.
여자: 개를 운동시키면 개가 건강해 질 거야.
남자: 응, 나는 적어도 일주일에 한 번은 개를 산책시키러 데리고 나갈 거야.

Q. 남자는 개를 얼마나 자주 산책시킬까?
① 전혀 시키지 않음　　　② 매일
③ 일주일에 한 번　　　　④ 한 달에 두 번

남자의 마지막 말(at least once a week 최소한 한 달에 한 번)에 힌트가 있습니다.

• in a while　한동안
• overweight　과체중의, 비만의
• at least　적어도, 최소한

16 Script

W: My throat has been hurting badly since this morning.
M: Do you think you might have the flu?
W: I'm not sure, but I do have a bad cough.
M: I think you should go home and rest. I will talk to the teacher.
W: Thank you. I will go home now then.

여자: 내 목구멍이 오늘 아침부터 심하게 아파.
남자: 너 유행성 감기에 걸린 것 같니?
여자: 잘 모르겠어, 하지만 기침이 심해.
남자: 내 생각으로는 집에 가서 쉬어야 할 것 같다. 내가 선생님한테 말씀 드릴게.
여자: 고마워, 그럼 지금 집에 갈게.

Q. 이 대화가 일어나고 있는 장소로 가장 알맞은 곳은?
① 집　　　　　　　　② 학교
③ 사무실　　　　　　④ 병원

남자의 마지막 말(I will talk to the teacher.)에서 이 대화의 장소를 짐작할 수 있습니다.

• throat　목구멍
• hurt　아프다
• badly　심하게

- since ~ 이래로
- flu 유행성 감기 (= influenza)
- cough 기침
- office 사무실

17 Script

M: Excuse me, how would you suggest getting to Los Angeles?
W: It isn't too far to drive from here.
M: I am a visitor, and I do not have a car.
W: Then you can take the train. The station is only a few blocks away.
M: The train will be just fine. Thank you!

남자: 실례합니다, Los Angeles로 어떻게 가는 것이 좋을까요?
여자: 여기서 운전해서 가기에 그다지 멀지 않아요.
남자: 나는 방문객이고, 그래서 자동차가 없어요.
여자: 그럼 기차를 타면 되겠군요. 역은 몇 블록밖에 떨어져 있지 않아요.
남자: 기차가 딱이겠네요. 고마워요!

Q. 남자는 Los Angeles까지 어떻게 갈까?
① 자동차로   ② 버스로
③ 기차로   ④ 비행기로

여자는 남자에게 기차를 탈 것을 권하면서 기차역의 위치도 알려 주고 있으며 남자는 이 제안에 만족하고 있습니다.

- suggest ~ing ~할 것을 제안하다
- get to ~ ~에 도착하다
- far 먼, 멀리 떨어진
- not too ~ to ... …하기에 너무 ~하지는 않은
- take (교통 수단) 타다
- a few blocks away 몇 블록 떨어져 있는

18 Script

W: Hello, I just need to take some money out of my account.
M: Okay, I can help you with that. I just need your bank card.
W: Sure, I have it right here.
M: I also need to see your ID card.
W: Of course. Let me get it out of my wallet.

여자: 안녕하세요, 내 계좌에서 돈을 좀 꺼내야 겠습니다.
남자: 네, 제가 도와 드리죠. 당신의 은행 카드가 필요합니다.
여자: 네, 바로 여기에 있어요.
남자: 당신의 신분증도 확인해야 되겠네요.
여자: 알겠어요. 지갑에서 꺼낼게요.

Q. 여자가 대화를 나누고 있는 사람은 누구인가?
① 변호사   ② 은행원
③ 선생님   ④ 사업가

여자가 남자에게 계좌(account)에서 돈을 꺼내야 한다고 하자 남자가 필요한 카드들을 보자고 하고 있습니다.

- take A out of B B에서 A를 꺼내다 (= get A out of B)
- some 약간의
- account 계좌
- right here 바로 여기에
- Let me ~. 내가 ~할게요.
- wallet 지갑

19 Script

M: I heard that your brother is graduating.
W: Yes. I will go to his graduation tomorrow.
M: I want to go, too. Where is the graduation ceremony?
W: It will be at the school soccer field. If it rains tomorrow, the ceremony will be held inside the auditorium.
M: It will be sunny for sure tomorrow.

남자: 너의 오빠가 졸업을 한다고 들었어.
여자: 응. 나는 내일 오빠 졸업식에 갈 거야.
남자: 나도 가고 싶다. 졸업식을 어디에서 하니?
여자: 학교 축구장이 될 거야. 내일 비가 오면 강당 안에서 할 거야.
남자: 내일 틀림없이 해가 날 거야.

Q. 졸업식이 열릴 장소로 가장 가능성이 많은 곳은?
① 극장   ② 교실   ③ 축구장   ④ 강당

졸업식은 축구장으로 예정되어 있고 비가 오면 강당에서 하는데 남자는 마지막 말에서 내일 날씨가 해가 날(sunny) 것으로 확신하고 있습니다.

- graduate 졸업하다
- ceremony 의식
- auditorium 강당
- for sure 틀림없이, 확실히

20 Script

W: I found your watch while you were out.
M: Oh, thank you! Where was it? I looked everywhere for it.
W: You left it in your pocket. When I went to wash your clothes, it fell out.
M: Thank you so much for finding it.
W: You're welcome. I left it on the table for you.

여자: 네가 집에 없는 동안 내가 너의 시계를 찾았어.
남자: 오, 고마워요! 그게 어디에 있었어요? 내가 온 사방을 다 찾아 다녔는데.
여자: 너의 주머니 안에 있더라. 너의 옷 빨래를 하려고 갔는데 그것이 떨어졌어.
남자: 찾아 주어서 너무 감사해요.
여자: 천만에. 테이블 위에 놓아 두었단다.

Q. 남자의 시계는 어디에 있었는가?
① 옷장 속   ② 탁자 위   ③ 주머니 안   ④ 세탁기 안

여자의 두 번째 말에 그대로 나와 있습니다. 빨래를 하려는데 주머니에서 시계가 떨어졌다고 자세히 설명하고 있습니다.

- while ~ 동안에
- out 나가 있는, 집에 없는
- everywhere 모든 곳, 어디나
- clothes 옷, 의복
- fall out 떨어지다 (fall-fell-fallen)
- closet 옷장
- washing machine 세탁기

21 Script

W: What would you say your favorite meal is?
M: My favorite meal would probably be spaghetti with tomato sauce.
W: Do you like meatballs with your spaghetti?
M: No, I am a vegetarian. I don't eat meat.
W: Wow, that is interesting. I've never met a vegetarian before.

여자: 네가 가장 좋아하는 음식이 뭐니?

남자: 내가 가장 좋아하는 음식은 아마도 토마토 소스를 곁들인 스파게티일 거야.

여자: 미트볼을 곁들인 스파게티를 좋아하니?

남자: 아니. 나는 채식주의자야. 나는 고기는 안 먹어.

여자: 와, 그거 재미있네. 나는 채식주의자는 지금까지 한번도 만나보지 못했어.

Q. 남자는 왜 스파게티에서 미트볼은 원하지 않는가?

① 다이어트 중이다.　　　　② 고기 알러지가 있다.

③ 닭고기를 더 좋아한다.　　④ 채식주의자이다.

남자의 마지막 말에서 자신이 채식주의자(vegetarian)이며 고기를 먹지 않는다고 설명하고 있습니다.

- meatball 미트볼, 고기완자
- vegetarian 채식주의자
- I've never met ~ before. 나는 예전에 ~를 만나보지 못했어. (meet-met-met)
- on a diet 다이어트 중인
- be allergic to ~ ~에 알러지가 있다

22 Script

W: When should we get together and work on our geology project?

M: Are you free during lunch time on Wednesday?

W: Yes, I'm not doing anything.

M: OK. Let's meet at the school library to discuss our topic.

W: OK. I'll see you on Wednesday!

여자: 우리가 언제 모여서 지질학 프로젝트에 대해 논의해 볼까?

남자: 수요일 점심시간에 시간 있니?

여자: 응, 아무것도 안 해.

남자: 좋았어. 학교 도서관에서 만나 우리의 주제에 대해 토론하자.

여자: 알겠어. 수요일에 보자!

Q. 남자와 여자가 어디에서 만날까?

① 도서관　　　② 구내식당　　　③ 교실　　　④ 남자의 집

남자가 Let's meet at the school library ~라고 말하자 여자가 OK.라고 동의하고 있으므로 도서관에서 만나기로 한 것을 알 수 있습니다.

- get together 모이다
- work on ~ ~에 대해 노력을 쏟다
- geology 지질학
- free 한가한, 시간이 있는
- discuss ~에 대해 토론하다
- cafeteria 구내식당

23 Script

M: May I ask what your occupation is?

W: I am a high school soccer coach at Mountain High School.

M: Really? My son goes to that high school.

W: I only coach 12th graders. What grade is your son in?

M: My son is in 9th grade. I don't think you know him then.

남자: 당신의 직업이 뭔지 여쭤봐도 되나요?

여자: 저는 Mountain 고등학교의 고등학교 축구 코치예요.

남자: 정말요? 제 아들이 그 학교에 다니는데.

여자: 나는 12학년생만 지도해요. 댁의 아드님은 몇 학년이죠?

남자: 제 아들은 9학년이에요. 그러면 제 아들을 알지 못하시겠군요.

Q. 여자는 남자의 아들을 알지 못하는 이유는 무엇인가?

① 그녀는 9학년 학생들을 알지 못한다.

② 그녀는 어떤 다른 부모들도 만나지 않았다.

③ 그녀는 남자의 아들 이름을 알지 못한다.

④ 남자의 아들이 코치에 대해 전혀 언급하지 않았다.

코치인 여자는 12학년 학생만 지도하지만 남자의 아들은 9학년생이므로 코치가 남자의 아들을 만날 기회가 없습니다.

- May I ~? 내가 ~해도 될까요? (= Can I ~?)
- occupation 직업
- coach (스포츠 팀의) 코치; 지도하다
- ~ grader ~학년생

24 Script

(Rings)

M: Hello! I'm about to go to the grocery store. Would you like me to pick up anything?

W: No, I can't think of anything I need.

M: If you remember anything, just call me.

W: Okay, I will let you know if I change my mind.

M: Alright, I will be home in about an hour.

(전화벨이 울린다)

남자: 이봐요! 나 지금 식료품점에 갈거야. 뭔가 사다 주었으면 하는 게 있어?

여자: 아니. 필요한 것이 생각이 안나.

남자: 만약 뭔가 기억하면 전화해.

여자: 알았어, 마음이 변하면 알려줄게.

남자: 좋아. 대략 한 시간 후에 집에 올게.

Q. 남자는 여자에게 무엇을 하라고 제안하고 있는가?

① 뭔가 필요하면 그에게 전화하라고

② 식료품점에서 장 보는 것을 도와달라고

③ 저녁식사로 먹고 싶은 것을 생각해보라고

④ 가게에서 그를 만나고 싶으면 말하라고

식료품을 사러 가니까 필요한 것이 생각나면 전화하라고 말하고 있으므로 남자가 제안하는 것은 필요하면 전화를 달라는 것입니다.

- be about to ~ 막 ~하려고 하다
- grocery store 식료품점
- pick up 사다
- think of ~ ~을 머리에 떠올리다, ~에 대해 생각하다
- let you know 너에게 알려 주다
- change one's mind 마음이 변하다
- about 대략
- in about an hour 대략 한 시간 후에

Part 4　　　　　　　　　　　　　　　　본문 87쪽

25. ②　　26. ③　　27. ④　　28. ③　　29. ①

30. ②

25 Script

(M) Tomorrow will be a very hot day. The culture club will be selling lemonade, soda, and iced tea during lunch for students to stay cool. Students who are club members will receive a 50% discount on all drinks. All money made from the sales will go to the club's cultural night event. Sales will end after lunch. Please come by anytime during lunch and buy some iced cold drinks!

내일은 아주 더운 날이 될 겁니다. 문화 동아리는 점심시간 동안에 학생들이 시원하게 지내도록 레모네이드, 탄산음료, 그리고 아이스티를 판매할 예정입니다. 동아리 회원인 학생들은 모든 음료에 대해 50%의 할인을 받게 될 것입니다. 판매를 통해 번 돈은 전액 동아리의 문화의 밤 행사에 쓰일 것입니다. 판매는 점심 후에 종료하게 됩니다. 점심시간 중 언제라도 와서 얼음이 든 찬 음료를 사 가기 바랍니다!

Q. 음료에 대해 할인을 받을 수 있는 사람은 누구인가?
① 선생님들
② 동아리 회원들
③ 학교의 학생들 모두
④ 점심식사 전에 사 가는 모든 사람들

세 번째 문장(Students who are club members will receive ~)에 음료 할인을 받는 사람들이 언급되어 있습니다.

• stay ~   ~한 상태를 유지하다
• cool   시원한, 서늘한
• culture   문화
• receive   받다
• make money   돈을 벌다 (= earn money)
• come by   들르다 (= drop by)
• anytime   언제든

26 Script

(W) Today we will have a guest speaker during lecture. His name is Dr. Donald Smith. Smith will be giving a lecture on how to stay healthy and how to perform better at school. He suggests that sleep is one of the most important things for students to do well at class. Getting a good night's rest can make you focus better in the class. Alright, please welcome Dr. Smith.

오늘 우리는 강의 도중 초청 연사를 만나보게 됩니다. 이 분은 Donald Smith 박사입니다. Smith 선생님은 건강을 유지하는 방법과 학교 생활을 더 잘할 수 있는 방법에 대해 강의를 하실 예정입니다. 박사님은 잠이야 말로 학생들이 수업 시간에 좋은 성과를 내는 데에 가장 중요한 것 중 하나라고 완곡하게 주장하고 계십니다. 편안하게 밤을 보내는 휴식을 취하면 여러분들이 수업 중에 집중을 더 잘 할 수 있습니다. 그럼, Smith 박사님을 환영해 주세요.

Q. 이 말을 듣는 사람들이 다음에 하게 될 일은?
① 발표회를 한다
② 생물학에 대해 배운다
③ 초청 연사의 말을 듣는다
④ 수업 중에 말하는 방법을 배운다

초청 연사에 대해 소개하면서 그의 강의가 있을테니 환영해 달라고 사회자가 말하고 있습니다.

• guest speaker   초청 연사
• lecture   강의
• perform   수행하다
• suggest   넌지시 비치다
• focus   집중하다

27 Script

(M) The City of Paris is the largest city in France. Paris is also the Capital of France. It is the most populated city in all of Europe. Paris is also known for the Eiffel Tower that was built in 1889. The Eiffel Tower is important because it became a symbol of France. The tower is the tallest building in Paris. It is one of the most famous structures in the world today.

파리시는 프랑스에서 가장 큰 도시입니다. 파리는 프랑스의 수도이기도 합니다. 파리는 유럽 전역을 통틀어 가장 인구가 많은 도시입니다. 파리는 1889년에 지어진 에펠탑으로도 유명합니다. 에펠탑은 프랑스의 상징이 되었기 때문에 중요합니다. 이 탑은 파리에서 가장 높은 건물입니다. 오늘날 세계에서 가장 유명한 건축물 중의 하나입니다.

Q. 에펠탑에 대해 언급되지 않은 것은?
① 1889년에 지어졌다.
② 프랑스의 상징이다.
③ 파리에서 가장 높은 빌딩이다.
④ 파리시 중심에 있다.

파리의 상징이고 가장 높은 빌딩이지만 파리 중심에 있다는 언급은 없습니다.

• capital   수도
• the most populated   인구가 많은
• be known for ~   ~로 알려져 있다
• structure   건축물

28 Script

(W) This mammal is known to live in dry desert areas. They are native to hot climates and are used as working animals to provide transportation and carriage. They have humps that stores fat that prevents heat to be trapped in its body. This mammal is adapted to hot environments and can endure long periods of time without water. Native people in the desert use these animals when travelling across a desert.

이 포유동물은 건조한 사막 지역에서 산다고 알려져 있습니다. 이들은 더운 지역이 원산지이고 교통 수단과 마차의 역할을 제공하기 위해 일하는 동물로 이용됩니다. 이들은 혹을 갖고 있는데 열이 몸 속에 갇히는 것을 방지하는 지방을 여기에 저장하고 있습니다. 이 포유동물은 더운 환경에 적합하며 물 없이도 오랜 시간 동안 견딜 수 있습니다. 사막의 원주민들은 사막을 횡단 여행할 때 이 동물들을 사용합니다.

Q. 화자가 설명하는 것은 어떤 포유동물인가?
① 하마   ② 말   ③ 낙타   ④ 원숭이

건조한 사막 지대에 살면서 사람들의 교통 수단이 되고, 혹이 있으며 물 없이도 오래 견디는 포유동물은 낙타입니다.

• mammal   포유동물
• be known to ~   ~한다고 알려져 있다
• dry   건조한, 마른
• desert   사막
• area   지역
• native   토박이의, 타고난
• climate   기후
• provide   제공하다
• transportation   교통, 교통 수단
• carriage   마차
• hump   (낙타의) 혹
• store   저장하다
• fat   지방
• prevent   막다, 방지하다
• trap   가두다
• adapted to ~   ~에 알맞은
• environment   환경
• endure   견디다
• period   기간
• without   ~ 없이
• across   ~을 횡단하여

29 Script

(M) It is important to be prepared when going to the airport. You should always remember to bring your plane ticket, passport and identification card. Also, be prepared by having them in your hand so that they are easy to reach because they will be checked at the airport. Be sure your luggage is closed so your things will not fall out. Thank you and have a safe flight.

공항에 갈 때에는 준비가 되어 있는 것이 중요합니다. 당신은 항공권, 여권, 그리고 신분증을 갖고 가야 한다는 것을 늘 기억하고 있어야 합니다. 또한 그것들을 공항에서 확인할 테니까 손에 들고 다님으로써 닿기 쉽게 준비를 하십시오. 당신의 수하물이 잘 닫혀져 있어서 내용물이 빠져 나오지 않도록 확인하세요. 감사합니다, 안전한 비행기 여행이 되세요.

Q. 승객들은 공항으로 출발하기 전에 무엇을 준비해야 하는가?
① 항공권　　　　　　② 비행 스케줄
③ 호텔 정보　　　　　④ 여분의 여권 복사본

앞부분에서 공항갈 때 항공권, 여권, 신분증을 준비해야 한다고 했습니다.

- remember to ~ ~할 것을 기억하다
- plane ticket 항공권
- passport 여권
- identification card 신분증
- so that ~ ~하도록
- reach 손에 닿다
- luggage 수하물, 짐 (= baggage)
- flight 비행기 여행

30 Script

(W) Hello everybody. The band will be here shortly. I apologize for the delay of this concert. Please stay in line and have your tickets ready. If you need to use the restrooms, they are located to the left. If you are hungry, the food stands are to the right. If you get out of the line, you must go to the end of the line. Thank you for your patience.

여러분 안녕하세요. 잠시 후 밴드가 이곳으로 올 예정입니다. 이 콘서트가 지체된 것에 대해 사과드립니다. 줄을 서서 입장권을 준비해 주세요. 화장실을 사용하셔야 되면 그것들은 왼쪽에 있습니다. 시장하시면 음식 판매대는 오른쪽에 있습니다. 만약 줄에서 나오시면 줄의 가장 뒤로 가셔야 합니다. 참고 기다려 주셔서 감사드립니다.

Q. 위 안내 방송 내용으로 알 수 없는 것은?
① 콘서트가 지연되고 있다.
② 입장객들은 음식물을 갖고 들어갈 수 없다.
③ 화장실은 왼쪽에 위치해 있다.
④ 사람들은 입장전에 티켓을 준비하고 있어야 한다.

배가 고플 때 이용할 수 있는 음식 판매대에 대한 위치 정보는 언급되었지만 음식물을 들고 들어갈 수 없다는 내용은 언급되지 않았습니다.

- shortly 잠시 후, 곧
- apologize for ~ ~에 대해 사과하다
- delay 늦어짐, 지체
- be located ~ ~에 위치하다
- get out of ~ ~에서 나오다
- patience 인내

Section 2 Reading Part

Part 5
본문 88~89쪽

1. ②　2. ①　3. ③　4. ③　5. ④
6. ③　7. ①　8. ④　9. ②　10. ③

소년은 친절하게 노파가 붐비는 거리를 건너는 것을 도와 주었다.

② help → helped
주어 The boy는 3인칭 단수이기 때문에 동사 help가 원형 그대로 쓰일 수는 없습니다. 내용상 일어난 일을 묘사하고 있으므로 과거형 helped가 더 자연스럽습니다.

- kindly 친철하게
- help A ~ A가 ~ 하는 것을 돕다
- cross 건너다
- busy 붐비는

집을 떠날 때 문 잠그는 것 잊지 마.

① locking → lock
「remember + to 부정사」는 '~할 것을 기억하다'의 뜻입니다. 때나 조건을 나타내는 부사절에서 현재가 미래를 대신하므로 ③은 현재형 leave가 맞습니다.

- lock 잠그다
- leave 떠나다

저 새로운 아파트들은 2016년 1월에 완공될 예정이다.

③ complete → completion
for는 전치사이므로 뒤에 오는 목적어는 명사 또는 동명사가 되어야 하므로 동사원형은 올 수 없습니다.

- due ~ 하기로 예정된
- complete 완성하다 (cf. completion 완성)

여러 가지 주제들이 리포트를 위해 학생들에 의해 준비될 예정이었다.

③ prepare → prepared
be 다음에 오는 일반동사는 원형 그대로 올 수 없고 진행의 의미인 현재분사(~ing)나 수동의 의미인 과거분사가 와야 하는데 주어 topics는 '준비되는' 것이어서 수동의 의미가 되므로 과거분사(prepared)가 적절합니다.

- several 여러 가지의
- topic 토픽, 주제
- be prepared by ~ ~에 의해 준비되다

다음 주 월요일은 국경일이고 우리는 그날 시스템을 전체적으로 폐쇄할 계획입니다.

④ entire → entirely
entire(전체적인)는 형용사이며 동사 shut을 수식하기 위해서는 부사 entirely(전체적으로)가 필요합니다. to부정사는 to와 동사원형 사이에 부사가 들어갈 수 있습니다.

• national holiday 국경일
• be planning to ~ ~ 할 계획이다
• entire 전체적인 (cf. entirely 전체적으로)
• shut down 폐쇄하다, 닫다, 중지하다
• on that day 그날

어두운 방을 밝히기 위해 전등을 켜라.

단어의 품사를 구분할 수 있어야 합니다. 빈칸 앞에 to부정사의 to가 있으므로 빈칸에는 동사원형이 필요합니다.

• turn on (전열기 등을) 켜다 (↔ turn off)
• dim 어둑한, 흐릿한
• brightly 밝게
• brighten 밝히다
• brightness 밝음

Tina는 해야 할 숙제가 있었기 때문에 계획을 연기하기 위해 Nick에게 전화를 했다

문장 전체의 시제가 과거이므로 시제 일치를 위해 she 다음에는 have의 과거형이 와야 합니다.

• call ~에게 전화하다 (call-called-called)
• postpone 연기하다

단지 우중충한 날이었음에도 불구하고, Lily는 비가 올 때를 대비해서 우산을 챙겨왔다.

① 심지어 지금도   ② 그때까지도
③ 더욱 나중에   ④ ~임에도 불구하고

콤마로 이어진 두 개의 절의 내용이 반전이 이루어지고 있습니다. Lily는 단지 우중충한 날이었지만 대비하는 마음으로 우산을 가져왔으므로 '~에도 불구하고'라는 의미의 접속사가 필요합니다.

• just 단지
• gloomy 음울한, 어둑한
• in case ~ 경우에 대비해서
• even though ~임에도 불구하고 (= even if = although)

게임에서 어느 팀이 이길지는 예측하기 어려웠다.

baseball을 수식하면서 '어느, 어떤'의 뜻을 가진 말은 which입니다.

• predict 예측하다
• win (경기를) 이기다; 우승하다

판사는 범죄자를 유죄라고 선언하기 전에 합리적인 증거를 들어보기를 원했다.

① 이유   ② 추리, 추론
③ 합리적인, 타당한   ④ 합리적으로; 상당히

단어의 품사와 정확한 의미를 알아야 합니다. 명사 evidence를 앞에서 수식해야 하므로 형용사가 필요합니다.

• judge 판사
• evidence 증거
• declare 선언하다
• criminal 범죄자
• guilty 유죄의, 죄가 있는

Part 6				본문 90~91쪽
11. ①	12. ②	13. ②	14. ④	15. ①
16. ④	17. ③	18. ③	19. ③	20. ④

회사의 소유주는 자신의 회사가 판매를 증대시키기 위해 광고를 더 했어야 했다는 것을 깨달았다.

① 했어야   ② 깼어야
③ 멈추었어야   ④ 막았어야[방지했어야]

should have p.p.는 '~했어야 했다 (그런데 하지 않아 후회스럽다)'의 표현입니다. 문맥이 자연스러워지도록 알맞은 단어를 고릅니다.

• owner 소유자, 소유주
• realize 깨닫다 (realize-realized-realized)
• advertising 광고
• increase 증가시키다

그는 점심을 먹으러 나가기 위해 T셔츠에 모자를 착용하기로 결심했다.

① 밖에   ② ~와 함께
③ ~옆에   ④ ~ 사이에

with는 '~와 함께'의 뜻이고, beside은 '~ 옆에', between은 '~ 사이에'의 의미입니다.

• choose to ~ ~ 하기로 결정하다, 선택하다
  (choose-chose-chosen)

초목과 꽃들이 봄철 동안 꽃을 피우기 시작했다.

① ~에 대해   ② ~ 동안
③ ~ 아래   ④ ~에 대해

'꽃을 피우기 시작했다'라는 말과 '봄철'과 가장 자연스럽게 연결되는 단어를 찾습니다.

• plant   초목
• bloom   꽃을 피우다, 꽃이 피다

Timothy는 혼자서 등교할 때 항상 <u>조심스럽게</u> 길을 건너려고 노력합니다.

① 거의   ② 매우
③ 깊이   ④ 조심스럽게

등교할 때마다 길을 건너는 모습을 수식하는 말로 가장 자연스러운 부사를 찾습니다.

• cross   건너다, 횡단하다
• by oneself   혼자서

나는 새 집으로 이사를 갈 예정이기 때문에 이번 주말을 <u>기다리고</u> 있습니다.

① 기다리고 있다
② 만나기를 원하고 있다
③ 돌보아 주고 있다
④ 조심하는 중이다

새 집으로 들어가게 되어서 이번 주말을 (주말에 이사를 갈 예정이므로) '기다리고 있다'라고 말하는 것이 가장 자연스러운 표현입니다.

• move into ~   ~로 이사해 들어가다

Johnny와 Paul은 두 사람이 다른 문화적 <u>배경</u>을 갖고 자랐지만 대학교에서 가장 친한 친구들이었다.

① 시간   ② 미래
③ 센터   ④ 배경

although는 '~임에도 불구하고'라는 의미의 접속사입니다. 문맥상 문화적인 '배경'이 다른 상황에서 자랐지만 가장 친한 친구가 되었다고 보는 것이 자연스럽습니다.

• although   비록 ~이긴 해도
• university   대학교
• grow up   성장하다, 어른이 되다
  (grow-grew-grown)

그 개는 철제 담장을 <u>뛰어 넘어</u> 거리로 달렸다.

① 놓았다   ② 잡았다
③ 뛰어 넘었다   ④ 던졌다

개는 거리로 달리기 전에 철제 담장이 있어 그것을 뛰어 넘었을 것으로 생각하는 것이 가장 타당합니다.

• iron   철
• fence   울타리, 담장

우리 뒤뜰이 심한 폭풍으로 파괴되어 <u>유감이었다</u>.

① 잘된   ② 멋진
③ 유감스러운, 불운한   ④ 실패한(성공적이지 못한)

It was ~ that ...의 구문은 '...는 ~이었다'로 해석합니다. It이 가주어로 내용적으로는 that 이하가 주어입니다.

• backyard   뒤뜰, 뒷마당
• destroy   파괴하다
• storm   폭풍, 폭풍우

어린이들은 건강을 유지하기 위해 운동을 <u>규칙적으로</u> 하는 것이 중요하다.

① 드물게   ② 시끄럽게
③ 규칙적으로   ④ 빈번하지 않게

건강을 유지하기 위해 운동을 '규칙적으로' 하는 것이 가장 타당합니다.

• children   어린이들 (sg. child)
• remain   ~한 상태를 유지하다
• healthy   건강한

그녀는 좋은 분위기로 <u>시작했지만</u> 결국에는 나쁜 날을 보내고 말았다.

① 벗었다   ② ~에 의해 들어갔다
③ (나누어) 주었다   ④ 시작했다

but은 앞뒤에 상반된 내용이 오는 것이 자연스럽습니다. but 뒤에는 좋지 않은 의미의 내용이므로 but 앞에는 이와 상반된 내용이 와야 합니다.

• end up ~ing   결국에는 ~하게 되다

Part 7				본문 92~99쪽
21. ①	22. ④	23. ①	24. ③	25. ④
26. ④	27. ②	28. ④	29. ①	30. ②
31. ④	32. ②	33. ②	34. ③	35. ②

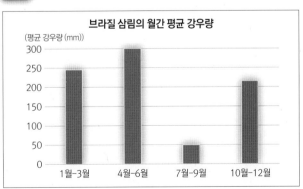

Q. 위 그래프에 의하면 다음 중 사실인 것은?
① 평균 강우량은 4월에서 6월 사이에 최고에 달한다.
② 1월부터 3월 사이 강우량이 가장 적다.
③ 브라질은 1월부터 3월까지의 강우량이 300mm이상이었다.
④ 브라질은 10월부터 12월 사이의 강우량이 7월부터 9월 사이 강우량의 두 배였다.

강우량이 가장 많은 시기는 4~6월, 그 다음이 1~3월, 그 다음이 10~12월이며 가장 적은 때는 7~9월입니다.

• monthly 월간의, 매월의
• average 평균적인
• rainfall 강우(량)
• least 가장 적은 (little-less-least)
• reach ~에 이르다, 달하다

 22

Eric의 토요일 학습 계획	
과목	시간
읽기 / 언어	1시간
수학	45분
과학 / 사회	30분
역사	45분
총계	3시간

Q. Eric의 학습 계획을 통해 알 수 있는 것은?
① Eric이 가장 좋아하는 과목은 읽기이다.
② Eric은 주말에 세 시간 동안만 공부한다.
③ Eric은 시험 시간을 추산하기 위해 학습 계획을 만들었다.
④ Eric은 똑같은 시간만큼 수학과 역사를 공부한다.

토요일에 Eric의 공부할 계획을 담은 학습 계획표가 소개되고 있으며 수학과 역사는 똑같이 45분 동안 공부합니다.

• language arts 언어 (과목)
• mathematics 수학
• social studies 사회
• estimate 추산하다, 추정하다

 23

신나는 2015 여름 캠프 Expo 2015		
주간 캠프	야간 캠프	학교
학급과 강좌	여름 재미	이전 페이지 LA부모.com
곧 오픈 예정	곧 오픈 예정	출품자 되기
푸드 코트 (쿠폰과 할인)	잡화점	캠핑 기사

오늘 가입해서 여름 캠프에 대해 더 많이 알아보기 바랍니다.

Q. 이 웹사이트에 언급되지 않은 것은?
① 여름 캠프는 6월에 시작한다.
② 푸드 코트에서 사용할 쿠폰이 있다.
③ 읽을 수 있는 캠핑 기사가 있다.
④ 주간 캠프와 야간 캠프 모두 있다.

여름 캠프에 대해 소개하고 있으나 언제 시작하는지 또는 언제 끝나는지는 나와 있지 않습니다.

• expo 전람회, 박람회
• day 주간, 낮
• overnight 야간의
• previous 예전의
• exhibitor 전시회 출품자

 24

> 보내는 사람: Lucy
> 받는 사람: Bob
> 제목: 기금 모금 행사
>
> 안녕, Bob!
> 나는 내일 기금 모금 행사가 있어. 우리가 모금하는 돈은 아프리카에 있는 어린이들의 자선 단체로 보내질 거야. 나는 네가 이 행사와 관련해 나를 기꺼이 도와줄 수 있는지 물어보고 싶구나.
> 네가 도와 줄 수 있다면 멋질 것 같아. 나에게 알려 줘! 고마워!
> Lucy

Q. 이메일을 쓴 목적은 무엇인가?
① 행사가 언제 시작하는지 말해 주려고
② Bob에게 행사가 내일이라고 말해 주려고
③ 기금 모금 행사에 도움을 요청하려고
④ 어린이 자선 단체에 기부를 요청하려고

기금 모금 행사(fund-raising event)를 하니 도와달라는 것으로 모아진 돈이 자선 단체로 보내질 거라고 말하고 있습니다.

• fund-raising 기금 모금
• raise (자금을) 모으다
• charity 자선단체
• be willing to ~ 기꺼이 ~할 의사가 있는
• purpose 목적
• ask for ~ ~을 요청하다
• donation 기부

 25

> 이번 주 금요일에 할 일
> ☑ 세탁소에서 학교 교복 찾기
> ☑ 오후 2시까지 도서관 책 반납하기
> ☑ 시장에 들러 우유와 빵 사기
> ☑ 미용실에 가서 머리 자르기

Q. 점검표에 관해 사실이 아닌 것은?
① 시장은 우유와 빵을 판매한다.
② 학교 교복은 세탁소에 있다.
③ 도서관 책은 오후 2시까지 반납해야 한다.
④ 점검표에 있는 내용들은 매주 금요일마다 할 일들이다.

점검표 제목에 this Friday(이번 주 금요일)이라고 나와 있으므로 매주 금요일마다(every Friday)에 할 일이 아닙니다.

• pick up (~에 들러) ...을 찾아오다
• dry cleaner's 세탁소
• get a hair cut 머리를 자르다

시상식은 웨스턴 고등학교에서 1년에 한 번 열립니다. 학생들에게 미술, 드라마 그리고 음악 분야에서 그들이 성취한 것에 대해 경의가 표해지고 그들에게 공로가 인정됩니다. 학생들 모두는 1년 내내 탁월한 성과를 거두었습니다. 시상식 동안 학교측은 금년의 음악 연주회의 비디오 하이라이트를 준비합니다. 엄선된 그림들이 화랑에 전시됩니다. 학생들은 시상식에 가족과 친구들을 초청할 수 있습니다.

Q. 이 글의 주요 내용은 무엇인가?
① 탁월한 성과를 거둔 학생들의 공로 인정
② 엄선된 미술 대회 수상자들의 그림 전시
③ 음악 분야 학생들의 음악 연주회
④ 미술, 드라마, 음악 분야에 뛰어난 학생들에 대한 시상식

시상식에 대한 안내글입니다. 시상식의 취지와 의미 그리고 예정된 행사 등이 소개되고 있습니다.

• awards ceremony   시상식
• honor   경의를 표하다
• recognize   (공로를) 인정하다, 평가하다
• achievement   성취한 것, 업적
• performance   성과, 실적; 연주회
• selected   엄선된, 선택된
• display   전시하다
• be allowed to ~   ~하도록 허락되다
• attend   참석하다

포유동물과는 달리 파충류는 냉혈동물이다. 파충류는 비늘과 가죽 같은 피부로 덮여 있고 반면에 포유동물은 모피나 털로 덮여 있어 몸을 따뜻하게 유지한다. 파충류는 냉혈동물이기 때문에 따뜻한 곳에서 쉬기를 좋아한다. 파충류는 포유동물처럼 새끼를 낳는 대신에 알을 낳는다. 파충류는 공룡이 있던 시절보다 그 이전부터 있어 왔다. 파충류에는 뱀, 악어, 도마뱀, 그리고 거북이가 포함된다.

Q. 파충류에 대해 사실인 것은?
① 살아있는 새끼를 낳는다.
② 피부에 비늘이 있다.
③ 온혈동물이다.
④ 공룡시대 이전에는 없었다.

두 번째 문장에서 비늘과 가죽 같은 피부로 덮여 있다고 언급하고 있습니다. 알을 낳은 냉혈동물로 공룡보다 더 일찍 존재했었다는 내용도 나와 있습니다.

• unlike   ~와는 달리 (↔ like)
• reptile   파충류
• cold-blooded   냉혈의 (↔ warm-blooded)
• scale   비늘
• leathery   가죽 같은
• fur   털, 모피
• since   ~이기 때문에
• lay eggs   알을 낳다
• live birth   정상 출산
• around   주변에 있는
• dinosaur   공룡
• alligator   악어

Robin Hood의 이야기는 잘 알려진 영국의 민간 설화이다. Robin Hood는 아주 숙련된 검객이자 궁수였다. 그는 부자들과 싸워 가난한 사람들에게 돈을 나눠준 것으로 유명하다. Robin Hood는 전통적으로 영웅으로 간주된다. 왜냐하면 자신이 가난해서 가난한 사람들을 도왔기 때문이다. Robin Hood는 부자들로부터 돈을 훔쳤기 때문에 범죄자가 되었다. 비록 그는 범죄자였지만 여전히 가난한 사람들을 돕기 위한 모든 노력을 기울였다.

Q. 왜 Robin Hood는 범죄자로 간주되는가?
① 그는 적들과 싸웠다.
② 그는 가난한 사람들만 도왔다.
③ 그는 경찰과 싸웠다.
④ 그는 부자들로부터 돈을 훔쳤다.

마지막 두 문장에서 Robin Hood는 부자들에게서 돈을 훔쳐 범죄가로 간주되지만 여전히 가난한 사람들을 도왔다는 내용이 나와 있습니다.

• well-known   잘 알려진
• forktale   민간 설화
• skilled   숙련된
• swordsman   검객
• archer   궁수, 활쏘는 사람
• the rich   부유한 사람들 (= rich people)
• traditionally   전통적으로
• view   ~라고 여기다, 생각하다
• criminal   범죄자
• steal   훔치다 (steal-stole-stolen)
• although   비록 ~이지만 (= even if, even though)
• effort   노력
• enemy   적 (pl. enemies)

한 연구가 운전 중에 휴대전화으로 통화하면 교통 사고의 가능성이 높아진다는 것을 보여 주고 있다. 젊은 운전자들은 전화를 하거나 문자를 보내느라 경험이 많은 운전자들보다 휴대전화를 더 자주 쓰고 있다. 이들 젊은 운전자들은 면허증을 몇 년 밖에 안되는 적은 기간 동안만 갖고 있었기 때문에 운전 능력이 떨어진다. 미국의 일부 주에서는 교통 사고를 최소화하기 위해 젊은 운전자들의 운전 중 휴대전화 사용을 금지했다.

Q. 이 글을 통해 알 수 있는 것은?
① 휴대폰은 교통 사고의 원인이 될 수 있다.
② 미국에서 운전하는 것은 아주 위험하다.
③ 경험 많은 운전자들은 휴대폰을 전혀 사용하지 않는다.
④ 어른을 태우고 운전은 하는 것이 교통 사고를 피하는 최선의 방책이다.

첫 번째 문장에서 알 수 있습니다. 특히 운전 경험이 적어 운전 능력이 상대적으로 부족한 젊은 운전자들이 운전 중 휴대폰을 많이 쓰고 있어 사고의 위험이 높다는 내용의 글입니다.

• study   연구, 조사
• increase   증가시키다
• text   (휴대전화로) 문자를 보내다
• little   (시간, 거리가) 짧은
• for as little as ~   ~ 밖에 안 되는 짧은 기간 동안
• ban A from ~ing   A가 ~하는 것을 금지하다 (ban-banned-banned)
• minimize   ~을 최소화하다
• cause   야기하다, 원인이 되다

30~31

안경을 쓰는 사람들이 모두 똑같은 시력의 문제를 갖고 있지 않을 수 있다. 여러 가지 타입의 시력 문제가 있다. 정상적인 시력을 갖고 있으면 눈은 한 가지 이미지에 세밀하게 집중할 능력이 있다. 하지만 근시가 있으면 사람들은 먼 거리에서는 물체를 볼 수가 없다. 이들은 사물을 가까이에 두고서야 볼 수 있다. 원시가 있으면 사람들은 가까이에서는 물체를 보지 못한다. 그들의 시력은 먼 거리에 있는 사물을 볼 때 더 좋아진다.

30. 이 글의 제목으로 가장 적절한 것은?
① 사물을 통해 시력 설명하기
② 다양한 시력 문제들
③ 눈병을 예방하는 방법들
④ 착용할 안경의 다양한 형태들

31. 시력에 대해 알 수 있는 것은?
① 더 많은 성인들이 원시를 경험한다.
② 안경은 모든 시력 문제에 도움을 준다.
③ 네 가지 타입의 시력 문제가 있다.
④ 원시를 가진 사람들은 먼 거리에 있는 물체를 더 잘 본다.

30. 안경을 쓰는 사람들의 시력 문제는 동일하지 않고 여러 가지 종류가 있다고 했습니다.

31. 시력 문제와 관련해 근시와 원시의 예를 들어 설명하고 있습니다. 원시는 가까운 사물보다 멀리 있는 사물을 더 잘 볼 수 있는 시력을 가르킵니다.

• vision   시력
• normal   정상적인
• ability   능력
• focus   집중하다
• in detail   상세하게, 세밀하게
• nearsightedness   근시
• object   물체, 사물
• distance   거리
• farsightedness   원시

32~33

중세 유럽의 의학은 오늘날의 그것과 아주 달랐다. 아픈 사람들을 위한 병원이 거의 없었다. 많은 병원들은 사실은 종교적이었고 수도사나 수녀에 의해 운영되었다. 일부 병원들은 의료 뿐아니라 다른 목적에도 헌신했다. 가난한 사람들이나 여행자들을 위한 병원들이 있었다. 사람들이 아프면 그들은 지역 의사에게 와서 자기들을 봐 달라고 부탁해야 했거나, 의사의 집이나 작은 가게로 가야 했다.

32. 이 글 전체에 나타난 작가의 논조는?
① 비판적인   ② 정보를 제공하는
③ 설득적인   ④ 제안적인

33. 중세 병원에 대해 사실이 아닌 것은?
① 숫적으로 드물었다.
② 종교와 전혀 관련성이 없었다.
③ 대부분의 의사들은 병원에서 일하지 않았다.
④ 많은 것들이 수도사와 수녀에 의해 운영되었다.

32. 중세 시대의 병원에 대해 객관적인 시각에서 정보를 제공하는 글입니다.

33. 중세 시대의 병원은 오늘날과 달리 종교적이어서 수도사나 승려에 의해 운영된다고 했습니다.

• medicine   의학; 약
• medieval   중세의
• be different from ~   ~와 다르다
• those who   ~하는 사람들
• religious   종교적인
• run   운영하다 (run-ran-run)
• monk   수도사, 승려
• nun   수녀
• be dedicated to +명사   ~에 바쳐지다
• not only A but also B   A뿐만 아니라 B
• medical care   의료
• purpose   목적
• local   지역의
• scarce   부족한, 드문

34~35

미국에서는 어머니날이 5월에 있다. 어머니들에게 경의를 표하고 감사하는 특별한 날이다. 이 날에는 꽃, 카드 그리고 캔디가 어머니들에게 선물로 종종 주어진다. 선물은 당신의 어머니에게 그리고 어머니가 당신을 위해 해 준 모든 것에 대해 감사하는 마음을 보여 준다. 한 가지 흔한 전통은 당신이 얼마나 어머니를 배려하고 사랑하는지를 보여 주기 위해 저녁식사를 대접하러 모시고 나가는 것이다.

34. 이 글은 주로 무엇에 관한 것인가?
① 가족에게 경의를 표하기 위해 무엇을 해야 하는가
② 가족과 함께 기념할 국경일들
③ 어머니날의 의미와 전통
④ 어떻게 어머니날이 미국에서 발전되었는가

35. 어머니날에 대해 사실이 아닌 것은?
① 미국에서는 5월에 이 날을 기념한다.
② 어머니에게 사탕을 주는 것은 흔치 않은 전통이다.
③ 꽃과 카드가 종종 어머니날의 선물로 사용된다.
④ 어머니를 모시고 나가서 저녁식사를 대접하는 것은 감사를 표시하는 한 가지 방법이다.

34. 미국의 어머니날이 언제인지, 어떤 의미를 가지는지, 감사의 마음을 어떻게 표현하는지 소개하고 있습니다.

35. 어머니에게 감사하는 마음으로 꽃과 카드, 캔디를 자주 선물로 준다고 했으므로 흔하지 않은 전통이라는 말은 사실과 다릅니다.

• honor   ~에게 경의를 표하다
• appreciate   고마워하다
• common   흔한
• tradition   전통
• take out to dinner   나가서 저녁을 사 주다
• care   배려하다

Section 3   Writing Part

Part 8   본문 100~101쪽

1. is   2. that   3. to
4. How can I get there
5 The man is taking a picture with a camera.

1~3

2007년 한국의 만리포 해변에서 2. 발생한 재앙적인 기름 유출을 깨끗이 제거하기 위해 75,000명의 경찰관, 군인, 공무원, 그리고 자원봉사자들이 힘을 합쳐 함께 일한 것은 고무적 1. 이다. 대부분의 자원봉사자들은 그 지역 시민이 아니었지만 그들은 이 지역을 위해 뭔가 3. 해야 한다고 생각했다. 그들 모두가 원했던 것은 환경을 보호하고 해변을 원래대로 복구하는 것이었다.

1. It is ~ that의 구문으로 that 이하가 문장의 주어입니다. It과 형용사(inspiring) 사이에는 be동사가 들어가야 하는데 시제가 현재입니다.

2. 선행사 oil spill을 수식하는 관계절이 뒤에 연결되어 있으므로 빈칸에는 주격 관계대명사가 which 또는 that이 필요합니다.

3. 「need to+동사원형」은 '~을 할 필요가 있다, ~ 해야 한다'의 뜻을 나타내는 표현입니다.

- inspiring 고무적인
- military officer 군 장교
- civil servant 공무원
- volunteer 자원봉사자
- disastrous 처참한, 재앙적인
- oil spill 기름 유출
- region 지역
- environment 환경
- restore 원상복구하다

 4

A: 안녕, Diana, 너의 학급에서 어떻게 지내니?
B: 숙제 때문에 어려움을 겪고 있어.
A: 내가 너의 숙제를 도와 줄 수 있지. 우리집으로 와.
B: 거기에 어떻게 가면 되지?
A: 버스를 타면 돼.

A가 자기 집으로 오라고 하고 있고 마지막 말에서 버스를 타라고 말하고 있으므로 빈칸에는 어떻게 가야 할지를 묻는 말이 자연스럽습니다.

- How are you doing? 어떻게 지내니?
- have trouble with ~ ~에 어려움을 겪고 있다

5

남자가 카메라로 사진을 찍고 있다.

주어는 남자(The man), 동사는 진행형을 써고(is taking a picture), 부사구(with a camera)의 순서로 단어를 연결합니다.

- take a picture 사진을 찍다 (= take a photo)

실전모의고사 3

Section 1 Listening Part

Part 1   본문 104~105쪽

1. ①   2. ④   3. ③   4. ④   5. ①

1 ▷ Script

① The girl is sitting in a chair.
② The girl is spinning the globe.
③ The girl is touching the telescope.
④ The girl is looking out the window.

① 소녀는 의자에 앉아 있다.
② 소녀는 지구본을 돌리고 있다.
③ 소녀는 망원경을 만지고 있다.
④ 소녀는 창 밖을 내다보고 있다.

소녀는 의자에 앉아서 무릎 위에 뭔가를 펴 놓고 쓰고 있습니다.

- spin 돌리다, 회전시키다
- globe 지구본
- touch 만지다
- telescope 망원경 (cf. binoculars 쌍안경)
- look out (of) the window 창 밖을 내다보다

2 ▷ Script

① The boy is wearing a hat.
② The girl is holding a parasol.
③ The boy is looking at the birds.
④ The boy and the girl are rowing a boat.

① 소년은 모자를 쓰고 있다.
② 소녀는 양산을 들고 있다.
③ 소년은 새들을 보고 있다.
④ 소년과 소녀는 배를 젓고 있다.

소년과 소녀가 보트에서 마주보며 즐겁게 노를 젓고 있습니다.

- parasol 양산
- row 노를 젓다

3 ▷ Script

① There are some books on the floor.
② A dinner plate is sitting on the table.
③ The lap top computer is on the table.
④ There are two chairs next to the window.

① 바닥에 책이 몇 권 있다.
② 저녁용 접시가 테이블 위에 올려 놓아져 있다

47

③ 노트북 컴퓨터가 테이블 위에 있다.
④ 창문 옆에 의자가 두 개 있다.

빈 의자 옆의 테이블 위에 노트북 컴퓨터와 찻받침과 찻잔이 놓여져 있습니다.

• floor   바닥
• plate   접시
• lap top computer   노트북 컴퓨터
• next to ~   ~ 옆에 (= by)

4 ▷ Script

① All the students are standing straight.
② The boy is reaching for a computer mouse.
③ The girl in the middle is typing on the keyboard.
④ All the students are looking at the computer monitor.

① 모든 학생들이 똑바로 서 있다.
② 소년은 컴퓨터 마우스를 향해 손을 뻗고 있다.
③ 중앙에 있는 소녀가 키보드로 타이핑을 하고 있다.
④ 모든 학생들이 컴퓨터 화면을 보고 있다.

가장 오른쪽에 있는 학생은 앉아서 키보드로 타이핑을 하고 있고 세 학생 모두 컴퓨터 화면을 보고 있습니다.

• straight   똑바로, 곧게
• reach for ~   ~을 향해 손을 뻗다
• in the middle   중앙에, 가운데에

5 ▷ Script

① One of the men is holding a basketball.
② One of the women is wearing sunglasses.
③ The people are jogging on a basketball court.
④ The people are participating in a tennis match.

① 남자들 중 한 명은 농구공을 들고 있다.
② 여자들 중 한 명은 선글라스를 쓰고 있다.
③ 사람들은 농구 코트에서 조깅을 하고 있다.
④ 사람들은 테니스 시합에 참가하고 있다.

농구 코트에서 여러 명의 사람들이 걸어 나오고 있습니다. 남자 한 명이 농구공을 들고 있고 아무도 선글라스를 쓰지 않았습니다.

• men   남자들 (sg. man)
• women   여자들 (sg. woman)
• basketball   농구공, 농구
• participate in ~   ~에 참가하다

Part 2 본문 106쪽

6. ② 7. ③ 8. ④ 9. ② 10. ④

6 ▷ Script

M: Hello. I'd like to reserve a table for dinner tonight.
W: Certainly, Sir. May I have your name, please?
M: Jack Greenwood.
W: How many people are in your party?
M: Five, including me.

남자: 안녕하세요. 오늘밤 저녁식사를 위해 자리를 예약하고 싶어요.

여자: 그러세요, 손님. 성함을 말씀해 주시겠어요?
남자: Jack Greenwood입니다.
여자: 일행이 모두 몇 명인가요?
남자: 저를 포함해 5명입니다.

① 6시에.
② 저를 포함해 5명입니다.
③ 그들은 모두 바빴습니다.
④ 훌륭한 파티였습니다.

How many people ~?로 모두 몇 명이 올지를 묻고 있으므로 ② '저를 포함해 5명입니다.'가 적절한 대답입니다.

• reserve   예약하다 (= make a reservation)
• party   일행
• including   ~을 포함해서

7 ▷ Script

W: What are all those? Are you throwing a party?
M: Of course. We are going to throw a farewell party for Sally.
W: Really? Why didn't I know that?
M: Didn't I tell you?
W: No, You didn't

여자: 저것들은 다 뭐야? 너 파티 열려고 하니?
남자: 물론이지. 우리는 Sally에게 작별 파티를 열어 줄 예정이야.
여자: 정말? 왜 나는 그걸 몰랐지?
남자: 내가 얘기 안했니?
여자: 그래, 너는 그러지 않았어.

① 응. 너는 그렇구나.
② 그거 멋지겠다.
③ 그래, 너는 그러지 않았어.
④ 그거 광장했어.

'내가 얘기 안했니?(Didn't I tell you?)'라고 부정문으로 질문했어도 얘기하지 않았다고 대답할 때는 No로 답하는 것을 잊지 말기 바랍니다.

• throw a party   파티를 열다 (= have a party)
• farewell   작별
• awesome   광장한, 기막히게 좋은

8 ▷ Script

M: Hi, Amy. What's going on?
W: Hi, Jack. I'm bored... Oh! Is this your picture album? Can I take a look at it?
M: Sure. Go ahead.
W: Wow. This picture looks really nice. When did you take it?
M: Last summer on Jeju Island.

남자: 안녕, Amy. 무슨 일이니?
여자: 안녕, Jack. 나는 따분해서 ... 아! 이게 너의 사진 앨범이니? 내가 한 번 봐도 될까?
남자: 물론이지. 어서 봐.
여자: 와. 이 사진 진짜 멋있다. 언제 찍었니?
남자: 지난 여름 제주도에서.

① 그게 내 취미야.
② 너를 위해 내가 찍어 줄게.
③ 나 올 여름에 거기 갈 거야.
④ 지난 여름 제주도에서.

When과 함께 과거형(did)으로 묻고 있으므로 대답도 이미 지나간 과거의 어느 시점(last summer)으로 답해야 합니다.

- What's going on? 무슨 일이니? (= What's up?)
- bored 따분해 하는
- take a look at ~ ~을 한 번 보다 (= have a look at = look at)
- Go ahead. 어서 해.

9 Script

W: Hi. How may I help you?
M: Hi. Here's the prescription I got from my doctor.
W: Let me see. (pause) Yes. This is what you need. Take one pill every eight hours.
M: I see … But for how long?
W: For three days.

여자: 안녕하세요. 어떻게 도와 드릴까요?
남자: 안녕하세요. 여기 의사에게서 받은 처방전이 있어요.
여자: 어디 볼까요. (잠시 후) 예. 이것이 당신에게 필요한 것이네요. 8시간마다 한 알씩 드세요.
남자: 알겠습니다… 그런데 얼마 동안요?
여자: 3일 동안입니다.

① 나도 즐겁습니다.[뭘요.]
② 3일 동안입니다.
③ 나는 의사가 아닙니다.
④ 그리 오래되지 않았습니다.

for how long은 '얼마나 오랫동안'의 뜻이므로 남자는 약을 며칠 동안 복용해야 하는지를 궁금해 하고 있습니다. 이에 알맞은 대답은 ② For three days.입니다.

- Here is ~. 여기 ~이 있어요.
- prescription 처방전
- pause 잠시 멈추다; 멈춤
- take 약을 먹다
- pill 알약
- every ~ hours 매 ~ 시간마다

10 Script

M: Do you know who first came up with the concept of the helicopter?
W: I have no idea. Do you know?
M: Of course. It was the famous scientist, Leonardo da Vinci.
W: I thought he was an artist. Are you sure?
M: Yes, I am. I read a book about him yesterday.

남자: 헬리콥터의 개념을 처음 생각해 낸 사람이 누구인지 아니?
여자: 모르겠어. 너는 알아?
남자: 물론. 유명한 과학자 Leonardo da Vinci야.
여자: 나는 그가 예술가라고 생각했는데. 너 확신하니?
남자: 응, 그래. 어제 그에 관한 책을 읽었지.

① 응, 그는 그럴 거야. 그는 똑똑하지.
② 나는 그의 모나리자를 가장 좋아해.
③ 나는 그가 한 말을 믿지 않아.
④ 응, 그래. 어제 그에 관한 책을 읽었지.

Are you sure?(너 확신하니?)에서 You에서 대해 질문했으므로 대답하는 사람을 I로 합니다. 즉, Yes, I am. 혹은 No, I'm not.으로 대답하는 것이 어법에 맞습니다.

- come up with ~ ~을 생각해 내다
- concept 개념
- I have no idea. 나는 모르겠어. (= I don't know.)
- Are you sure? 너 확신하니?, 확실해?

Part 3
본문 107~108쪽

11. ③ 12. ④ 13. ③ 14. ① 15. ③
16. ③ 17. ② 18. ④ 19. ④ 20. ①
21. ② 22. ④ 23. ③ 24. ②

11 Script

W: (Panting) Wait a minute, John.
M: (Panting) What's the matter?
W: My feet are killing me. I don't think I can walk any more.
M: Actually, me, neither. Shall we take a break?
W: Great idea.

여자: (숨을 헐떡이며) 잠깐만, John.
남자: (숨을 헐떡이며) 무슨 일이야?
여자: 내 발이 너무 아파. 나 더 이상 못 걷겠어.
남자: 사실은 나도 그래. 우리 좀 쉴까?
여자: 훌륭한 생각이야.

Q. 잠시 쉬기를 원하는 사람은 누구인가?
① 남자만
② 여자만
③ 남녀 모두
④ 남자도 여자도 아님

여자가 못 걷겠다고 하자 남자가 자기도 힘들다며 쉬자고 하고 이때 여자가 좋은 생각이라고 맞장구를 치고 있습니다. 두 사람 다 쉬고 싶어한다고 볼 수 있습니다.

- pant 숨을 헐떡이다
- matter 문제
- not ~ any more 더 이상 ~ 아닌 (= not ~ any longer)
- neither ~도 마찬가지이다 〈부정문에서〉
- Shall we ~? 우리 ~할까?
- take a break 잠시 쉬다
- neither A nor B A도 B도 ~아닌

12 Script

M: Amy. Where is the nearest public library?
W: There's one near the city hall.
M: Is it open on Sunday?
W: No. It opens only during the weekdays.
M: I see. I'll have to go there next week then.

남자: Amy야. 가장 가까운 공공 도서관이 어디야?
여자: 시청 근처에 하나 있어.
남자: 일요일에 문 여니?
여자: 아니. 평일에만 열어.
남자: 알겠어. 그럼 다음 주에 거기에 가야 할 것 같다.'

Q. 남자는 언제 도서관을 방문할 가능성이 가장 높은가?
① 지금 당장
② 이번 주 토요일
③ 이번 주 일요일
④ 다음 주 어느 평일

여자가 도서관은 평일(weekday)에만 연다고 하자 남자가 다음 주에 간다고 했으므로 다음 주의 어느 평일에 갈 것입니다.

• nearest 가장 가까운 (near-nearer-nearest)
• public 공공의, 대중의
• weekday 평일 (cf. weekend 주말)
• will have to ~ ~해야 할 것 같다

13 Script

W: Where can I find some sweet potatoes?
M: They are right in front of you, Miss.
W: Oh, yes. They look nice. How much are they?
M: They are $10 for a box and we can give a 10% discount for two boxes.
W: I'll take two boxes.

여자: 고구마 어디에 있어요?
남자: 그것들은 당신 바로 앞에 있네요, 아가씨.
여자: 아, 그렇군요. 괜찮아 보이네요. 얼마죠?
남자: 한 상자에 10 달러이고 두 상자 사면 10% 할인해 드려요.
여자: 두 상자 주세요.

Q. 여자는 얼마를 지불해야 하는가?
① 8 달러   ② 10 달러
③ 18 달러   ④ 20 달러

남자의 두 번째 말에서 한 상자에 10 달러인데 두 상자 사면 10% 할인해 준다고 했으니까 20 달러에서 2 달러 할인해 18 달러를 지불하게 됩니다.

• sweet potato 고구마
• right 바로
• discount 할인; 할인하다

14 Script

M: Excuse me. Does this bus stop at Seoul Station?
W: Yes, I'm sure it does.
M: How many stops do we have left until we get there?
W: Let me see. Oh, we have 3 more stops left.
M: Thank you so much.

남자: 실례합니다. 이 버스가 서울역에 서나요?
여자: 네. 틀림없습니다.
남자: 우리가 거기에 갈 때까지 몇 정류장 남았죠?
여자: 어디 보죠. 오, 세 정거장 더 남았네요.
남자: 정말 고마워요.

Q. 이 대화가 일어나고 있는 곳으로 가장 알맞은 것은?
① 버스 안   ② 택시 안
③ 기차 안   ④ 비행기 안

버스가 어느 특정한 장소에 가는지 묻고 또 몇 정류장 남았는지 확인을 하고 있으므로 버스 안에서 나누는 대화입니다.

• stop 정차하다; 정류장, 정거장
• get there 거기에 도착하다

15 Script

W: Hurry up. We are late for the concert.
M: No, we are not. It's only six now. I know it starts at seven.
W: That's true. But if we don't leave right now, we'll definitely be late.
M: If we take a taxi, we'll get there in 30 minutes.
W: It's rush hour now. It'll take much longer than that!

여자: 서둘러. 우리 콘서트에 늦었어.
남자: 아니야. 우리 늦지 않았어. 지금 6시밖에 안 됐어. 콘서트는 7시에 시작한다고 알고 있어.
여자: 맞아. 하지만 우리가 지금 당장 출발하지 않으면 틀림없이 늦을 거야.
남자: 택시를 타면 30분 안에 거기에 도착할 거야.
여자: 지금은 러시아워야. 그보다 훨씬 더 걸릴 거야.

Q. 콘서트는 언제 시작하는가?
① 6시   ② 6시 30분
③ 7시   ④ 7시 30분

지금 시각과 택시로 걸리는 시간이 등장해서 헷갈릴 수도 있으나 남자의 첫 번째 말에서 콘서트는 7시에 시작한다고 했습니다.

• Hurry up. 서둘러라.
• right now 지금 당장, 바로 지금
• definitely 틀림없이
• much longer 훨씬 더 오래 (much는 비교급 앞에서 '훨씬'의 뜻을 나타냄)

16 Script

M: I'd like to return this shirt.
W: Certainly. Do you have the receipt?
M: Yes. Here you are.
W: Thank you. May I ask why you are returning it?
M: My grandma bought it for me, but I think it's out of fashion.

남자: 이 셔츠를 반품하려고 합니다.
여자: 그러세요. 영수증 있으신가요?
남자: 예. 여기 있어요.
여자: 감사합니다. 왜 반품하려는지 여쭤 봐도 될까요?
남자: 저의 할머니가 저에게 사 주셨는데요, 유행이 지난 것 같아서요.

Q. 남자는 왜 셔츠를 반품하려고 하는가?
① 그에게 너무 커서
② 그에게 너무 작아서.
③ 유행에 맞지 않는다고 생각해서.
④ 색상이 맘에 들지 않아서.

남자의 마지막 말에 등장하는 'out of fashion(유행이 지난)'이라는 표현에서 그 이유를 알 수 있습니다.

• return 반품하다, 반납하다
• receipt 영수증
• out of fashion 유행이 지난
• trendy 유행에 맞는, 최신 유행의

17 Script

W: Can I check out these books?
M: Sure. Please give me your library card.
W: I'm afraid I don't have one. This is my first visit.
M: OK, then. Here, please fill out this form.
W: Okay. Can I borrow your pen?

여자: 이 책들을 대출할 수 있을 까요?
남자: 물론이죠. 당신의 도서관 카드를 주세요.
여자: 미안하지만 카드가 없는데요. 이번이 처음이거든요.
남자: 그러면 좋습니다. 여기, 이 양식을 작성해 주세요.
여자: 알겠습니다. 펜 좀 빌릴 수 있을까요?

Q. 여자는 누구에게 이야기하고 있는 것 같은가?
① 은행가   ② 사서

③ 판매 사원　　　　　　　④ 호텔 접수계 직원

책을 대출해 주는 업무를 하는 사람이 방문객에게 도서관 카드 만드는 것을 도와주고 있습니다.

- check out　(책을) 대출하다; (호텔에서) 계산 후 나가다
- I'm afraid ~.　(유감스러운 내용을 말할 때) ~할[인] 것 같다.
- fill out　(양식, 서식에) 기입하다 (= fill in)
- form　양식, 서식
- borrow　빌리다 (↔ lend)

18 Script

M: Hey, Ann. What are you doing here?
W: Oh, hi, Jim. I work here. What are you doing here?
M: I'm here to buy a birthday present for my daughter.
W: Is it Carol's birthday already? How old is she?
M: She will be five next week.

남자: 안녕, Ann. 여기서 뭐하니?
여자: 오, 안녕, Jim. 나 여기서 일해. 너는 여기서 뭐해?
남자: 나는 내 딸에게 줄 생일 선물을 사러 왔어.
여자: 벌써 Carol 생일이니? 그녀는 몇 살이야?
남자: 다음 주에 다섯 살이 돼.

Q. 남자에 대해서 알 수 없는 것은?
① 그의 딸은 곧 다섯 살이 된다.
② 그는 그 여자를 만날 거라고 예상하지 못했다.
③ 그는 딸을 위해 선물을 사러 갔다.
④ 그는 그 여자를 알고 지낸 지 이제 5년이 되었다.

남자는 다섯 살이 되는 딸의 생일 선물을 사러 왔고 가게에서 물건을 파는 여자와 아는 사이지만 언제부터 알고 지냈는지는 알 수 없습니다.

- turn　(어떤 나이, 시기가)되다
- present　선물
- expect　예상하다, 기대하다

19 Script

W: My boarding pass has an ink stain on it and I can't figure out which gate I should go to.
M: Let me see. It could be either six or eight. Do you have a wet tissue?
W: I believe I do. Here.
M: Great. Ah-ha. I was right! It's gate eight. See?
W: Wow! I didn't know an ink stain could be removed so easily.

여자: 제 탑승권에 잉크 얼룩이 묻어서 몇 번 게이트로 가야 하는지 알아볼 수가 없네요.
남자: 어디 볼까요. 6번 아니면 8번이겠네요. 물티슈 있으세요?
여자: 있을 거예요. 여기요.
남자: 좋아요. 아하. 내 생각이 옳았어! 8번 게이트예요. 보이세요?
여자: 와! 잉크 얼룩이 그렇게 쉽게 지워질 수 있다는 것을 몰랐네요.

Q. 여자가 탈 비행기는 몇 번 게이트에서 출발할 것인가?
① 3번 게이트　　　　　　② 5번 게이트
③ 6번 게이트　　　　　　④ 8번 게이트

남자는 6번 아니면 8번일 것으로 생각했는데 얼룩을 지우고 나서 8번임을 알게 되자 자기 판단이 옳았다며 좋아하고 있습니다.

- boarding pass　탑승권 (= boarding ticket)

- stain　얼룩, 때
- figure out　알아내다
- gate　탑승구
- either A or B　A아니면 B, A나 B 둘 중 하나
- wet tissue　물티슈 (= wet nap)
- believe　믿다
- remove　제거하다
- easily　쉽게

20 Script

M: I'm bored. Why don't we go see a movie?
W: Do you have any particular movie in mind?
M: I heard the new *Harry Potter* movie is quite popular these days.
W: Oh... I'm not a huge fan of that movie. Why don't we just take a walk in the park instead?
M: Okay. I can do that. Let's go.

남자: 나 따분해. 우리 영화 보러 갈까?
여자: 마음에 두고 있는 어떤 특별한 영화가 있니?
남자: 새로 나온 Harry Potter 영화가 요즘 아주 인기라던데.
여자: 오… 나는 그 영화의 광팬이 아니야. 대신 그냥 공원에 산책하러 가는 건 어때?
남자: 좋아. 그렇게 할게. 가자.

Q. 남자와 여자는 대화 후에 무엇을 할 것인가?
① 공원에 간다　　　　　　② 쇼핑을 간다
③ 영화를 빌린다　　　　　④ 야구 경기를 관전한다

남자는 Harry Potter 영화를 보고 싶어했지만 여자는 공원에 산책을 가자고 제안했고 남자가 동의하면서 대화가 마무리됩니다.

- bored　따분함을 느끼는
- Why don't we ~?　우리 ~하는 게 어때?
- have ~ in mind　~을 마음에 [염두에] 두다
- particular　특별한, 특정한
- quite　상당히, 제법
- these days　요즘
- a huge[big] fan of ~　~의 광팬
- rent　(사용료를 내고) 빌리다

21 Script

W: What are you reading so intensely?
M: A book about computer graphics.
W: I didn't know you were interested in computer graphics.
M: I'm not. I'm just reading this for tomorrow's exam.
W: I see. Maybe I should stop bothering you then. I'll see you later.

여자: 너는 무엇을 그렇게 집중해서 읽고 있니?
남자: 컴퓨터 그래픽에 대한 책이야.
여자: 너가 컴퓨터 그래픽에 관심이 있는 줄은 몰랐는 걸.
남자: 관심 없어. 단지 내일 있을 시험 때문에 읽는 거야.
여자: 알겠어. 아마 그러면 내가 너를 그만 귀찮게 해야 겠구나. 나중에 봐.

Q. 남자는 지금 무엇을 하고 있는가?
① 그림을 그리고 있다.　　　② 시험공부를 하고 있다.
③ 수학 문제를 풀고 있다.　　④ 컴퓨터 게임을 하고 있다.

남자의 두 번째 말 'I'm just ~ exam.'에서 시험 공부를 위해 컴퓨터 책을 읽고 있음을 알 수 있습니다.

- intensely 열정적으로, 집중적으로
- bother 성가시게 하다
- stop ~ing ~하던 것을 중단하다

- twin 쌍둥이
- get to know 알게 되다
- article 기사
- notice board 게시판

22 Script

M: Wow! You have so many nice music CDs!
W: Actually those are not mine. They are my sister's.
M: *Supreme Seniors*! They are legendary! I really like their music.
W: You can borrow those CDs if you want. She wouldn't mind at all.
M: Are you sure? That would be awesome!

남자: 와! 너 아주 좋은 음악 CD들을 갖고 있구나!
여자: 사실 저것들은 내 것이 아니야. 내 여동생 거야.
남자: Supreme Seniors! 그들은 전설적인데! 난 정말 그들의 음악 좋아해.
여자: 원한다면 그 CD들을 빌려가도 돼. 동생은 전혀 개의치 않을 거야.
남자: 정말이니? 그거 정말 신나는 일이네!

Q. 음악 CD의 주인은 누구인가?
① 남자   ② 여자
③ 남자의 여동생   ④ 여자의 여동생

여자는 CD가 자기 것이 아니고 여동생 것이지만 동생이 싫어하지 않을 거라
며 남자에게 기꺼이 빌려 주려고 하고 있습니다.

- legendary 전설적인, 아주 유명한
- mind 꺼리다, 싫어하다
- not ~ at all 전혀 ~ 아닌
- would ~ 일 것이다
- awesome 굉장한, 기막히게 좋은

23 Script

W: Congratulations! I heard you got accepted by the university you always wanted to go to.
M: Thanks. But how do you know about it?
W: Everyone knows.
M: Everyone knows? But how is that possible? I didn't tell anyone.
W: Your twin brother told us. I know you studied very hard.

여자: 축하해! 네가 늘 가고 싶어했던 그 대학교에 입학이 허가되었다고 들
      었어.
남자: 고마워. 그런데 넌 그걸 어떻게 아니?
여자: 모두들 알고 있는 걸.
남자: 모두가 안다고? 어떻게 그게 가능하지? 나는 아무에게도 이야기 안했
      는데.
여자: 너의 쌍둥이 동생이 우리에게 말해 주었어. 난 네가 아주 열심히 공부
      했다는 것을 알아.

Q. 여자는 어떻게 남자의 소식을 알게 되었는가?
① 그의 시험 결과를 보았다.
② 그녀의 선생님으로부터 들었다.
③ 남자의 남동생으로부터 들었다.
④ 학교 게시판에서 기사를 보았다.

대화의 마지막에 여자가 'Your twin brother told us.'라고 한 말을 통해 어
떻게 알게 되었는지 알 수 있습니다.

- get accepted 받아들여지다
- university 대학교
- always 늘, 항상
- not ~ anyone 아무에게도 ~ 아닌

24 Script

M: What do you want to be when you grow up?
W: I want to be a photographer. I like taking pictures. Ordinary people in everyday life are my main models. What about you?
M: I like watching movies and acting. Actually, I joined an acting club the other day.
W: Wow, I didn't know that. Then can I see your acting someday?
M: I hope so. Wish me luck!

남자: 넌 커서 뭐가 되고 싶니?
여자: 나는 사진사가 되고 싶어. 사진 찍는 것이 좋아. 매일매일의 삶 속에 등
      장하는 평범한 사람들이 나의 주요 모델이지. 너는?
남자: 나는 영화보는 것과 연기하는 것이 좋아. 사실은 일전에 연기 동아리에
      가입했어.
여자: 와. 나 그거 몰랐네. 그럼 언젠가 너의 연기를 볼 수 있을까?
남자: 그러길 바래. 내게 행운을 빌어줘.

Q. 남자와 여자는 주로 무엇에 대해 이야기하고 있는가?
① 그들의 취미
② 그들의 장래 희망
③ 그들이 가장 좋아하는 모델들
④ 그들이 가장 좋아하는 영화 배우들

남자가 여자에게 장래 희망을 물었고 여자는 사진사, 남자는 영화와 연기하
는 것을 좋아해서 연기 동아리에 가입했다고 한다.

- grow up 성장하다, 어른이 되다
- ordinary 평범한, 보통의
- acting 연기
- the other day 일전에, 요전날
- someday (미래의) 언젠가
- wish ~ luck ~에게 행운을 빌어 주다

Part 4				본문 109쪽
25. ②	26. ④	27. ①	28. ②	29. ②
30. ①				

25 Script

(Beep)
(M) Hello, Jennie. This is Smith. I'm afraid I won't be able to meet you tomorrow night. I just got a call from my parents. They're visiting me to discuss some important family issue and I have to be with them. When you get this message, please call me, okay? Bye.

(삐~)
안녕, Jennie. 나 Smith야. 미안하지만 내일 밤에 너를 만나지 못할 것 같아.
방금 전에 부모님한테서 전화를 받았거든. 부모님들이 중요한 가족 문제를
상의하기 위해서 나한데 오실 예정이고 나는 그분들과 같이 있어야 해. 이 메
시지를 받으면 나에게 전화 줘, 알겠지? 안녕.

Q. 화자는 내일 밤 무엇을 할 예정인가?
① Jennie를 방문한다   ② 자기 부모님을 만난다

③ 소개팅에 나간다　　　　　④ Jennie의 부모님을 만난다

Smith는 Jennie와의 만날 약속을 취소하기 위해 Jennie에게 메시지를 남겼습니다. 이유는 부모님이 가족 문제를 상의하러 오시기 때문입니다.

• I'm afraid ~.　미안하지만 ~이다.
• tomorrow night　내일 밤
• get a call　전화를 받다
• discuss　~을 상의하다, 토론하다
• blind date　소개팅

26 Script

(W) We need to recycle all plastic bottles and cans from now on. To increase the efficiency of the recycling process, please follow this simple instruction. Put all plastic bottles in the yellow bin and put all cans in the red bin. It can't get any simpler than that, don't you think? Thanks in advance for your cooperation.

우리는 모든 플라스틱 병과 캔을 지금부터 재활용해야 합니다. 재활용 과정의 효율성을 높이기 위해 이 간단한 지시 사항을 준수해 주세요. 모든 플라스틱 병은 노란 통에, 모든 캔은 빨간 통에 넣어 주세요. 이보다 더 간단해질 수 있을까요, 그렇게 생각하지 않으세요? 여러분의 협조에 미리 감사드립니다.

Q. 지시 사항에 따르면 빨간 쓰레기통에 넣어야 할 것은 무엇인가?
① 종이　　　　　　　　　　② 유리병
③ 플라스틱병　　　　　　　④ 알루미늄캔

플라스틱 병은 모두 yellow bin에, 캔은 모두 red bin에 넣으라는 지시 사항을 안내하고 있습니다.

• recycle　재활용하다
• from now on　이제부터, 지금부터
• efficiency　효율성
• process　과정, 공정
• follow　준수하다, 따르다
• instruction　지시 사항
• bin　쓰레기통
• in advance　미리
• cooperation　협조

27 Script

(M) Good evening, everyone. This is your weekend weather forecast. Tonight it will be clear and windy. But from tomorrow afternoon we'll see heavy rains all over the city. On Sunday, though, the rain clouds will be gone and we'll be able to see clear skies again. This is the PBC Weather Center, wishing you a good night and a pleasant weekend.

여러분 안녕하세요. 여러분의 주말 날씨 예보입니다. 오늘밤 날씨가 맑고 바람이 불겠습니다. 그렇지만 내일 오후부터는 도시 전역에 폭우가 예상됩니다. 하지만 일요일에는 비구름이 물러 가고 다시 맑은 하늘을 볼 수 있겠습니다. 여기는 PBC 날씨 센터입니다. 편안한 밤과 즐거운 주말 보내시기 바랍니다.

Q. 내일 오후 날씨는 어떨 것 같은가?
① 비가 온다　　　　　　　　② 바람이 분다
③ 안개가 낀다　　　　　　　④ 화창하다

오늘 밤은 맑고 바람이 부는(clear and windy) 날씨를, 내일 오후(tomorrow afternoon) 에는 폭우(heavy rains)를, 일요일에는 맑은 날씨(clear skies)를 예보하고 있습니다.

• forecast　예보
• clear　맑은
• windy　바람이 부는
• all over ~　~ 전역에
• though　그렇긴 하지만
• pleasant　즐거운

28 Script

(W) Attention, everyone. Tomorrow we will all visit the National Museum of History. The school bus, which will take us there, will be waiting in front of the main gate. We'll meet on the bus and the bus will leave at 9 o'clock with or without you, so don't be late. And don't forget to bring a pen and a notebook. You'll need them. I'll see you tomorrow then.

주목해 주세요, 여러분. 내일 우리는 모두 국립 역사 박물관을 방문할 것입니다. 우리를 그곳으로 데려다 줄 스쿨버스는 정문 앞에서 기다릴 것입니다. 우리는 버스 안에서 만날 것이고 버스는 여러분을 태우든 태우지 않든 9시에 출발할 예정이니 늦지 마세요. 그리고 펜과 공책을 갖고 오는 것 잊지 마세요. 여러분은 그것들이 필요할 거예요. 그럼 내일 만나겠습니다.

Q. 화자에 따르면 사실인 것은 무엇인가?
① 버스는 학생들이 모두 탑승할 때까지 기다릴 것이다.
② 스쿨버스는 학생들을 박물관까지 태우고 갈 것이다.
③ 학생들은 내일 펜과 공책이 필요하지 않을 것이다.
④ 버스는 후문 근처에서 학생들을 기다릴 것이다.

내일 아침에 스쿨버스가 정문 앞에서 기다리다가 9시에 무조건 출발하니 늦지 말라고 했고, 펜과 공책이 필요할 테니 갖고 오라고 당부하고 있습니다.

• take A there　A를 거기로 데려가다
• Don't forget to ~.　~ 할 것을 잊지 마라.
• on board　탑승한, 승선한

29 Script

(M) Hello, all our happy shoppers! I have happy news for you. We're now throwing a surprise sale event in the vegetable section. All vegetables are 50% off for the next 15 minutes. The clock is ticking. Please don't miss this great chance to save money. But please don't run because it's dangerous. Thank you.

안녕하세요, 우리의 행복한 모든 쇼핑객 여러분! 여러분에게 기쁜 소식이 있습니다. 지금 야채 코너에서 깜짝 세일 행사를 시행하고 있습니다. 모든 야채가 앞으로 15분 동안 50% 할인됩니다. 시계가 똑딱이고 있습니다. 돈을 절약할 이 절호의 찬스를 놓치지 마세요. 하지만 뛰지는 마세요. 위험하니까요. 감사합니다.

Q. 이 안내 방송은 어디에서 이루어지고 있는 것 같은가?
① 은행　　　　　　　　　　② 식료품 가게
③ 경매 시장　　　　　　　　④ 놀이 공원

shopper(쇼핑객), vegetable section(야채코너), 50% off(50% 할인) 등의 표현에서 식료품 가게와 관련이 있습니다.

• throw　(모임 등을) 개최하다
• 50% off　50% 할인
• tick　시계가 똑딱이다
• miss　(기회, 교통수단 등을) 놓치다
• save　절약하다
• dangerous　위험한

30 Script

(Beep)
(W) Thank you for calling Red Roses, the finest fusion restaurant in this area. Our business hours are from 11 am to 11 pm, Tuesday through Saturday. We're open until 8 pm on Sundays and closed on Mondays. If you want to make a reservation, please leave a message with your phone number. We'll call you back as soon as possible. Thank you.

(삐~)
이 지역의 가장 세련된 퓨전 레스토랑인 Red Roses에 전화 주셔서 감사드립니다. 저희 영업 시간은 화요일에서 토요일, 오전 11시에서 오후 11시까지입니다. 일요일은 오후 8시까지 문을 열고 월요일에는 쉽니다. 예약을 하고자 하시면 전화번호와 함께 메시지를 남겨 주세요. 가능한 한 빨리 답신 전화를 드리겠습니다. 감사합니다.

Q. 메시지에 따르면 레스토랑은 언제 문을 닫는가?
① 월요일   ② 금요일
③ 토요일   ④ 일요일

We're open until 8 pm on Sundays and closed on Mondays.에서 일요일은 오후 8시까지 문을 열고 월요일에는 문을 닫는다는 것을 알 수 있습니다.

• business hour   영업 시간, 업무 시간
• Tuesday through Saturday   화요일에서 토요일까지
• make a reservation   예약하다 (= reserve)
• leave a message   메시지를 남기다
• call back   답신 전화를 하다
• as soon as possible   가능한 한 빨리

Section 2   Reading Part

Part 5   본문 110~111쪽

1. ①   2. ②   3. ④   4. ④   5. ②
6. ③   7. ④   8. ③   9. ④   10. ③

 1

네가 원하는 만큼 종종 내 집을 맘껏 방문해.

① freely → free
'거리낌 없이[맘껏] ~해라'의 표현은 feel free to ~입니다.

• feel free to ~   맘껏 ~하다
• place   집, 사는 곳; 장소

2

그녀는 새로 개점한 쇼핑몰에서 청바지 두 벌을 샀다.

② jean → jeans
바지 종류는 한 벌이라도 항상 복수를 써서 표현합니다
a pair of pants[jeans, shorts]

• newly opened   새로 개점한

 3

오렌지가 두 개 있어. 내가 한 개를 먹고 네가 다른 한 개를 먹으면 되겠어.

④ others → other
두 개 중 하나는 one, 나머지 하나는 the other로 표현합니다. (cf. some: 일부는, the others: 나머지 전부는)

• there are + 복수명사   ~들이 있다

 4

이번 달에 그 회사는 지난 달에 받았던 것보다 더 적은 지원자를 받았다.

④ does → did
'지난 달에(last month)'라는 과거 시점을 나타내는 말이 있으므로 동사도 과거로 써야 합니다.

• this month   이번 달에
• company   회사
• fewer   더 적은 (few-fewer-fewest)
• applicant   지원자

 5

대부분의 학생들은 여름방학이 훨씬 더 길어져야 한다고 생각한다.

② when → that
think 뒤에 오는 문장 전체가 think의 목적어이며 '대부분의 학생들은 ~라고 생각한다'의 의미를 갖습니다. 이때 think와 뒤의 문장을 연결해주는 접속사로 that이 쓰이며 이 that은 생략할 수 있습니다.

• most   대부분의
• much   훨씬 (비교급 앞에서 비교급 수식)

 6

Lucy는 새 사무실로 돌아가는 길을 찾는 데에 어려움을 겪고 있었다.

difficulty[trouble] (in) -ing는 '~하는 데에 있어서의 어려움'을 뜻합니다.

• experience   경험하다
• office   사무실

 7

수영 대회는 오늘 오후 1시부터 계속되고 있다.

① 계속된다   ② 계속되었다
③ 계속되었었다   ④ 계속되고 있다

since(~이래로)는 현재완료(have[has]+p.p.)나 현재완료진행 (have[has] been -ing)과 함께 쓰여 어느 특정 시점에 시작해서 지금까지 계속되고 있는 동작이나 상태를 표현합니다.

• since ~   ~ 이래로
• this afternoon   오늘 오후

 8

정 여사는 뉴질랜드에 있는 남편을 방문했지, 그렇지 않니?

부가의문문은 앞 문장이 긍정문이면 부정문으로, 부정문이면 긍정문으로 표

현합니다. 앞 문장의 동사가 일반동사이면 시제에 맞게 do나 did를 씁니다.

- visit 방문하다 (visit-visited-visited)
- husband 남편

이 컴퓨터는 고급의 중앙 처리 장치를 가지고 있다. 따라서 다른 것보다 훨씬 더 빠르다.

① 옆에　　② 대신에　　③ 그러나　　④ 따라서

내용 연결이 가장 자연스럽게 되는 것을 고릅니다. advanced CPU를 갖고 있으면 성능이 좋을 것인데 문맥상 Therefore로 연결되는 것이 가장 자연스럽습니다.

- advanced 고급[상급]의, 진보한
- CPU 중앙 처리 장치 (= Central Processing Unit)
- much faster 훨씬 더 빠른

나는 내 남동생에게 최고 점수를 얻기 위해 더 열심히 공부하라고 격려할 것이다.

「encourage A to + 동사원형」은 'A에게 ~하도록 격려하다[용기를 주다]'의 뜻입니다.

- encourage 격려하다, 용기를 북돋우다
- score 점수, 스코어

Part 6				본문 112~113쪽
11. ④	12. ①	13. ④	14. ④	15. ②
16. ③	17. ②	18. ④	19. ④	20. ②

오늘이 그들의 결혼 기념일이다. 그들은 정확히 1년 전에 결혼했다.

① 공휴일　　　② 생일
③ 경쟁, 대회　　④ 기념일

오늘이 결혼과 관련된 어떤 날인데 빈칸 뒤에 '정확히 1년 전에 결혼했다'라고 했으므로 결혼 기념일(wedding anniversary)일 것입니다.

- get married 결혼하다
- exactly 정확히

아무도 이 퍼즐을 풀 수 없다. 이것은 너무 많이 어렵다.

① 풀다　　　② 모으다
③ 성취하다　　④ 구매하다

퍼즐이 많이 어렵다고 했으니까 아무도 풀지 못했을 것입니다. way는 여기서는 '훨씬'이라는 의미로 쓰여 강조하는 표현입니다.

- no one 아무도 ~ 아닌

- way 훨씬, 심하게

조심해! 이 칼의 날은 정말 날카로워.

① 무딘　　② 간단한　　③ 깊은　　④ 날카로운

조심하라고 하면서 칼의 날에 대해 언급한다면 '날카롭다'라고 말하는 것이 자연스럽습니다.

- blade (칼의) 날
- sword 칼, 검

지금 상황이 우리의 통제력을 벗어났다. 우리는 도움을 구해야 한다.

① ~을 위해　　　② ~과 함께
③ ~ 쪽으로　　　④ ~을 벗어난

빈칸 뒤의 문장에서 '우리가 도움을 찾아야 한다'라고 말하고 있으므로 상황이 통제하기 어려운 상태가 되었을 것입니다.

- control 통제
- seek 구하다, 찾다

누군가 지난밤 침입해서 내 돼지 저금통을 훔쳐갔다.

① 따라잡았다　　　② 침입했다
③ 버텼다　　　　④ 작성했다

물건을 훔쳐간 사람은 먼저 그 물건이 있는 장소에 '침입했을' 것입니다.

- somebody 누군가
- steal 훔치다 (steal-stole-stolen)
- piggy bank 돼지 저금통

나는 가능한 한 조용히 걸어서 아무도 내 소리를 들을 수 없었다.

① 드디어, 결국　　　② 잔인하게
③ 조용히　　　　　④ 유창하게

as ~ as possible는 '가능한 한 ~하게'의 뜻으로 쓰입니다. as와 as 사이에는 주로 부사가 사용되나 「형용사+명사」가 사용되기도 합니다 (as many books as possible: 가능한 한 많은 책들)

- walk 걷다
- possible 가능한

17

그는 더 이상 패션 산업계에서 일하지 않는다. 그는 자기 직업을 바꾸었다.

① 저장했다　　　② 바꾸었다
③ 참석했다　　　④ 수정했다

더 이상 예전에 일하던 분야에서 일하지 않고 있으므로 직업을 '바꾸었다'라고 표현하는 것이 적절합니다.

- no longer 더 이상 ~ 아닌 (= not ~ any longer)
- industry 산업, 산업계

인터넷은 전 세계적으로 사람들 사이에서 가장 빠른 <u>의사소통</u> 수단이 되었다.

① 초대   ② 약; 약물 치료
③ 발음   ④ 의사소통

인터넷을 통해 빠르게 정보를 전달하고 의견도 교환할 수 있으므로 인터넷은 효과적인 의사소통 수단입니다.

- means 수단

그것에 대해 상심하지마. 그것은 아주 <u>흔한</u> 실수란다.

① 공중의, 대중의   ② 강한
③ 공식적인   ④ 흔한

common은 '흔한'의 뜻 외에 '공통적인'의 뜻으로도 자주 쓰입니다.
(ex. a common language 공통 언어)

- such a 형용사 + 명사 아주 ~한 …

상당히 늦었네. 나는 지금 <u>떠나야만</u> 할 것 같아.

① 굴복하다; 받아들이다   ② (서둘러) 떠나다
③ 조심하다   ④ 서성거리다

take off에는 '이륙하다'의 뜻 외에 '급히 떠나다'의 뜻이 있습니다.

- pretty 꽤, 상당히
- have to ~ ~해야 한다

Part 7				본문 114~121쪽
21. ④	22. ②	23. ④	24. ④	25. ①
26. ④	27. ③	28. ④	29. ③	30. ①
31. ④	32. ①	33. ④	34. ④	35. ②

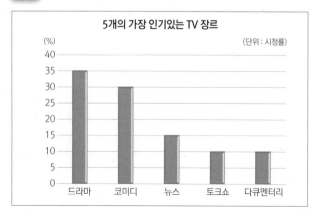

5개의 가장 인기있는 TV 장르

(%)   (단위 : 시청률)

드라마 코미디 뉴스 토크쇼 다큐멘터리

Q. 차트에 따르면 다음 중 사실인 것은?
① 코미디가 가장 인기 있는 TV 장르이다.
② 뉴스는 두 번째로 인기 있는 TV 장르이다.
③ 드라마는 전체 인기 차트의 반 이상을 차지한다.
④ 토크쇼와 다큐멘터리는 같은 수준의 인기를 나누어 갖는다.

가장 인기 있는 장르는 드라마이지만 전체 인기 차트의 1/2이 되지 않는 35%를 차지하고 있을 뿐이고 토크쇼와 다큐멘터리는 같은 수준의 인기를 누리고 있습니다.

- the second most ~ 두 번째로 가장 ~한
- take up (시간, 공간 등을) 차지하다
- whole 전체의
- popularity 인기 (cf. popular 인기 있는)
- share 나누다, 나누어 갖다

우리와 함께 야생의 즐거움을!
CALEB의 네 번째 생일입니다

2015년 11월 21일 오후 4시 30분

Jungle Gym, 865번지 월넛 가
샌프란시스코, 캘리포니아 주

Anne Marie에게 회답주세요
511-525-7682번으로 10월 15일까지

Q. 파티에 참가하려면 언제까지 주최자에게 알려줘야 하는가?
① 4월 30일   ② 10월 15일
③ 11월 21일   ④ 파티 전 아무 때나

마지막 행에 전화번호와 함께 날짜가 표시되어 있습니다.

- RSVP 회답주세요 (초대장에 덧붙이는 문구로, please reply를 뜻하는 프랑스어 repondez s'll vous plait를 줄인 것)
- by ~ 때까지

Paddock 레스토랑

저녁 식사 5% 할인

50달러 이상 구매시
쿠폰은 12월 17일부터 22일까지 유효

테이블 당 쿠폰 1개만 사용 가능
쿠폰은 다른 할인 상품이나 상품권과는
같이 사용할 수 없음.

Q. 쿠폰을 통해 알 수 없는 것은?
① 레스토랑의 이름
② 쿠폰의 유효 날짜
③ 쿠폰 사용의 제약
④ 레스토랑이 제공하는 식사의 종류

레스토랑 이름은 Paddock, 쿠폰 유효 날짜는 12월 17~22일, 쿠폰은 테이블 당 1개만 사용해야 하며 다른 할인 상품이나 상품권과 같이 사용할 수 없습니다.

- purchase 구입, 구매
- valid 유효한
- limitation 제약; 한계(~s)
- usage 사용
- offer 할인
- gift certificate 상품권

5가지 세탁실 규칙

당신의 옷을 세탁기 넣기 전에 이 항목들을 확인하세요 :
1. 주머니에 아무것도 남아 있지 않도록 하세요.
2. 소매는 모두 풀어주세요.
3. 블라우스와 셔츠의 단추는 모두 풀어주세요.
4. 디자인이나 인쇄물이 있는 셔츠는 뒤집어주세요.
5. 옷에 더러운 얼룩이 묻어 있으면 세탁기에 넣기 전에 사전 처리를 해 주세요

메모: 아주 더럽거나 젖어 있거나 악취가 나는 것은 세탁물 더미에 넣지 마세요.

Q. 게시문에 따르면 사실이 아닌 것은?
① 모든 셔츠는 세탁 전에 단추를 풀어야 한다.
② 세탁 전에 모든 옷의 소매를 풀어야 한다.
③ 인쇄물이 있는 T셔츠를 세탁하려면 뒤집어야 한다.
④ 더러운 얼룩이 묻은 T셔츠를 세탁하려면 뒤집어야 한다.

5항에 더러운 얼룩이 묻은 옷은 사전 조치(pre-treat)를 하라고 되어 있습니다.

- laundry 세탁물; 세탁실
- unroll (둘둘 말린 것을) 펼치다 (↔ roll)
- sleeve 소매
- unbutton 단추를 풀다 (↔ button)
- turn ~ inside out ~을 뒤집다
- stain 얼룩
- pre-treat 사전 처리
- note 메모
- smelly 악취가 나는
- pile 더미, 쌓아 놓은 것

프로그램 일정			
시간	날짜		
	11월 20일 수요일	11월 21일 목요일	11월 22일 금요일
오전 8시 30분	등록	세미나 I	세미나 II
오전 9시	개회 시간		
오전 10시 30분	커피 타임	커피 타임	커피 타임
오전 11시	폭포 하이킹	필라테스	요가
오후 1시	점심식사	점심식사	점심식사
오후 2시	요리 수업	현장 학습	명상
오후 5시	요리 경연		폐회식

Q. 일정에 따르면 다음 중 사실이 아닌 것은?
① 등록은 두 번 이루어진다.
② 현장 학습은 목요일로 일정이 잡혀 있다.
③ 각각의 커피 타임은 30분 동안 계속된다.

④ 폐회식은 프로그램의 마지막 시간이다.

등록(Registration)은 첫날 프로그램을 시작하기 전에 한 번만 합니다.

- registration 등록
- pilates 필라테스 (신체 단련 운동의 일종)
- meditation 명상
- last 지속되다
- closing ceremony 폐회식
- session 기간, 시간
- take place 개최되다, 일어나다

몇몇 여자들은 축구를 아주 잘한다. 하지만 과거에는 대부분의 사람들이 여자들의 축구 경기를 즐겨 보지 않았다. 많은 사람들은 여자들이 하는 축구 경기가 성공할 거라고 생각하지 않았다. 최초의 여자 국제 축구 경기는 1991년 11월에 중국에서 벌어졌다. 그것은 성공적인 행사로 판명이 났다. 이렇게 해서 여자 월드컵이 탄생했다. 현재 여자 월드컵은 4년마다 개최된다.

Q. 과거에 여자 축구 경기에 대해 대부분의 사람들은 어떻게 느꼈는가?
① 즐길 만하고 유망하다고
② 즐길 만하지만 유망하지 않다고
③ 즐길 만하지는 않지만 유망하다고
④ 즐길 만하지도 않고 유망하지 않다고

과거에는 여자 축구가 인기가 없어 사람들이 즐겨보지도 않았고 성공할 거라고 생각하지도 않았다는 내용으로 볼 때, 즐길 만하지도 전망이 좋지도 않았다고 볼 수 있습니다.

- in the past 과거에
- successful 성공적인
- prove ~임이 판명되다 (prove-proved-proved)

당신은 민들레라는 꽃을 먹어 본 적이 있나요? 믿거나 말거나 사람들은 민들레를 수세기 동안 음식으로 사용해왔습니다. 민들레의 가장 유용한 부분은 잎입니다. 봄에 잎들이 부드러울 때 일부 사람들은 그것들을 물에 넣고 삶아 먹습니다. 노란 꽃들조차도 꽃봉오리일 때 따면 먹을 수 있습니다. 뿌리 역시 많은 다른 방법으로 요리할 수 있고 먹을 수 있습니다.

Q. 이 글에서 민들레의 부분 중에서 먹을 수 있는 것으로 언급되지 않은 것은?
① 잎   ② 뿌리   ③ 줄기   ④ 꽃

잎은 삶아 먹고, 꽃은 봉오리일 때 따서 먹고, 뿌리도 여러 가지 요리법이 있다고 했지만, 줄기에 대해서는 아무 언급이 없습니다.

- dandelion 민들레
- believe it or not 믿거나 말거나
- century 세기 (100년 간의 기간)
- useful 유용한
- leaf 잎 (pl. leaves)
- boil 삶다, 끓이다
- even ~조차도
- bud 꽃봉오리
- edible 먹을 수 있는
- stem 줄기

28

모든 사람들이 '하루 한 개의 사과는 의사를 멀어지게 한다'라는 속담을 알고 있다. 그러나 다른 과일과 야채는 어떤가? 실은 이것들도 우리가 의사를 멀리할 수 있도록 도와준다. 여러 연구들은 거의 모든 과일과 야채가 여러 가지 유형의 병을 예방하는 데 도움을 줄 수 있다는 사실을 밝혀냈다. 따라서 이 유명한 속담을 '과일과 야채 한 그릇이면 의사를 멀어지게 할 수 있다'로 바꾸면 어떨까? 그것은 옳은 말이고 틀림없이 효과가 있다.

Q. 이 글의 요지는?
① 대부분의 약들은 쓸모없다.
② 모든 과일은 모든 종류의 병을 치료할 수 있다.
③ 과일을 너무 많이 먹으면 실제로 우리에게 해가 될 수 있다.
④ 과일과 야채를 먹으면 건강을 유지할 수 있다.

'사과'로 건강을 지킬 수 있다는 속담에서 '사과'를 '과일과 야채'로 바꾸어도 될 거라고 말하고 있습니다. 즉 과일과 야채가 건강 유지할 수 있다고 주장하는 글입니다.

• saying   속담, 격언
• keep ~ away   ~을 멀어지게 하다
• The thing is ~.   실은 ~이다, 문제는 ~라는 것이다.
• prevent   예방하다
• disease   병
• Why don't we ~?   ~하면 어떨까?
• a bowl of ~   한 그릇의 ~
• definitely   틀림없이
• medicine   약
• useless   쓸모없는

29

사람들은 대부분의 경우에 지진을 예측한다는 것은 거의 불가능하다고 말한다. 그러나 1975년 2월 4일, 과학자들은 중국에서의 지진을 예측하는 데 성공했다. 과학자들은 그 지역에 있는 사람들에게 떠나라고 말했다. 사람들은 자신들의 집을 떠나 안전한 곳으로 이동했다. 그날 오후 강력한 지진이 그 지역을 강타했다. 그 지역의 한 도시에서 건물의 약 90%가 단 몇 초 동안에 파괴되었다. 과학자들의 예측 덕택에 1만명이 넘는 사람들의 생명을 구한 것이다.

Q. 이 글을 통해 알 수 없는 것은?
① 어느 나라에서 지진이 발생했는지
② 예측 덕택에 몇 명의 생명을 구했는지
③ 지진 예측에 몇 명의 과학자들이 관여했는지
④ 지진으로 한 도시에서 건물의 몇 퍼센트가 파괴되었는지

중국에서 1975년 지진 예측에 성공했고 단 몇 초 동안에 건물의 90%가 파괴되었으며 사람들을 미리 대피시켜 1만명의 생명을 구할 수 있었습니다. 몇 명의 과학자가 지진 예측에 포함되었는지에 대한 언급은 없습니다.

• in most cases   대개의 경우
• predict   예측하다 (cf. prediction   예측)
• earthquake   지진
• next to   거의; ~ 옆에
• successfully   성공적으로
• move to ~   ~로 이동[이사]하다 (move-moved-moved)
• thanks to ~   ~ 덕택에
• be involved in ~   ~에 관여하다, 몰두하다

30~31

17세였던 Levi Strauss는 1847년 독일에서 미국으로 갔다. 1850년대에 그는 캘리포니아로 가서 텐트를 만드는 두터운 천을 광부들에게 팔았다. Strauss는 광부들의 바지가 빨리 헤진다는 것을 발견하고는 한 가지 아이디어를 냈다. 그는 두터운 텐트용 천으로 바지를 만들기 시작했다. 이 바지가 광부들에게 인기를 얻었다. 그는 바지를 먼지가 보이지 않게 가려주는 짙은 파랑색으로 염색했다. 이것이 '블루진'으로 알려지게 되었다. 곧 카우보이들과 다른 종류의 일을 하는 사람들도 블루진을 입기 시작했다.

30. 이 글에 따르면 최초로 청바지를 입기 시작한 사람은 누구인가?
① 광부들   ② 카우보이들
③ 텐트 제조자들   ④ 패션 모델들

31. 다음 중 이 글을 읽고 대답할 수 없는 질문은 무엇인가?
① Levi Strauss가 언제 캘리포니아로 이주했나?
② Levi Strauss는 원래 어떤 사업에 종사했나?
③ Levi Strauss가 처음 미국에 도착한 것은 몇 살 때였나?
④ Levi Strauss는 블루진을 팔아 얼마나 많은 돈을 벌었나?

30. 광부들의 바지가 빨리 헤지는 것을 개선하기 위해 텐트용 천으로 바지를 만들었고, 광부들에게 인기를 얻어 유명해지자 카우보이 등 다른 사람들도 입었습니다.

31. Levi Strauss는 미국에 1847년에 도착했고 1850년대에 캘리포니아로 가서 텐트용 천을 팔다가 청바지를 만들었다는 이야기는나 있지만 청바지를 팔아 얼마나 돈을 벌었는지는 전혀 언급이 없습니다.

• cloth   옷감, 천 (cf. clothes   옷)
• miner   광부
• wear out   (낡아) 떨어지다, 헤지다 (wear-wore-worn)
• dye   염색하다, 물들이다 (dye-dyed-dyed)
• deep   (색깔이) 짙은
• dirt   먼지, 흙
• cowboy   카우보이, 목동

32~33

과학자들은 특별한 사람들이다. 본래 그들은 질문이 많다. 그들은 항상 "어떻게 이것들이 작동하지? 어떻게 그리고 왜 이 일들이 발생하지?"와 같은 질문들을 스스로에게 던진다. 그들은 사물을 아주 주의깊게 관찰하고 문제들을 해결하도록 시도한다. 항상 그들은 사물을 설명하기 위한 새로운 방식을 떠올리고 싶어한다. 때때로 그들은 특정한 타입의 실험을 몇 번이고 되풀이해서 수행해야 한다, 하지만 그들은 그렇게 하는 것을 꺼리지 않는다, 왜냐하면 마침내 어떤 일이 생기게 될지를 알아내면 정말 황홀함을 느끼게 되기 때문이다.

32. 이 글은 주로 무엇에 관한 것인가?
① 과학자들의 특성   ② 위대한 질문들의 요소
③ 실험의 중요성   ④ 평범한 사람들의 문제 해결 능력

33. 이 글에 따르면 왜 과학자들은 실험을 반복적으로 하는 것을 꺼리지 않는가?
① 머리가 좋지 않아서.
② 그렇게 함으로써 돈을 벌어야 하므로.
③ 그냥 스스로를 바쁘게 만드는 것을 즐기기 때문에.
④ 결국 어떤 일이 생길지 간절하게 알고 싶어서

32. 과학자들은 스스로에게 늘 질문하고 세심하게 관찰하며 새로운 방식을 찾으려 하는 한편, 끝없는 실험을 마다하지 않는 그들의 특성을 기술하고 있습니다.

33. 글의 가장 마지막 부분에서 과학자들이 궁금증을 해결한 순간의 기쁨을 알기 때문에 실험을 반복하는 것을 마다하지 않는다고 설명하고 있습니다.

- by nature   본래, 천성적으로
- work   작동하다
- explain   설명하다
- conduct   수행하다
- certain   특정한, 일정한
- over and over again   몇 번이고 되풀이하여
- mind ~ing   ~ 하는 것을 꺼리다, 싫어하다
- thrilled   황홀해 하는, 몹시 신이 난
- eventually   결국, 마침내
- characteristics   특성, 특질
- element   요소
- ordinary   평범한, 보통의
- intelligent   총명한, 똑똑한
- earn   (돈을) 벌다
- eagerly   열렬히, 간절히
- in the end   결국

34~35

살을 빼는 것이 당신이 정말 먹고 싶은 음식을 포기해야 한다는 것을 의미하지는 않습니다. 당신의 몸은 다양한 식품군(群)으로부터 단백질, 지방 그리고 많은 다른 비타민과 무기질을 필요로 하고 있습니다. 다이어트를 좋은 것으로 혹은 나쁜 것으로 만드는 것은 음식들이 서로 어울리는 방식입니다. 만약 당신이 저녁식사 때 피자와 같은 고지방 음식을 먹는다면 다른 끼니로는 저지방 음식을 선택하세요. 당신이 먹는 음식에 무엇이 들어 있는지를 확인하는 것과 당신의 음식 선택에 균형을 맞추는 것은 당신이 명심해야 할 사항들입니다.

34. 이 글을 통해서 추론할 수 있는 것은?
① 당신은 저녁으로 항상 저지방 음식을 먹어야 한다.
② 당신은 매일 비타민과 미네랄을 섭취해야 한다.
③ 당신은 살을 빼기 위해 좋아하는 음식을 먹는 것을 중단해야 한다.
④ 당신은 무엇을 먹을지를 결정할 때 균형을 유지해야 한다.

35. 이 글에 따르면 다이어트를 좋은 것 혹은 나쁜 것으로 만드는 것은 무엇인가?
① 식사속도
② 음식들이 어울리는 방식
③ 식사에 포함된 칼로리
④ 당신이 훌륭한 요리사인지 아닌지

34. 어떤 음식을 먹을 지 결정할 때, 음식에 들어 있는 영양소를 확인하고 균형잡힌 음식 선택을 하는 것이 중요하다는 것을 강조하고 있습니다.

35. 글 중간 쯤에 '음식이 서로 어울리는 방식'이라고 언급되어 있으며, 너무 지나치거나 치우치지 않게 균형을 맞춰 선택하여 섭취하라고 예를 들어 설명하고 있습니다.

- lose weight   살을 빼다, 체중을 줄이다 (↔ gain weight)
- mean   의미하다
- give up   포기하다
- nutrient   영양소, 영양분
- mineral   무기질
- protein   단백질
- fit together   어울리다
- balance   균형을 맞추다
- keep in mind   명심하다
- on a diet   다이어트 중인

Section 3   Writing Part

Part 8
본문 122~123쪽

1. Have   2. to   3. be
4. How often do you play
5. The woman with sunglasses is riding a bicycle.

 1~3

'자원봉사'라는 말을 들으면 무엇이 당신의 머리에 떠오르는가? 당신은 자원봉사를 해 본 적이 1. 있는가? 자원봉사는 당신이 해야만 하는 어떤 것이 아니다. 그것은 다른 사람을 돕기 2. 위해 당신이 하기를 원하는 어떤 것이다. 일부 사람들은 자원봉사가 시간을 많이 빼앗는다고 생각한다. 하지만 단지 약간의 시간과 노력이면 어떤 유형의 자원봉사에는 충분할 수 3. 있다.

1. '당신은 자원봉사를 해 본 적이 있는가?'라는 경험을 묻는 현재완료 표현입니다. 의문문이고 주어가 you이므로 Have가 필요합니다.

2. '다른 사람을 돕기 위하여'에서 '~하기 위하여'의 뜻을 나타내는 세 단어는 in order to이고 한 단어로 to만 쓸 수도 있습니다.

3. '충분할 수 있다'의 뜻을 나타내는 말인데 can이 조동사이므로 뒤에는 be 동사의 원형 즉 be가 적절합니다.

- volunteer work   자원봉사
- come to one's mind   ~의 머리에 떠오르다

 4

A: 오늘 아침에 내 남동생과 배드민턴을 쳤는데 내가 이겼다!
B: 이번이 네가 동생과의 시합에서 처음으로 이긴 거니?
A: 그래. 그리고 내가 정말 기쁜 이유가 그것 때문이야.
B: 축하해! 그런데, 얼마나 자주 (배드민턴을) 치니?
A: 거의 매일 아침.

A의 대답으로 보아 얼마나 자주 배드민턴을 치는지 물었을 것입니다. '얼마나 자주'는 how often을 이용할 수 있고 주어는 you, 동사는 일반동사 play 이므로 do you play를 뒤에 붙이면 됩니다.

- this morning   오늘 아침
  (cf. tomorrow morning   내일 아침   yesterday morning   어제 아침)
- against   ~을 상대로
- That's why ~.   그 때문에 ~이다.
- by the way   그건 그렇고

5

선글라스를 쓴 여자가 자전거를 타고 가고 있다.

전치사 with를 사람 뒤에 넣어 '~선글라스를 쓴 여자(The woman with sunglasses)'로 표현할 수 있습니다. 사진을 묘사할 때는 진행형으로 표현하여 is riding a bicycle로 씁니다. 주어 뒤에 이 표현을 붙이면 됩니다.

- sunglasses   선글라스
- ride a bicycle   자전거를 타다 (= bike)

실전모의고사 4

Section 1 — Listening Part

Part 1
본문 126~127쪽

1. ④   2. ①   3. ③   4. ③   5. ③

1 Script

① The man is jumping at the gym.
② The man is looking for his friends.
③ The man is playing baseball on the field.
④ The man is playing with the ball next to the stairs.

① 남자는 체육관에서 점프를 하고 있다.
② 남자는 자기 친구를 찾고 있다.
③ 남자는 경기장에서 야구를 하고 있다.
④ 남자는 계단 옆에서 공을 갖고 놀고 있다.

남자가 웃으면서 계단 옆에서 공을 튕기고 있는 모습입니다.

• gym 체육관 (= gymnasium)
• next to ~ ~ 옆에서

2 Script

① The man is reading a book.
② The man is talking to his friend.
③ The woman is writing a report.
④ The woman is standing at the library.

① 남자는 책을 읽고 있다.
② 남자는 자기 친구와 이야기를 하고 있다.
③ 여자는 리포트를 쓰고 있다.
④ 여자는 도서관에 서 있다.

남자는 책을 읽고 있고 옆에 있는 여자는 노트북으로 열심히 뭔가를 하고 있습니다.

• talk to ~ ~와 이야기하다
• library 도서관

3 Script

① The bookshelf is full of books.
② There are many books on the desk.
③ The pencil is placed on the notebook.
④ The window is completely covered by the curtains.

① 책장이 책으로 가득 차 있다.
② 책상 위에 책들이 많이 있다.
③ 연필이 공책 위에 놓여 있다.
④ 창문이 커튼으로 완전히 덮혀 있다.

책상 위에 공책이 펼쳐져 있고 그 위에 연필이 놓여져 있습니다. 책상 뒤편에 있는 책장에는 책이 꽂혀 있지 않은 공간도 눈에 띕니다.

• is full of ~ ~로 가득 차 있다
• completely 완전히

4 Script

① The man is making a presentation.
② The man is drinking coffee at the office.
③ All of the women are wearing formal clothes.
④ The women are writing a report on their own computers.

① 남자는 발표를 하고 있다.
② 남자는 사무실에서 커피를 마시고 있다.
③ 여자들 모두가 격식을 차린 옷을 입고 있다.
④ 여자들은 자신들의 컴퓨터로 리포트를 쓰고 있다.

여자들 둘은 모두 정장 차림을 하고 있습니다. 여자 한 사람이 남자에게 뭔가 설명해 주고 있고 모습입니다.

• make a presentation 발표를 하다
• formal 격식을 차린; 공식적인

5 Script

① They are playing violin together.
② Two women are about to shake hands.
③ The man on the left is playing guitar.
④ All the people have their own instruments

① 그들은 함께 바이올린을 연주하고 있다.
② 두 명의 여자가 악수를 하려고 한다.
③ 왼쪽의 남자가 기타를 연주하고 있다.
④ 모든 사람들은 자신의 악기를 갖고 있다.

왼쪽의 남자가 기타를 연주하고 있고 나머지 사람들은 빈손으로 앉아서 그 모습을 웃으면서 또는 편안한 표정으로 지켜보고 있습니다.

• be about to ~ 막 ~하려 하다
• shake hands 악수하다
• instrument 악기 (= musical instrument)

Part 2
본문 128쪽

6. ④   7. ①   8. ④   9. ②   10. ④

6 Script

M: Hey, Erin. How are you?
W: Can't be better. It's been a long time since we've seen each other.
M: Yes. I've been busy preparing for the school play.
W: That sounds awesome! Can I see it?
M: Sure. The play starts at 6:00.

남자: 안녕, Erin. 어떻게 지내니?
여자: 더 좋을 수 없을 정도야. 우리가 서로 얼굴을 본 지 오래 되었네.
남자: 응. 나는 학교 연극을 준비하느라 바빴어.
여자: 그거 멋지다! 내가 볼 수 있을까?
남자: 그럼. 연극은 6시에 시작해.

① 나는 너와 놀 수 없어.
② 곧 나아질 거야.
③ 너를 만나는 데 정말 오래 걸렸다.
④ 그럼. 연극은 6시에 시작해.

연극을 볼 수 있는지를 묻는 말에 흔쾌히 승낙을 하며 연극 시간을 알려주는 말이 적절합니다.

• Can't be better. 더 좋을 수 없을 정도로 좋다.
  (= Couldn't be better.)
• It's been a long time since ~. ~ 한 지 오래 되었다.
• be busy ~ing ~ 하느라 바쁘다
• awesome 아주 훌륭한, 멋진

7 Script

W: Hello. How can I help you?
M: I'd like to return these books.
W: Okay. Do you have your library card with you?
M: I left it at home. Can I use my driver's license instead?
W: Yes. You can.

여자: 안녕하세요. 어떻게 도와 드릴까요?
남자: 이 책들을 반납하고 싶습니다.
여자: 예. 도서관 카드 갖고 계신가요?
남자: 집에 두고 왔네요. 대신 운전 면허증을 사용해도 될까요?
여자: 네. 그러셔도 됩니다.

① 네. 그러셔도 됩니다.
② 아니요, 당신은 현금으로 지불해야 합니다.
③ 당신은 도서관까지 운전해서 가실 수 있습니다.
④ 안내 데스크는 모퉁이에 있습니다.

필요한 카드를 두고 와서 운전 면허증을 대신 사용하고 싶어하므로 그것이 가능한지 여부로 답하는 것이 자연스러운 표현이 됩니다.

• return 반납하다, 돌려주다
• leave ~ at home ~을 집에 두고 오다
• driver's license 운전면허증
• instead 대신에
• pay by cash 현금으로 지불하다

8 Script

M: I'm really sorry. I can't meet you today.
W: That's okay. When can you meet?
M: How about next Friday?
W: That sounds fine. Do you want to meet at the museum?
M: Okay. I'll see you at museum?

남자: 정말 미안해. 오늘 너를 만날 수가 없어.
여자: 괜찮아. 넌 언제 만날 수가 있어?
남자: 다음 주 금요일이 어떨까?
여자: 좋아. 박물관에서 만나고 싶니?
남자: 알았어. 박물관에서 보자.

① 그거 재미있구나.
② 내일 만나자.
③ 언제든 와도 좋아.
④ 알았어. 박물관에서 보자.

만날 장소로 박물관이 어떤지 묻고 있으므로 이에 관련된 대답으로 ④가 적절하며 'OK.'라고 대답해도 가능한 표현이 됩니다. ②, ③은 만나는 시간이나

날짜에 관련된 대답이므로 적절하지 않습니다.

• How about ~? ~은 어떨까? (= What about ~?)

9 Script

W: Let's go see a movie tonight.
M: Okay. What do you want to see?
W: I don't know. Do you have anything in mind?
M: I want to see an action movie.
W: Sounds fun. Let's go.

여자: 오늘 밤에 영화보러 가자.
남자: 좋아. 너 뭐가 보고 싶니?
여자: 모르겠어. 염두에 두고 있는 것이니?
남자: 나는 액션 영화가 보고 싶어.
여자: 좋아. 가자.

① 일요일에 봐.
② 좋아. 가자.
③ 영화는 5시에 시작해.
④ 응, 나도 영화보는 거 좋아해.

액션 영화를 보겠다고 했으므로 이 제안에 대한 긍정적, 혹은 부정적인 반응을 보이는 것이 자연스러운 표현입니다.

• go see a movie 영화보러 가다
• have ~ in mind ~을 염두에 두다
• action movie 액션 영화

10 Script

M: How can I get to the Jamsil Stadium?
W: Take this road and turn left at the next corner.
M: Thank you. How long will it take?
W: About 10 minutes. Are you going to see the baseball game?
M: No, I'm going to see a concert.

남자: 잠실 운동장에 어떻게 가죠?
여자: 이 길을 따라 가다가 다음 모퉁이에서 좌회전 하세요.
남자: 감사합니다. 얼마나 걸릴까요?
여자: 약 10분 정도요. 야구 경기를 보려고 하세요?
남자: 아니요, 콘서트 보러 가요.

① 나는 버스를 타야 합니다.
② 나는 지금 GPS가 필요해요.
③ 예, 축구 경기 보는 것을 좋아해요.
④ 아니요, 콘서트 보러 가요.

잠실 운동장에 가는 목적을 묻는 말에 적절한 답을 고릅니다. ③은 football 대신 baseball이면 가능한 답입니다.

• get to 장소 ~에 도착하다, 다다르다
• turn left 좌회전하다 (cf. turn right 우회전하다)
• about 약, 대략
• GPS 위성 위치 확인 시스템 (= Global Positioning System)

Part 3

본문 129~130쪽

11. ④	12. ①	13. ④	14. ①	15. ②
16. ④	17. ①	18. ③	19. ④	20. ②
21. ③	22. ③	23. ②	24. ②	

11 Script

M: Hey, Jessica. Do you have plans for Saturday afternoon?
W: Not yet. Do you have something in mind?
M: I want to go to the bookstore. Do you want to come?
W: That sounds great! I need to buy some books and CDs for my English test.
M: That is a great idea.

남자: 이봐, Jessica. 토요일 오후에 계획 있어?
여자: 아직 없는데. 염두에 두고 있는 거 있니?
남자: 나는 서점에 가고 싶어. 너도 갈래?
여자: 그거 좋지! 영어 시험 준비를 위해 책과 CD를 좀 사야 하거든.
남자: 좋은 생각이야.

Q. 여자는 서점에서 무엇을 살 것인가?
① 달력
② 잡지
③ 패션 DVD
④ 책과 CD

여자의 두 번째 말에 그대로 나타나 있습니다. 영어 시험을 위해 책과 CD를 구입할 예정입니다.

• Saturday afternoon 토요일 오후
• yet 아직
• have ~ in mind ~을 염두에 두다
• need to ~ ~해야 한다, ~할 필요가 있다

12 Script

W: Get up, Derek. You are late for school.
M: Oh, no. Not again.
W: Why don't you buy an alarm clock?
M: I tried. But I always forget to buy one.
W: Your laziness could cost you a lot this time.

여자: 일어나, Derek. 너 학교에 늦었어.
남자: 오, 안돼요. 또 지각하면 안 되는데.
여자: 알람 시계를 하나 사지 그러니?
남자: 그럴려고 했어요. 그런데 늘 사는 걸 잊어버려요.
여자: 너는 게으름 때문에 이번에는 많은 것을 잃을지 모른다.

Q. 남자가 알람 시계를 사지 않는 이유는 무엇인가?
① 사는 것을 잊는다.
② 항상 빨리 일어난다.
③ 대신 휴대전화가 있다.
④ 수업이 오후에 있다.

남자의 I always forget to buy one.이라는 말을 통해 사는 것을 늘 잊어버리고 있음을 알 수 있습니다. forget buying이라고 표현한다면 '예전에 샀던 사실을 지금 잊고 있다'는 뜻이 됩니다.

• get up 일어나다
• alarm clock 알람 시계, 자명종
• forget to ~ ~할 것을 잊다
  (cf. forget ~ing ~했던 사실을 잊다)
• laziness 게으름
• cost ~에게 비용이 들게 하다 (cost-cost-cost)
• a lot 많이

• this time 이번에는

13 Script

M: I'm going to take my nephews to the Halloween party.
W: Where will you take them?
M: I will bring them to Karen's house.
W: What kind of candy did Karen get for them?
M: She got a mixed bag of chocolate candies.

남자: 나는 내 조카들을 할로윈 파티에 데려갈 거야.
여자: 그들을 어디로 데려갈 건데?
남자: Karen의 집으로 데려가려고 해.
여자: Karen은 조카들을 위해 어떤 종류의 사탕을 샀니?
남자: 혼합 초콜릿 캔디 한 봉지를 샀어.

Q. Karen은 할로윈 파티를 위해 무엇을 준비했는가?
① 장난감 상자
② 땅콩 버터
③ 과일 캔디 한 봉지
④ 초콜릿 캔디 한 봉지

Karen은 마지막 말 a mixed bag of chocolate candies에서 초콜릿 캔디 한 봉지를 준비했음을 알 수 있습니다.

• take A to B A를 B로 데려가다
• nephew 남자 조카 (cf. niece 여자 조카)
• get 얻다, 사다
• mixed 혼합된

14 Script

W: Both of these bags are really nice.
M: The blue one is the most popular bag in our store.
W: I like its color but it is more expensive than I thought.
M: Why don't you take the red bag? It's cheaper and is the same size.
W: OK, I think I should get that one.

여자: 이 가방들 둘 다 정말 멋지네요.
남자: 파란 것은 우리 가게에서 가장 인기 있는 가방이에요.
여자: 색상은 맘에 드는데 생각보다 더 비싸네요.
남자: 빨간 것을 사는 게 어때요? 값은 더 싸고 사이즈는 같아요.
여자: 좋아요. 그것으로 사야겠네요.

Q. 이 대화는 어디에서 이루어지고 있는 것 같은가?
① 가게
② 학교
③ 병원
④ 레스토랑

여자는 가방이 맘에 드는데 너무 비싸다고 하자 남자는 싼 것을 권하고 여자는 그것을 사기로 합니다. 물건을 사고 파는 장소입니다.

• both of ~ ~ 둘 다
• popular 인기 있는
• cheaper 더 싼 (cheap-cheaper-cheapest)

15 Script

M: Hi. How much is the sandwich?
W: It's $5 each for the morning special.
M: Does it come with coffee?
W: Yes, it comes with a free drink. You can choose coffee if you want.
M: OK, let me get two sandwiches and I need another cup of coffee, too.

남자: 안녕하세요. 샌드위치 얼마죠?
여자: 아침 특선으로 하나에 5 달러예요.
남자: 커피가 같이 나오나요?
여자: 네. 무료 음료와 같이 나옵니다. 원하시면 커피를 선택해도 되죠.
남자: 좋아요. 샌드위치 두 개 주시구요. 커피 한 잔 추가로 더 주세요.

Q. 남자는 아침식사로 무엇을 주문했는가?
① 스테이크　　　　　　　　② 샌드위치
③ 햄버거　　　　　　　　　④ 오렌지 주스

남자의 마지막 말(let me get two sandwiches ~)에서 알 수 있습니다.

• each　각각, 하나에
• special　특별 메뉴
• free　무료의
• another　또 하나의

16 Script

W: Hey, Jack. Could you do me a favor?
M: Sure, what is it?
W: Actually my car has engine problems. Can you go to the mechanic's shop with me?
M: Oh, I'd be glad to.
W: Thank you. Then I should call them to pick up my car.

여자: 이봐, Jack. 부탁 하나 들어 줄래?
남자: 그러지, 뭔데?
여자: 사실은 내 차가 엔진에 문제가 있거든. 나랑 같이 정비소에 가 줄 수 있니?
남자: 아, 기꺼이 그러지.
여자: 고마워. 그럼 나는 내 차를 끌고 가라고 그들에게 전화해야겠다.

Q. 여자는 남자에게 무엇을 부탁하는가?
① 자기 차를 밀어달라고
② 집까지 태워 달라고
③ 운전을 가르쳐 달라고
④ 자기와 같이 자동차 수리점에 가자고

여자는 엔진에 문제가 있으니 같이 정비소에 가 달라고 했고 마지막 말에서는 정비소에 차를 끌고 가라고 전화를 하겠다고 말하고 있습니다.

• do A a favor　A에게 호의를 베풀다, 청을 들어주다
• auto repair shop　자동차 정비소

17 Script

M: What can I do for you?
W: I'd like to see the manager.
M: May I ask what it's about?
W: The DVD player I bought last week isn't working at all! I want to get a refund.
M: Sorry about that. I'll talk to the manager right away.

남자: 무엇을 도와 드릴까요?
여자: 지배인 좀 만나고 싶네요.
남자: 무슨 일인지 여쭤 봐도 될까요?
여자: 지난주에 산 DVD 플레이어가 전혀 작동이 안 되네요. 환불을 받고 싶어요.
남자: 죄송합니다. 당장 지배인께 말씀 드리겠습니다.

Q. 여자가 요구하는 것은 무엇인가?
① 환불　　　　　　　　　② 교환
③ 새 DVD 플레이어　　　④ 그녀의 DVD 플레이어의 수리

여자는 DVD 플레이어가 작동이 안 된다며 "I want to get a refund."이라고 환불을 분명하게 요구하고 있습니다.

• not ~ at all　전혀 ~ 아닌
• work　(기계가) 작동하다
• refund　환불
• get a refund　환불을 받다
• right away　당장

18 Script

W: How long have you played basketball?
M: I have played basketball since the 3rd grade.
W: Wow, that is a long time.
M: After I became a 9th grader this year, I stopped practicing to study more.
W: You must be good at basketball.

여자: 너는 농구를 얼마 동안 했니?
남자: 3학년 때 이후로 농구를 했지.
여자: 와, 그거 긴 시간이네.
남자: 금년에 9학년이 된 뒤 공부를 더 하기 위해 연습을 중단했어.
여자: 너는 틀림없이 농구를 잘할 거야.

Q. 남자는 몇 년 동안 농구를 했나요?
① 약 3년간　　　　　　　② 약 4년간
③ 약 6년간　　　　　　　④ 약 9년간

남자는 3학년 때부터 농구를 시작했고, 9학년이 된 후에 그만두었으므로 약 6년간 농구를 했습니다.

• how long　얼마나 오랫동안
• since　~이래로
• this year　금년에
• stop ~ing　~ 하던 것을 중단하다
• more　더 많이
• must　~임에 틀림없다
• be good at ~　~을 잘하다

19 Script

M: My computer isn't working. I'm thinking about getting a new one.
W: You should wait until next month. There will be a huge sale.
M: I can't wait any longer! I have reports to do by next week.
W: Then why don't you buy it online? It will save you time.
M: That's a good idea!

남자: 내 컴퓨터가 작동이 안 되고 있어. 새 것을 하나 살까 생각 중이야.
여자: 다음 달까지 기다리는 게 좋겠는데. 대규모 할인 판매가 있을 예정이거든.
남자: 더 이상 기다릴 수 없어! 다음 주까지 써야 하는 리포트들이 있단 말야.
여자: 그러면 온라인으로 사면 어떨까? 너에게 시간을 절약해 줄거야.
남자: 그거 좋은 생각이다!

Q. 여자가 남자에게 제안하는 것은 무엇인가?
① 서비스 센터에 전화하기
② 컴퓨터 가게에 가기
③ 이번 주까지 리포트를 완성하기
④ 컴퓨터를 사기 위해 인터넷을 이용하기

여자는 컴퓨터를 온라인으로 살 것을 제안하였으므로(Why don't you buy it online?) 컴퓨터를 사기 위해 인터넷을 이용하라는 의미로 볼 수 있습니다.

• think about ~ing ~할 것을 고려중이다
• huge 거대한
• not ~ any longer 더 이상 ~ 아닌
• by ~ ~때까지는
• save 절약하다

20 Script

W: I'm going to visit Australia during the summer vacation.
M: That must be exciting! I went to Australia last year to see the Opera House.
W: Really? There are so many things I want to see. But I'll see the Harbour Bridge first.
M: Well, have a nice trip and don't forget to send me a postcard.
W: I would never forget that.

여자: 나는 여름 방학 중에 호주에 갈 계획이야.
남자: 신나겠네! 나는 작년에 오페라 하우스를 보러 호주에 갔지.
여자: 정말? 내가 보고 싶은 것이 아주 많아. 하지만 하버 브리지를 먼저 보고 싶어.
남자: 그럼, 여행 재미있게 하고 나에게 잊지 말고 엽서 보내.
여자: 절대로 잊지 않을게.

Q. 여자는 호주에서 어느 장소를 먼저 보고 싶어 하는가?
① 오페라 하우스
② 하버 브리지
③ 국회 의사당
④ 그레이트 배리어 리프[대보초]

여자의 두 번째 말에서 알 수 있습니다. Opera House는 남자가 작년에 다녀온 곳이고 ③, ④에 대해서는 언급이 없습니다.

• during ~ 도중에
• vacation 방학, 휴가
• must ~임에 틀림없다
• exciting 신나는
• first 먼저
• Don't forget to ~. ~하는 것 잊지 마., 잊지 말고 ~해.
• would ~할 것이다
• Great Barrier Reef 대보초 (호주 북동해안의 산호초 지역)

21 Script

M: Where do you live, Ashley?
W: I live in Sinsa District. It is a little bit far from the school.
M: Really? I used to live there until a month ago.
W: What a coincidence!
M: I still miss my neighbors. They were like my family.

남자: Ashley, 너 어디에 사니?
여자: 나는 신사 지구에 살아. 학교에서 약간 떨어져 있어.
남자: 정말? 한 달 전까지 나도 거기에 살았는데.
여자: 정말 우연이구나!
남자: 난 여전히 이웃들이 보고 싶어. 그들은 내 가족 같았지.

Q. 남자와 여자에 대해 알 수 있는 것은?
① 남자는 송파에 산다.
② 여자는 신사를 5년 전에 떠났다.
③ 남자는 신사 지구에 한 달 전에 살았다.
④ 남자는 전에는 이웃들과 갈등이 있었다.

①, ②는 대화에 전혀 언급이 없고 ④는 남자의 마지막 말(They were like my family.)로 미루어보아 사실과 다른 내용입니다.

• district 지구, 지역, 구역
• a little bit 약간
• far from ~ ~에서 떨어진
• used to ~ (전에) ~ 했다 (지금은 그렇지 않음)
• coincidence 우연
• still 지금도, 여전히
• miss 보고 싶어 하다, 그리워하다
• neighbor 이웃사람

22 Script

W: Ted, do you want to see some pictures of my daughter?
M: I'd love to, Jane. How old is your daughter?
W: Now she's nine months old.
M: Oh, look at her hands! I really want to meet her.
W: Yeah. Isn't she just lovely?

여자: Ted, 내 딸 사진을 보고 싶니?
남자: 꼭 그러고 싶어, Jane. 네 딸이 몇 살이지?
여자: 지금 9개월이야.
남자: 오, 네 딸 손 좀 봐! 정말 만나 보고 싶다.
여자: 그래. 그녀가 정말 사랑스럽지 않니?

Q. 이 대화에 따르면 사실이 아닌 것은?
① Jane은 자기 딸이 사랑스럽다고 생각한다.
② Ted는 Jane의 딸을 보고 싶어 한다.
③ Jane의 아기는 석 달 전에 태어났다.
④ Ted와 Jane은 사진들을 보고 있다.

Jane의 말 (Now she's nine months old.)에서 그녀의 딸은 석 달 전에 태어났다는 ③이 사실과 다릅니다.

• lovely 사랑스러운
• was[were] born 태어났다

23 Script

M: What's the weather like in New York?
W: It's pretty good now. But I heard there will be heavy rain next week.
M: In Seoul, the rainy season has just ended.
W: Is it really hot in Seoul?
M: Yes. It is the best time for vacation and many people go to the beach.

남자: 뉴욕의 날씨는 어떠니?
여자: 지금은 꽤 괜찮아. 하지만 다음 주에 폭우가 쏟아질 거라고 들었어.
남자: 서울에는 장마가 막 끝났는데.
여자: 서울 날씨가 정말 덥니?
남자: 응. 휴가를 보내기 가장 좋은 때이고 많은 사람들이 바닷가로 가지.

Q. 남자와 여자는 지금 어디에 있는가?
① 서울 – 일본
② 서울 – 뉴욕
③ 일본 – 홍콩
④ 홍콩 – 뉴욕

대화 속에 등장하는 도시는 뉴욕과 서울이며 각각 그 도시에 있으면서(남자는 서울에; 여자는 뉴욕에) 상대방 지역의 날씨를 묻고 대답하고 있습니다.

• What's the weather like in ~? ~의 날씨는 어떻지?
  (= How's the weather in ~?)
• pretty 꽤, 제법
• heavy rain 폭우
• rainy season 우기, 장마철

- just 방금, 막
- end 끝나다
- go to the beach 바닷가로 가다

24 Script

W: Oh, no! Has the plane left already?
M: I'm sorry. It's just left.
W: Is there anything I can do? I really need to arrive in Atlanta tomorrow.
M: Well, you should contact the airlines first. Next flight to Atlanta will be at 7 pm.
W: Thanks for letting me know. I wish I could get to the Thanksgiving dinner on time.

여자: 오, 안돼! 비행기가 이미 떠났나요?
남자: 죄송합니다. 방금 떠났어요.
여자: 내가 할 수 있는 게 없나요? 나는 꼭 내일 Atlanta에 도착해야만 해요.
남자: 글쎄요, 먼저 항공사에 연락을 해 보세요. Atlanta행 다음 항공편은 오후 7시에 있습니다.
여자: 알려주셔서 고마워요. 제시간에 추수감사절 저녁식사에 도착할 수 있다면 좋겠는데.

Q. 대화 후 여자는 무엇을 할 것 같은가?
① 점심식사 하기
② 항공사에 전화하기
③ 자신의 항공편을 취소하기
④ 대신 기차를 타기

남자가 '항공사에 연락(contact the airlines)할' 것을 조언하자 여자는 알려줘서 고맙다고 말하는 것에서 답을 찾을 수 있습니다. contact는 '~에게 연락하다'의 뜻이며 전치사가 필요없이 바로 목적어가 뒤에 옵니다.

- already 벌써, 이미
- arrive in ~ ~에 도착하다
- contact ~에 연락하다
- wish 바라다, 원하다
- get to ~ ~에 다다르다, 도착하다
- on time 제시간에
- cancel 취소하다

Part 4 본문 131쪽

25. ② 26. ② 27. ④ 28. ④ 29. ③
30. ②

25 Script

(M) Good evening, passengers. This is your captain speaking. We are at an altitude of 33,000 feet and our airspeed is about 400 miles per hour. The weather in London is clear and sunny. We are expecting to land in London fifteen minutes early. I'll talk to you again before we reach our destination. Enjoy your flight.

승객 여러분, 안녕하세요. 기장입니다. 우리는 고도 3,3000 피트 높이에 있고 비행 속도는 시속 약 400 마일입니다. 런던의 날씨는 맑고 화창합니다. 우리는 런던에 15분 일찍 착륙할 것으로 예상됩니다. 목적지에 도착하기 전에 다시 승객 여러분에게 말씀드리겠습니다. 즐거운 비행기 여행되세요.

Q. 런던의 날씨는 어떤가?
① 덥고 비가 온다
② 맑고 화창하다
③ 덥고 화창하다
④ 흐리고 비가 온다

기장이 런던의 날씨는 clear and sunny라고 말하고 있습니다. clear는 '맑은' 날씨이고 sunny는 '해가 나서 화창한' 날씨를 말합니다.

- passenger 승객
- captain 기장, 선장, 주장
- altitude 고도
- at an altitude of ~ ~의 고도로
- per hour 시간당 (= an hour)
- expect 기대하다, 예상하다
- land 착륙하다 (↔ take off)
- ~ early ~ (시간) 일찍
- reach 도달하다
- destination 목적지
- flight 비행기 여행

26 Script

(W) Born on October 30, 1960, Diego Maradona grew up with soccer. He started his career in Argentina at 15 years old. He led an Argentina youth team to win the world cup in 1979. Then he joined the team where he would win two Italian Championships. In the meantime, he became the hero of Argentina in the 1986 Mexico World Cup where he led the team to the final victory.

Diego Maradona는 1960년 10월30일에 태어나서 축구와 함께 자랐습니다. 그는 15세에 아르헨티나에서 그의 경력을 시작했습니다. 그는 1979년 아르헨티나 청소년 팀을 월드컵 우승으로 이끌었습니다. 그리고 나서 그가 입단한 팀이 이탈리아 선수권 대회에서 두 번 우승을 했습니다. 한편, 그는 1986년 멕시코 월드컵에서 팀의 결승전 승리를 이끌면서 아르헨티나의 영웅이 되었습니다.

Q. 화자에 따르면 Diego Maradona에 대해 언급되지 않은 것은?
① 1960년에 태어났다.
② 20세에 축구를 시작했다.
③ 아르헨티나의 영웅이 되었다.
④ 1986년 멕시코 월드컵에서 우승했다.

두 번째 문장에서 15세의 나이에(at his 15 years old) 경력을 시작했다고 언급되어 있습니다.

- grow up 자라다, 성인이 되다 (grow-grew-grown)
- career 경력, 이력
- youth 젊음, 청춘
- lead 이끌다 (lead-led-led)
- win 우승하다
- championship 선수권 대회, 결승전
- in the meantime 한편, 그러는 사이에
- hero 영웅
- final 결승전; 최후의

27 Script

(M) It was the most terrifying moment in my life. I was on the 34th floor of our hotel room in Tokyo and suddenly things started to shake a lot, which really surprised me. I felt like the whole earth was moving. After the shaking stopped, we walked down to the first floor and moved to a safer location. I couldn't calm myself for a long time and it still scares me when I think about that moment.

그것은 내 인생에서 가장 무서운 순간이었다. 나는 도쿄의 34층에 있는 우리

호텔방에 있었는데 갑자기 물건들이 많이 흔들리기 시작했고 이것은 나를 정말 놀라게 했다. 나에게는 지구 전체가 움직이고 있는 것처럼 느껴졌다. 흔들림이 멈춘 뒤에 우리는 1층으로 걸어 내려갔고 보다 안전한 장소로 이동했다. 나는 오랫동안 진정할 수 없었고 그 순간을 생각하면 아직도 나를 겁먹게 만든다.

Q. 화자는 어떤 재난을 경험했는가?
① 화재　　　　　　　② 홍수
③ 태풍　　　　　　　④ 지진

'started to shake(흔들리기 시작했다)', '~ the whole world is moving(지구 전체가 움직인다 ~),' 'After the shaking stopped(흔들림이 멈춘 뒤)' 등의 표현에서 지진임을 알 수 있습니다.

- terrifying   무서운, 겁나게 하는
- moment   순간
- floor   층
- suddenly   갑자기 (= all of a sudden)
- whole   전체의
- earth   지구
- walk down to ~   ~로 걸어 내려가다
- location   장소, 위치
- calm oneself   진정하다
- for a long time   오랫동안
- scare   겁먹게 하다
- think about ~   ~에 대해 생각하다
- flood   홍수
- typhoon   태풍

28 Script

(W) I'm grateful to receive this award and to represent the UWC public relations program. I couldn't have done it if it hadn't been for the public relation knowledge I gained from the classes and professors at UWC. The competition gave me the hands-on experience of an actual public relations case. I feel even more prepared now to enter the workforce after I graduate.

저는 이 상을 받게 되고 UWC의 홍보 프로그램을 대표하게 된 것에 감사드립니다. 제가 UWC에서 강의와 교수님들을 통해 얻은 홍보 관련 지식이 없었다면 이것을 해내지 못했을 것입니다. 이 대회를 통해 저는 실제적인 홍보 사례에 직접 부딪히는 경험을 얻을 수 있었습니다. 저는 졸업 후에 직업 전선에 들어갈 준비가 훨씬 더 많이 되어 있다고 지금 느끼고 있습니다.

Q. 이 연설의 주요 목적은 무엇인가?
① 강의하기 위해
② 사과하기 위해
③ 새로운 프로그램 발표하기 위해
④ 상을 받은 것에 감사 표시하기 위해

상을 받게 되어 감사하다라는 말로 연설을 시작하고 있습니다. 이 대회를 통해 값진 경험과 커다란 자신감을 얻었다는 수상 소감입니다.

- be grateful to ~   ~하게 된 것에 감사하다
- represent   대표하다
- public relation   홍보, 섭외 (= PR)
- couldn't have p.p.   ~을 하지 못했을 것이다
- if it hadn't been for ~   ~이 없었다면
- knowledge   지식
- gain   얻다
- professor   교수
- competition   대회, 시합; 경쟁
- hands-on   직접 해보는

- experience   경험
- actual   실제적인
- case   사례, 실례
- even   훨씬 (비교급 앞에서 비교급수식함)
- enter   들어가다
- graduate   졸업하다

29 Script

(Rings)
(M) Hi. Marshall. I'm calling about the hockey game this Friday. I heard that Eric got an injury and could not play for our team. Since we don't have another player to change, it might be difficult to start the game on that day. If you don't have anything happening, I think we should change the schedule to next Sunday. Let me know what you think. Bye.

(전화벨이 울린다)
안녕, Marshall. 나는 이번 주 금요일의 하키 게임과 관련해 전화하는 거야. 나는 Eric이 부상을 입었고 그래서 우리 팀을 위해 경기를 할 수 없게 되었다고 들었어. 우리에게는 교체할 다른 선수가 없기 때문에 그날 게임을 시작하기가 어려울 것 같아. 너에게 별다른 일이 생기지 않는다면 우리는 다음 주 일요일로 스케줄을 변경해야 할 것 같아. 네 생각을 알려 줘. 안녕.

Q 남자는 게임 일정을 언제로 바꾸고 싶어 하는가?
① 다음 주 월요일　　　　② 다음 주 금요일
③ 다음 주 일요일　　　　④ 다음 달

끝부분에서 ~ we should change the schedule to next Sunday라고 말하는 것에서 알 수 있습니다.

- get an injury   부상을 입다 (get-got-gotten)
- since   ~이므로
- might   ~일지도 모른다
- difficult   어려운
- on that day   그날
- happen   (일이) 일어나다
- Let me know ~.   나에게 ~을 알려 줘.

30 Script

(W) Many scientists believe that sleep is the collection of memories and thoughts throughout the day. During sleep, our mind has a chance to process the information of the day. Things begin to get rearranged so that we can then start our business the following day. Also, our brain throws away useless information which we no longer need. If it weren't for sleep, our brain would be full of disorganized information.

많은 과학자들은 잠이 하루 동안의 기억과 생각의 모음이라고 믿고 있습니다. 잠자는 동안 우리의 정신은 그날의 정보를 처리할 기회를 갖습니다. 일들이 재배열되기 시작해서 우리는 다음날 우리의 일을 계속할 수 있게 됩니다. 또한 우리의 뇌는 더 이상 필요없게 된 불필요한 정보를 갖다 버립니다. 만약 잠이 없다면 우리의 뇌는 산만한 정보로 가득 차 있게 될 것입니다.

Q. 다음 중 연설의 제목으로 가장 적절한 것은?
① 어떻게 정보를 수집할까
② 무엇이 잠을 그렇게 중요하게 만드는가
③ 우리는 잠을 얼마나 자야 하는가
④ 무엇이 뇌를 더 작게 자라게 만드는가

잠은 그날의 정보를 처리하고 뇌에서 필요 없는 정보를 정리해 주는 필수적인 역할을 하기 때문에 아주 중요하다고 말하고 있습니다.

- collection   모음, 수집
- memory   기억
- thought   생각
- throughout the day   하루 동안[내내]
- mind   생각, 마음
- have a chance to ~   ~할 기회를 갖다
- process   처리하다, 가공하다
- get rearranged   재배치되다, 재조정되다
- following   다음의
- brain   뇌
- throw away   버리다
- useless   쓸모없는
- no longer   더 이상 ~ 아닌
- If it were not for ~   ~이 없다면
- be full of ~   ~로 가득 차 있다
- disorganized   산만한, 체계적이지 않은

Section 2 Reading Part

Part 5
본문 132~133쪽

| 1. ② | 2. ② | 3. ④ | 4. ③ | 5. ④ |
| 6. ② | 7. ② | 8. ④ | 9. ② | 10. ② |

이 기념비는 전쟁에서 죽은 사람들을 위해 만들어졌다.

② are → is
memorial(기념비)은 단수이므로 앞에 These가 아닌 This가 왔으며 주어가 3인칭 단수이므로 동사는 is가 쓰입니다.

- memorial   기념비
- those who ~   ~하는 사람들
- die   죽다
- war   전쟁

Johnson은 발송부 내의 일자리에 지원하기로 결심했다.

② applying → apply
decide(결심하다)는 목적어로 to부정사(to+동사원형)을 씁니다.

- decide to ~   ~하기로 결심[결정]하다 (decide-decided-decided)
- apply for ~   ~에 지원하다
- shipping department   발송부

Tim은 저녁식사가 나오기 전에 발표를 할 것이다.

④ serve → served
저녁식사는 '제공되는' 것이므로 dinner와 serve와의 관계는 수동입니다. 따라서 is 뒤에는 과거분사의 형태가 와야 합니다.

- presentation   발표, 설명
- serve   (음식) 내놓다, 제공하다 (serve-served-served)

다음 주 일요일 이 행사에 참가하는 사람은 누구나 무료 저녁식사를 제공받을 것이다.

③ got → will get
아직 오지 않은 미래 시점(next Sunday)의 일이므로 과거형(got)은 잘못된 표현입니다. 이 문장의 주어는 anyone, 동사는 will get이 되며 attends는 주어 anyone을 수식하는 관계절 속의 동사입니다.

- anyone   누구든지
- attend   참가하다, 참석하다
- free   무료의

세금부서 관리는 보고서를 세심하게 확인해야 할 것이다.

④ careful → carefully
동사(check)는 부사의 수식을 받습니다. careful은 형용사로 명사를 앞에서 수식할 수 있습니다. 동사를 수식하는 부사는 동사보다 뒤에 오는 경우가 많습니다.

- tax   세금
- department   부, 부서
- official   관리, 공무원
- need to ~   ~해야 한다, ~ 할 필요가 있다

그는 화장실을 찾기 위해 버스에서 내리려고 하였다.

① 그래서   ② 내리다 (get off)
③ 그리고   ④ 하지만

화장실을 찾아야 하니까 버스에서 내리는 것이 자연스럽습니다. 나머지 선택지는 get과 연결되지 않습니다.

- try to ~   ~하려고 시도하다 (try-tried-tried)
- get off   (버스, 지하철 등에서) 내리다 (↔ get on)
- restroom   화장실

Alex Rodriguez는 그의 팀을 2009년 월드 시리즈로 이끌었다.

① 그가   ② 그의
③ 그를; 그에게   ④ 그 자신

빈칸 앞의 led는 동사이고 team은 목적어이므로 빈칸에는 목적어를 수식하는 말이 필요합니다.

- lead   이끌다, 지도하다 (lead-led-led)
- World Series   미국 프로야구(Major League) 챔피언 결정전

Dirk가 사무실로 오기 전에 그의 조수는 거기에 도착해 있었다.

① 여전히   ② 당시에
③ ~ 후에   ④ ~ 전에

내용이 자연스럽게 연결되려면 시간을 나타내는 접속사가 적절합니다. Dirk

가 온 시점(과거)보다 조수가 도착해 있었던 것이 더 앞서므로 과거완료(had p.p.)를 사용하였습니다. 따라서 접속사도 '~하기 전에'라는 의미가 되어야 합니다.

- office 사무실
- assistant 조수, 보조원
- arrive 도착하다 (arrive-arrived-arrived)

Eddy는 아이들 대상의 비디오 게임을 만드는 회사에서 일합니다.

빈칸부터 끝까지가 앞에 있는 company를 수식하는 관계절입니다. company는 사물이고 관계사절 속에서 주어 역할을 하므로 주격 관계대명사 that 또는 which가 적절합니다.

- work for ~ ~ (직장)에서 일하다
- company 회사
- kid 아이

안전 예방책으로 Larry는 건물 점검을 시행하기 위해 항상 믿을 만한 연장들을 사용한다.

① 의지하다; 신뢰하다
② 믿을 만한
③ 믿을 수 있게
④ 신뢰성

명사 tools를 앞에서 수식하려면 형용사가 쓰여야 합니다. ① 동사, ③ 부사, ④ 명사이므로 적절하지 않습니다.

- as ~로서
- safety 안전
- precaution 예방책, 예방 조치
- inspection 점검, 조사
- tool 연장, 도구

Part 6
본문 134~135쪽

| 11. ③ | 12. ④ | 13. ③ | 14. ② | 15. ① |
| 16. ④ | 17. ③ | 18. ② | 19. ② | 20. ② |

Mark Zuckerberg는 젊었을 때 재산을 모아 억만장자가 되었다.

① 관계, 유대
② 장애물, 장벽
③ 재산, 부
④ 진술; 성명서

fortune은 '재산, 부' 또는 '행운'의 뜻이 있는데 make와 같이 쓰이면 '재산을 모으다'의 뜻이 됩니다.

- age 나이
- at an early age 젊은 나이에
- make a fortune 재산을 모으다, 부자가 되다
- billionaire 억만장자, 갑부

우리 회사는 새 크래커 브랜드의 판매를 촉진하기 위해 만화영화 캐릭터를 사용해야 한다.

① 맛보다
② 접근하다
③ 제거하다
④ 판매를 촉진하다

주어진 네 단어 모두 동사원형으로 목적의 to부정사 형태로 적합하므로 내용상 가장 자연스러운 것을 골라야 합니다. 새로운 크래커와 관련해 만화영화 캐릭터를 사용한다면 판촉 활동의 일환일 것입니다.

- cartoon character 만화영화 캐릭터
- crocker 크래커 (과자의 일종)
- promote 판매를 촉진하다

James는 이번 마케팅 캠페인에서 중대한 역할을 하고 있다.

① 유일한
② 가까운
③ 중대한, 결정적인
④ 긴급한

명사 role을 앞에서 수식할 수 있는 형용사들이 제시되어 있습니다. 문맥상 '중요한' 역할을 하고 있다는 말이 가장 자연스럽습니다.

- play a[an] ~ role ~한 역할을 하다

집에 바로 가는 대신 나는 쇼핑몰에 들러 쇼핑을 하기로 결심했다.

① 널리, 폭넓게
② 곧장, 바로
③ 원래, 본래
④ 이전에

집에 가기는 할 것인데 쇼핑몰을 들른 뒤 갈 것이므로 집에 '바로' 가지 않는다는 표현이 적절합니다.

- instead of ~ing ~ 하는 대신에
- mall 몰, 쇼핑몰 (= shopping mall)

경상남도는 비상 상황에 대응하기 위해 특별팀도 조직하였다.

① ~에 대응하다
② 포기하다
③ 의지하다
④ ~의 결과로 생기다

특별팀(special team)과 비상 상황(emergency situation) 등의 단어는 '대응하다'라는 표현과 어울립니다.

- organize 조직하다
- emergency 비상

16

그것은 가공하지 않은 나무 조각으로 만든 악기이다.

① 접근; 입장
② 보험
③ 숙제
④ 기구, 도구

musical instrument는 '악기'의 뜻으로 쓰이나 instrument만으로도 같은 뜻으로 쓸 수 있습니다.

• raw   가공하지 않은; 날 것의
• a piece of wood   나무 조각

우리는 너와 Michael을 포함해 7명의 음식을 준비해야 한다.

① 조율하다   ② 수리하다
③ 준비하다   ④ 주저하다

①, ②, ④는 음식(food)과 관련짓기 어려운 단어들입니다.

• including ~   ~을 포함해서

몸은 스스로를 유지하기 위해 적절한 영양분(섭취)을 필요로 합니다.

① 약한   ② 적절한
③ 간접적인   ④ 부주의한

몸을 잘 유지하기 위해서 영양분(섭취)은 ① '약해서도' ③ '간접적이어도' ④ '부주의해서도' 안 되고 ② '적절해야' 합니다.

• require   필요로 하다
• maintain   유지하다, 지키다
• nutrition   영양, 영양분; 영양 섭취

우리는 내년 학교 회장 선거에서 누가 승리할지 정확하게 알지 못한다.

① 천천히   ② 정확하게
③ 빨리   ④ 호기심에서

exactly는 '정확히'의 뜻이므로 내용상 know(알다)와 가장 자연스럽게 어울립니다.

• election   선거

McMillan 교수님에 대한 존경심을 보여 드리기 위해 우리는 일어서서 모자를 벗었다.

① (불을) 껐다   ② 벗었다
③ 부서졌다   ④ 합산했다

take off는 '(모자나 옷을) 벗다'의 의미입니다. 반대말 '입다'는 put on입니다.

• respect   존경심; 존경하다
• professor   교수

Part 7				본문 136~143쪽
21. ③	22. ④	23. ④	24. ④	25. ②
26. ③	27. ③	28. ③	29. ④	30. ④
31. ④	32. ③	33. ④	34. ②	35. ①

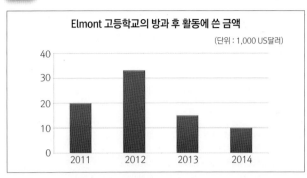

Q. 그래프에 따르면 다음 중 사실인 것은?
① 자료는 1년에 두 번 수집되었다.
② 2012년에 쓴 돈이 가장 적었다.
③ 사람들은 2014년보다 2013년에 돈을 더 많이 썼다.
④ 2011년과 2013년에 쓴 돈의 액수는 같다.

① 2011년부터 2014년까지 1년마다의 자료가 소개되고 있습니다.
② 2012년에 쓴 돈이 가장 많았습니다.
③ 2014년에 쓴 돈이 가장 적으므로 맞는 설명입니다.
④ 2011년에 쓴 액수가 2013년에 쓴 액수보다 많습니다.

• after shool   방과 후
• collect   모으다, 수집하다
• amount   액수; 총계

할인 판매!! 아름다운 현대식 바이올린 – 800 달러
뛰어난 현대식 일류 바이올린
탁월한 소리와 고풍스러운 외관
실물 크기 (4/4, 35.5 mm), 새로운 현
새로운 현대식 활과 케이스 포함됨.
연락처를 남겨 주시면 곧 다시 연락드리겠습니다.

Q. 이 광고를 통해 알 수 없는 것은?
① 악기의 크기
② 악기의 종류
③ 악기의 가격
④ 판매자의 연락 정보

악기의 종류는 바이올린이고, 실물 크기가 제시되었고, 가격은 800 달러입니다. 판매자는 자신의 연락처는 알려주지 않은 채 사려는 사람에게 연락처를 남겨 달라고 했습니다.

• outstanding   뛰어난
• master   일류의
• antique   고풍스러운
• full size   실물 크기의
• string   (악기의) 현, 줄
• bow   (바이올린 등의) 활
• include   포함시키다
• get back to ~   ~에게 다시 연락하다

모든 피자에 2 달러 할인
모든 크기, 가격 대의 피자에 대해 정가에서 2달러 할인을 받으세요.
제한된 시간 동안만 가능

무료 2리터
피자나 파스타를 구입하면 음료 2리터 무료
제한된 시간 동안만 가능

Q. 2리터짜리 음료를 어떻게 무료로 얻을 수 있는가?
① 쿠폰 두 장을 다 사용해서
② '무료 2리터' 쿠폰을 사용해서
③ '모든 피자 2달러 할인' 쿠폰을 사용해서
④ 파스타를 사서 얻은 '무료 2리터' 쿠폰을 사용해서

2리터 무료 음료 쿠폰은 피자나 파스타를 살 때 얻을 수 있고 이 쿠폰으로만 2리터의 음료를 무료로 제공받을 수 있습니다.

- regular-priced 정가의
- limited 제한된
- purchase 구매, 구입

안녕, Steve,
우리가 내일 모임이 있는데 네가 노트북 컴퓨터를 갖고 왔으면 해. 우리는 다음 주 발표를 위해 어느 chapter를 선정할지를 아직 결정하지 못했어. 하지만 미리 준비해야 한다는 데에 Charlie와 나는 의견의 일치를 보았어. 결정을 하기 전에 우리는 웹에서 정보를 더 많이 찾아봐야 할 것 같아. 만약 네가 노트북을 갖고 올 수 없다면 하나 빌릴 수 있도록 우리에게 알려 줘. 어쨌든 내일 보자!
Kevin

Q. 왜 Kevin은 Steve에게 이메일을 썼는가?
① 그들이 무엇을 먹을 예정인지 물어 보려고
② 그들이 몇 시에 만날 것인지 말해 주려고
③ 가장 인기있는 노트북 컴퓨터가 어떤 것인지 물어 보려고
④ 그가 모임에 뭘 가져와야 하는지 말해 주려고

이메일을 보낸 사람(Kevin)은 첫 번째 문장에서 요점을 밝히고 있고 (내일 노트북을 갖고 왔으면 한다), 그 뒤에는 회의 준비와 관련된 설명을 덧붙이고 있습니다.

- yet 아직
- agree 동의하다
- in advance 미리
- make a decision 결정하다 (= decide)
- so that A can ~ A가 ~할 수 있도록
- anyway 아무튼

상급 학년 시험 스케줄				
	화	수	목	금
오전 8시 30분	역사	스페인어	수학 I	지리
오전 11시	생물학	영어	수학 II	과학

Q. 시험 일정에 따르면 사실인 것은?
① 화요일에는 시험이 없다.

② 목요일에는 수학 외에는 시험이 없다.
③ 역사 시험은 목요일로 예정되어 있다.
④ 지리 시험은 토요일로 예정되어 있다.

목요일에는 8시 30분에 수학 I, 11시에는 수학 II 외에는 시험이 없으므로 이 날은 수학을 제외하고는 다른 시험이 없습니다.

- upper school 상급 학년, 상급반
- Spanish 스페인어; 스페인의
- geography 지리
- biology 생물학

2018년 동계 올림픽의 개최 도시는 '행복한 700'이라는 별명을 갖고 있습니다. 평창의 70% 이상은 고도가 해발 700m 높이인데 이것은 사람들뿐아니라 식물과 동물들에게도 완벽한 성장 조건입니다. 2월의 많은 눈과 서늘한 날씨는 평창을 겨울 스포츠를 위한 이상적인 장소로 만들어 주었습니다. 이 도시는 1975년 한국 최초로 국제 표준 스키 리조트를 개장했고 그 이후 많은 사람들이 스키와 스노우보드를 즐기고 있습니다.

Q. 평창이 겨울 스포츠로 인기가 있는 이유가 아닌 것은?
① 높은 수준의 강설량
② 잘 알려진 스키 리조트들
③ 세계 수준급 스노우보딩 선수들
④ 겨울 스포츠에 좋은 날씨 조건

마지막 문장에서 스키 리조트를 개장한 후 많은 사람들이 스키와 스노우보드를 즐기고 있다고 했을 뿐 스노우보드 선수들에 대한 언급은 없습니다.

- host (행사의) 주최국, 주최측
- above sea level 해발 고도
- growth 성장
- A as well as B B뿐만 아니라 A도
- resident 거주자, 거주민
- snowfall 강설, 강설량
- ideal 이상적인
- a number of + 복수명사 많은 ~들
- since then 그 때 이후

'프리 허그 운동'은 호주에서 시작되었는데 한국에서 빨리 확산되고 있습니다. 이 운동은 2년 전 Juan Mann이 "프리 허그"라는 말이 쓰여진 표지판을 들고 낯선 사람을 껴안으면서 시작했다. 이 운동은 다른 사람들을 기분이 더 좋게 만들기 위함이다. Mann의 명분은 다른 사람들에게 잘 받아들여졌고 이들 또한 자극을 받아 다른 사람들에게 친절함을 보여 주었다. 사회적 단절의 시대에 프리 허그 캠페인은 사람들의 가슴을 따뜻하게 해 주고 있다.

Q. 이 글은 주로 무엇에 관한 것인가?
① 좋은 말의 효과
② 낯선 사람을 껴안는 것의 위험성
③ 프리 허그 운동의 기원
④ 사회적 유대의 중요성

프리 허그 운동은 사회적 단절의 시대에 사람들을 기분 좋게 해 주기 위한 의도로 호주에서 Juan Mann이라는 사람에 의해 처음 시작되었다고 소개하고 있습니다.

- hug   껴안다
- spread   퍼지다, 확산되다
- hold up   들어올리다
- cause   원인, 이유; 대의명분, 운동
- take up   받아들이다; 가담하다; 계속 이어서 하다
- inspire   고무하다, 격려하다
- disconnection   단절

많은 젊은 소녀들은 공주가 되기를 꿈꾼다. 그들 중 꿈을 현실로 만드는 사람들은 거의 없다. Kate Middleton은 William 왕자와 결혼했는데 William은 영국 왕 서열 2위이다. William은 Kate를 왕비가 될지도 모르는 사람으로 만들었다. 세상에는 왕족이 많지 않은데, 이것은 왜 이 같은 행사가 그토록 큰 뉴스가 되었는지 그 이유를 설명해 준다. Kate와 William의 가족들은 결혼식 비용을 지불했다. 하지만 이 행사의 보안에 대한 비용은 공공 기금에서 나왔다. 현대의 동화는 돈이 많이 드는 사건인 것 같다.

Q. Kate와 William 왕자의 결혼 비용은 누가 지불했는가?
① 대중들   ② 결혼 업체
③ Kate와 William의 가족들   ④ 영국 여왕

결혼 비용은 가족들이, 결혼식 보안에 관련된 비용은 공공 기금에서 사용해서 돈이 많이 드는 행사라고 언급하고 있습니다.

- reality   현실
- second in line   2순위
- royal families   왕족
- pay for ~   ~의 비용을 지불하다 (pay–paid–paid)
- security   보안, 안전
- fairy tales   동화
- seem   ~인 것처럼 보이다
- expensive   비싼
- affair   일, 사건

태블릿뿐 아니라 인터넷이 가능해진 스마트폰은 소셜 게이머들을 집과 사무실의 물리적인 한계에서 자유롭게 해 주고, 손바닥 크기의 장치를 위해 특별히 고안된 더 많은 호칭들이 그들의 길을 가고 있다. 이러한 장치들의 도래에 즈음하여 전문가들은 미래에는 적어도 게이머들의 90%가 모바일 장치에 의존하게 될 것이라고 말하고 있다. 대부분의 사람들은 격식을 차리지 않은 게이머가 될 것이고 그들은 게임을 오직 PC에서만 하는 것을 원치 않는다.

Q. 이 글을 통해서 알 수 없는 것은?
① 모바일 게임의 미래는 긍정적이다.
② 새로운 모델들이 곧 시장에 나올 것이다.
③ 대부분의 사람들은 게임을 격식을 따지지 않으면서 하기를 원한다.
④ 미래에는 PC 계열이 더 이상 존재하지 않을 것이다.

스마트폰이 계속 진화하고 게이머들의 거의 대부분이 모바일 장치에 의존할 것이라는 예측은 스마트폰과 관련된 모바일 게임에 대해 낙관적인 전망을 가능하게 한다는 내용입니다. PC보다는 모바일에 더 의존할 것이라는 전망은 있었지만, PC게임이 미래에 존재하지 않을 것이라는 언급은 없습니다.

- free   자유롭게 하다
- handheld   손바닥 크기의
- device   장치
- casual   격식을 따지지 않는

30~31

많은 사람들은 머리를 매일 감아야 한다고 믿고 있다. 하지만 머리카락을 연구하는 사람들은 요즘 우리가 머리를 너무 자주 감고 있다고 말한다. 당신이 매일 머리를 감을 때, 당신은 천연 오일도 씻어내고 있는데 이 천연 오일은 머리카락을 빛나고 건강해 보이게 유지하는 데 중요하다. 그러면 당신은 머리를 얼마나 자주 감는 게 좋을까? 그들은 일주일에 두세 번을 넘지 않게 머리를 감을 것을 제안한다.

30. 이 글은 주로 무엇에 관한 것인가?
① 우리는 무엇을 씻어야 하는가
② 천연 오일을 어디에서 얻는가
③ 왜 우리는 머리를 감아야 하는가
④ 머리를 얼마나 자주 감아야 하는가

31. 이 글에서 추론할 수 있는 것은?
① 미국인들은 머리를 한 달에 한 번 감는다.
② 미용실은 당신의 머리카락을 항상 빛나게 만들어 줄 수 있다.
③ 의사들은 머리를 매일 감도록 강력히 추천한다.
④ 머리를 일주일에 세 번 감으면 더 좋은 머리카락 상태가 될 수 있다.

30. 머리를 감는 횟수와 머리카락의 건강 상태와의 관계를 설명하는 글입니다.

31. 머리를 자주 감는 것이 머리카락 건강에 좋지 않다는 취지의 글입니다. 그 대안으로 일주일에 2~3회 정도를 추천하고 있습니다.

- too often   너무나 자주
- these days   요즘
- no more than ~   ~을 넘지 않는

32~33

우리는 매일 먹어야 합니다. 우리는 보통 다른 사람들과 같이 먹는데 식탁 예절에 대해 아는 것은 아주 중요합니다. 훌륭한 식탁 예절이란 타인을 존중하는 모습을 보여 주는 것이며 지키기가 어렵지 않습니다.

여기에 훌륭한 식탁 예절에 대한 몇 가지 조언이 있습니다.
- 음식을 입에 가득 채우고 말하지 마세요.
- 식사 시간 내내 자리에 앉아 있으세요.
- 똑바로 앉고 팔꿈치는 테이블에서 떼세요.
- 조용하게 말하고 음식을 넣은 한 입의 크기는 작게 유지하도록 노력하세요.
- please와 Thank you라고 말하는 것을 잊지 마세요.

32. 훌륭한 식탁 예절에 대해 언급되지 않은 것은?
① 입에 넣은 음식의 크기를 작게 해서 먹도록 노력해야 한다.
② 식탁에 똑바로 앉아야 한다.
③ 타인과 같이 식사할 때 천천히 먹어야 한다.
④ 식사 중에는 의자에 앉아 있어야 한다.

33. 이 글에서 추론할 수 있는 것은?
① 식사 중에 부모님을 기쁘게 해 드리기는 어렵다.
② 젊은 사람들에게 식사 전체 시간 동안 조용히 앉아 있기는 어렵다.
③ 여러 나라에 다양한 식탁 예절이 많이 있다.
④ 입에 음식을 넣은 채 말을 하면 다른 사람을 불편하게 만들 수 있다.

32. 훌륭한 식탁 예절은 타인에 대한 공경심을 보여주는 것이라고 전제한 뒤 구체적으로 지킬 내용을 안내하고 있습니다. 음식을 입에 넣은 채 말하지 말 것, 자리를 뜨지 말 것, 바른 자세와 작은 소리, 한 입의 크기를 작게 할 것과 인사말 예절까지 제시하고 있으나 천천히 먹어야 한다는 내용은 없습니다.

33. 훌륭한 식탁 예절은 타인을 존중하는 것을 표현하는 것이므로 ④의 추론이 가능합니다.

• manners   예의, 예절
• respect   존중, 존경
• remain   ~한 상태를 유지하다
• throughout   ~ 내내, ~ 동안 죽
• bite   한 입
• elbow   팔꿈치
• please   기쁘게 하다
• still   조용한
• uncomfortable   불편한

34~35

　　놀랍게도 초콜릿칩 쿠키는 1934년 우연히 발명되었다. Ruth Wakefield라는 이름의 한 미국인 여자가 세계적으로 유명한 그 쿠키의 발명자이다. 그녀는 레스토랑의 주인이었고 그 레스토랑은 후식으로 쿠키가 나오는 홈메이드 스타일의 음식으로 유명했다. 어느날, Wakefield씨는 고객을 위해 쿠키를 만들고 있었다. 그러나 그녀는 필요한 재료가 다 있지 않다는 것을 알았다. 그래서 대신 부서진 초콜릿 바 조각들을 사용하기로 결정했다. 이렇게 해서 초콜릿칩 쿠키가 탄생했던 것이다.

34. 이 글의 제목으로 가장 알맞은 것은?
① 초콜릿 바의 역사
② 초콜릿칩 쿠키의 유래
③ 어린이들이 초콜릿칩 쿠키를 좋아하는 이유
④ 미국에서 가장 유명한 홈메이드 스타일 레스토랑

35. Wakefield 씨에 대해 사실이 아닌 것은?
① 1934년에 교통사고를 당했다.
② 레스토랑의 주인이었다.
③ 쿠키를 후식으로 내 놓았다.
④ 그녀의 레스토랑은 홈메이드 스타일의 음식으로 유명했다.

34. 우연히 만들어진 초콜릿칩 쿠키의 탄생 배경을 설명하고 있는 글입니다.

35. 교통사고에 대한 언급은 없습니다.

• surprisingly   놀랍게도
• invent   발명하다 (cf. inventor   발명자, 발명가)
• by accident   우연히
• homemade   집에서 만든
• one day   어느 날
• necessary   필요한
• ingredient   재료
• piece   (깨어진) 조각

Section 3   Writing Part

Part 8
본문 144~145쪽

1. that　　　　2. than　　　　3. is
4. How much do they cost?
5. The woman is holding an umbrella in the rain.

1~3

　　레몬은 비타민 C의 풍부한 원천이다. 그것은 또한 비타민 B와 칼슘도 함유하고 있다. 의사들은 레몬을 넣은 순수한 물은 당신이 마실 수 있는 가장 건강에 좋은 음료 중 하나가 될 수 있다 1. 라고 말한다. 단지 몇 개의 신선한 레몬 조각들을 물에 넣어라. 그것은 맹물 2. 보다 더 낫고 더 건강에 좋은 음료가 될 것이다. 레몬을 넣은 물은 당신의 피를 깨끗하게 하는 데에 도움이 된다. 이것은 또한 감기에도 3. 좋다. 이것은 열을 낮출 수 있다. 더 나아가, 레몬을 넣은 물은 구토를 방지하고 소화를 더 쉽게 하는 데에도 도움을 준다.

1. 빈칸부터 문장 끝까지가 say의 목적어로 목적절을 이끄는 접속사로 '의사들은 ~라고 말한다'의 뜻이 되므로 빈칸에는 that이 필요합니다. (생략 가능)

2. 비교급 표현 better, healthier가 있고 뒤에 비교 대상인 plain water가 나오므로 비교 대상 앞에 than이 쓰입니다.

3. 주어는 It이고 형용사 good이 보어입니다. It 뒤에는 is가 적절합니다.

• rich   풍부한
• contain   함유하다
• beverage   음료
• slice   얇게 썬 조각
• plain   아무것도 타지 않은
• reduce   줄이다, 낮추다
• fever   열
• vomit   토하다

4

A: 안녕하세요. 어떻게 도와 드릴까요?
B: 내 여동생에게 줄 운동화를 찾고 있어요.
A: 여러 가지 색상의 운동화가 있습니다. 특별히 이 파란색 것을 추천합니다. 소녀들이 이 스타일을 아주 좋아하죠.
B: 그것들은 얼마죠?
A: 그것들은 세금 포함해서 15달러예요.

A의 대답이 가격을 말하고 있으므로 빈칸에는 가격을 묻는 표현이 필요합니다. 동사는 cost(일반동사)이고 주어가 they이므로 의문문을 만들 때 주어 앞에 do를 넣습니다.

• sneakers   운동화
• especially   특히
• recommend   추천하다
• cost   비용이 ~ 들다
• including   ~을 포함하여

5

여자는 빗속에서 우산을 들고 있다.

주어(The woman) 뒤에 동사로 is holding이 오며 목적어는 an umbrella, 그리고 '빗속에서(in the rain)'를 뒤에 붙입니다.

• umbrella   우산

TOPEL Intermediate
LEVEL UP
2